LES MAINS
DU TAO

LES MAINS DU TAO

Faites l'Expérience du Pouvoir du Tao pour Guérir l'Homme, l'Animal et la Nature et pour Transformer Toute Vie

Dr et Maître Zhi Gang Sha

Copyright © 2012 par Heaven's Library Publication Corp.
Heaven's Library Publication Corp. et Waterside Productions

Heaven's Library Publication Corp.
30 Wertheim Court, Unit 27D
Richmond Hill, ON L4B 1B9 Canada

Waterside Productions
2055 Oxford Ave.
Cardiff, CA 92007
www.waterside.com

Tous droits réservés, y compris le droit de reproduire ce livre ou des parties de celui-ci sous quelque forme que ce soit. Pour toute information sur l'adresse Waterside Productions.

L'information contenue dans ce livre est destinée à l'éducation et non au diagnostic, à la prescription ou au traitement d'un trouble de santé quelconque. Cette information ne devrait pas remplacer la consultation d'un professionnel de la santé compétent. Le contenu du livre est destiné à être utilisé en complément à un programme de soins de santé rationnel et responsable, prescrit par un professionnel de la santé. L'auteur et l'éditeur ne sont en aucun cas responsables de tout usage inapproprié de l'œuvre.

Première édition à couverture rigide Simon and Schuster Septembre 2012 comme Divine Healing Hands.

Heaven's Library et Soul Power Series sont des marques déposées de Heaven's Library Publication Corp.

Heaven's Library Publication Corp.
www.heavenslibrary.com
heavenslibrary@drsha.com

Première édition originale (en anglais): 2012
Traduit par : Équipe de traduction québécoise et française

ISBN: 978-1-954968-36-3 (impression à la demande)
ISBN: 978-1-954968-37-0 (ebook)

Conception: Lynda Chaplin

Table des Matières

Collection Le Pouvoir de l'Âme	ix
Comment Recevoir les Transmissions du Divin et du Tao Offertes dans les Livres de la Collection Le Pouvoir de l'Âme ?	xxv
À Quoi s'Attendre Après Avoir Reçu les Transmissions de l'Âme du Divin et du Tao ?	xxviii
Avant-propos de la Collection Le Pouvoir de l'Âme	xxxi
Comment Recevoir le Maximum de Bienfaits de Mes Livres ?	xxxiii
Liste des Transmissions de l'Âme du Divin et du Tao	xxxvii
Liste des Illustrations	xxxix
Introduction	xli
1. Les Mains du Tao : Que Sont-elles, Pourquoi et Comment Fonctionnent-Elles ?	**1**
Que Sont les Mains du Tao ?	4
Pourquoi les Mains du Tao Fonctionnent-Elles ?	5
Le Tao Choisit de Partager l'Âme de Ses Mains avec l'Humanité pour la Première Fois	10
Pourquoi le Tao Partage-il l'Âme de Ses Mains avec l'Humanité pour la Première Fois ?	12

Comment Utiliser les Mains du Tao pour la Guérison, la Bénédiction et la Transformation de la Vie ?	15
Pendant Combien de Temps une Bénédiction avec les Mains du Tao peut-elle être Transmise ?	17
Comment Utiliser Convenablement les Mains du Tao ?	19

2. *Expérimenter le Pouvoir des Mains du Tao*   25
Pouvoir et Signification des Mains du Tao   25
Le Tao Transmet l'Âme de Ses Mains dans ce Livre   29
Utiliser les Mains du Tao pour la Guérison   38

3. *Utiliser les Mains du Tao pour Stimuler l'Énergie, l'Endurance, la Vitalité et l'Immunité, et pour la Régénération et la Longévité*   55
Développer la Kundalini   56
Utiliser les Mains du Tao pour Développer la Kundalini   61
Développer le Dan Tian Inférieur   63
Utiliser les Mains du Tao pour Développer le Dan Tian Inférieur   66
Le Cercle Sacré du Tao pour Guérir Toutes les Maladies   68
Utiliser les Mains du Tao pour Développer les sept Maisons de l'Âme, le Wai Jiao et le Cercle Interne du Tao Yin Yang   74
Le Cercle Sacré du Tao pour la Régénération et la Longévité   76
Utiliser les Mains du Tao pour Développer le Cercle Sacré du Tao pour la Régénération et la Longévité   78

4. *Utiliser les Mains du Tao pour Guérir les Êtres Humains*   83
Le Corps Spirituel   84
Utiliser les Mains du Tao pour Guérir le Corps Spirituel   91
Le Corps Mental   98
Utiliser les Mains du Tao pour Guérir le Corps Mental   98
Le Corps Émotionnel   102
La Colère   104
La Dépression et l'Anxiété   105

L'Inquiétude	108
Le Chagrin et la Tristesse	110
La Peur	111
Les Autres Déséquilibres Émotionnels	112
Utiliser la Boule de Lumiere Violette du Tao et le Liquide Violet de la Source de l'Amour du Tao pour Guérir les Déséquilibres Émotionnels	115
Utiliser les Mains du Tao pour Guérir le Corps Émotionnel	117
Le Corps Physique	119
Utiliser Les Mains Du Tao pour Guérir le Corps Physique	126

5. ***Utiliser les Mains du Tao pour la Transformation de la Vie***   **133**

Les Relations	133
Les Relations Entre les Personnes	137
Les Relations Entre les Organisations	141
Utiliser les Mains du Tao pour Transformer les Relations	142
Les Finances	145
Utiliser les Mains du Tao pour Transformer les Finances	147
Développer l'Intelligence	148
L'intelligence du Mental	149
Utiliser les Mains du Tao pour Développer l'Intelligence du Mental	152
L'Intelligence du Cœur	153
Utiliser les Mains du Tao pour Développer l'Intelligence du cœur	155
L'intelligence de L'Âme	156
Utiliser les Mains du Tao pour Développer l'Intelligence de l'Âme	161
Utiliser les Mains du Tao pour Développer l'Intelligence des Enfants	163
Utiliser les Mains du Tao pour Développer l'Intelligence des Étudiants	165

Utiliser les Mains du Tao pour Développer l'Intelligence
des Adultes et des Aînés.   166

6. **Utiliser les Mains du Tao pour Guérir les Animaux et
la Nature**   **171**
    Guérir les Animaux   171
    Utiliser les Mains du Tao pour Guérir les Animaux   174
    Guérir la Nature   178
    Utiliser les Mains du Tao pour Guérir la Nature   184

7. **Utiliser les Mains du Tao pour Ouvrir Vos Canaux
Spirituels**   **189**
    Ouvrir Votre Canal du Langage de l'Âme   191
    Utiliser Votre Langage de l'Âme pour la Guérison et la
        Régénération   197
    Utiliser le Langage de l'Âme avec une Pratique de Pardon
        pour Purifier le Karma Négatif   200
    Utiliser le Langage de l'Âme pour Purifier Votre Âme,
        Votre Cœur, Votre Conscience et Votre Corps afin d'
        Élever le Rang de Votre Âme dans les Cieux   203
    Utiliser le Langage de l'Âme pour Transformer les
        Relations   214
    Utiliser le Langage de l'Âme pour Transformer les Finances 218
    Traduire Votre Langage de l'Âme   223
    Ouvrir Votre Canal de Communication Directe de l'Âme   228
    Ouvrir Votre Canal du Troisième Œil   232
    Ouvrir Votre Canal de la Connaissance Directe   244
    Utiliser les Mains du Tao pour Ouvrir Vos Quatre Canaux
        Spirituels   252

Conclusion   259
Remerciements   263
Un Cadeau Spécial   269
Autres Livres de la Collection Le Pouvoir de l'Âme   271

Collection Le Pouvoir de l'Âme

LE BUT DE la vie est de servir. J'ai consacré ma vie à ce but. Le service est ma mission de vie.

Ma mission de vie globale est de transformer la conscience de l'humanité et de toutes les âmes, dans tous les univers, et d'aider à les illuminer pour créer l'amour, la paix et l'harmonie pour l'humanité, la Terre-Mère et tous les univers. Cette mission inclut trois transmissions de pouvoir.

La première transmission de pouvoir est d'enseigner *le service universel* afin de permettre aux personnes d'être des serviteurs universels inconditionnels. Le message du service universel est le suivant :

Je sers l'humanité et tous les univers inconditionnellement.
Vous servez l'humanité et tous les univers inconditionnellement.
Ensemble nous servons l'humanité et toutes les âmes dans tous les univers inconditionnellement.

La deuxième transmission de pouvoir est d'enseigner *la guérison* pour donner aux personnes les moyens de se guérir elles-mêmes et de guérir autrui. Le message pour la guérison est le suivant :

J'ai le pouvoir de me guérir.
Vous avez le pouvoir de vous guérir.
Ensemble, nous avons le pouvoir de guérir le monde.

La troisième transmission de pouvoir consiste à enseigner *le pouvoir de l'âme*, qui inclut les secrets, la sagesse, le savoir et l'ensemble des pratiques de l'âme, et à transmettre le Pouvoir de l'Âme du Tao aux personnes afin de leur permettre de transformer chaque aspect de leur vie et d'illuminer leur âme, leur cœur, leur conscience et leur corps.

Le message du Pouvoir de l'Âme est le suivant :

> *J'ai le Pouvoir de l'Âme de transformer ma conscience et chaque aspect de ma vie, ainsi que d'illuminer mon âme, mon cœur, ma conscience et mon corps.*
>
> *Vous avez le Pouvoir de l'Âme de transformer votre conscience et chaque aspect de votre vie, ainsi que d'illuminer votre âme, votre cœur, votre conscience et votre corps.*
>
> *Ensemble nous avons le Pouvoir de l'Âme de transformer la conscience et chaque aspect de toute vie, ainsi que d'illuminer l'humanité et toutes les âmes.*

Enseigner le pouvoir de l'âme est ma mission la plus importante. C'est le cœur de ma mission de vie globale. Le pouvoir de l'âme est la clé pour transformer la vie physique et la vie spirituelle. Il est la clé pour transformer et illuminer l'humanité, ainsi que chaque âme dans tous les univers.

Le début du 21e siècle correspond à une période de transition pour l'humanité, la Terre-Mère et tous les univers qui entrent dans une nouvelle ère, appelée l'Ère de la Lumière de l'Âme. Cette Ère de la Lumière de l'Âme a commencé le 8 août 2003. Elle durera 15 000 ans. Les catastrophes naturelles comme les tsunamis, les ouragans, les cyclones, les tremblements de terre, les inondations, les tornades, la grêle, les blizzards, les incendies, la sécheresse, les températures extrêmes, la famine et les maladies mais aussi les guerres politiques, religieuses et ethniques, le terrorisme, la prolifération des armes nucléaires, les défis économiques, la pollution, l'extinction des espèces animales et végétales, ainsi que d'autres bouleversements, font partie de cette transition. De plus, des millions de personnes souffrent de dépression, d'anxiété, de peur, de colère et d'inquiétude, mais aussi de douleurs, de maux chroniques et de problématiques de santé menaçant la vie. L'humanité a besoin d'aide. Sa conscience a besoin d'être transformée. Sa souffrance a besoin de prendre fin.

Les livres de la Collection Le Pouvoir de l'Âme, vous sont proposés par la Heaven's Library et Atria Books. Ils révèlent les secrets de l'âme et enseignent la sagesse de l'âme, le savoir de l'âme et l'ensemble des pratiques de l'âme pour votre vie quotidienne. Le pouvoir de l'âme peut guérir, prévenir les maladies, régénérer, prolonger la vie et transformer la conscience et tout aspect de la vie, y compris les relations personnelles et les finances. Le pouvoir de l'âme est vital pour servir l'humanité et la Terre-Mère durant cette période de transition. Le pouvoir de l'âme éveillera et transformera la conscience de l'humanité et de toutes les âmes.

Au 20e siècle et dans les siècles précédents, *la conscience au-dessus de la matière* a joué un rôle vital dans la guérison, la régénération et la transformation de la vie. Dans l'Ère de la Lumière de l'Âme, *l'âme au-dessus de la matière* — le Pouvoir de l'Âme — jouera *le* rôle essentiel pour guérir, régénérer et transformer tout aspect de la vie.

Il y a d'innombrables âmes sur Terre-Mère — les âmes des êtres humains, les âmes des animaux, les âmes d'autres êtres vivants et les âmes d'êtres inanimés. *Tout être et toute chose a une âme.*

Chaque âme possède une fréquence et un pouvoir qui lui sont propres. Jésus détenait l'extraordinaire pouvoir de guérison. Nous avons bien souvent entendu d'émouvantes histoires de vies sauvées par la compassion de Guan Yin[1]. Beaucoup de personnes ont raconté de touchantes histoires narrant l'amour de la Vierge Marie. Toutes ces grandes âmes avaient reçu le Pouvoir de l'Âme du Divin pour

---

[1] Guan Yin est connue en tant que Bodhisattva de la Compassion et, en Occident, comme la Déesse de la Miséricorde.

servir l'humanité. Dans toutes les grandes religions et traditions spirituelles du monde, dont le bouddhisme, le taoïsme, le christianisme, le judaïsme, l'hindouisme, l'islam et plus encore, il existe des récits similaires témoignant du pouvoir de la bénédiction et de la guérison spirituelle.

J'honore chaque religion et chaque tradition spirituelle. Cependant je n'enseigne pas la religion. J'enseigne le Pouvoir de l'Âme, c'est-à-dire les secrets de l'âme, la sagesse de l'âme, le savoir de l'âme et l'ensemble des pratiques de l'âme. Votre âme a le pouvoir de guérir, de régénérer et de transformer la vie. L'âme d'un animal a le pouvoir de guérir, de régénérer et de transformer la vie. Les âmes du soleil, de la lune, d'un océan, d'un arbre et d'une montagne ont le pouvoir de guérir, de régénérer et de transformer la vie. Les âmes des anges guérisseurs, des maîtres ascensionnés, des saints chrétiens, des saints taoïstes, des saints hindous, des bouddhas et d'autres êtres spirituels avancés ont le grand Pouvoir de l'Âme de guérir, de régénérer et de transformer la vie.

Chaque âme a son propre rang. Le rang spirituel, ou le rang de l'âme, a d'innombrables niveaux. Le Pouvoir de l'Âme aussi a des niveaux. Toutes les âmes ne peuvent pas accomplir des miracles comme l'ont fait Jésus, Guan Yin ou la Vierge Marie. Le Pouvoir de l'Âme dépend du rang spirituel de l'âme dans les Cieux. Plus une âme est élevée dans les Cieux et plus elle reçoit de pouvoir venant du Divin et du Tao. Jésus, Guan Yin et la Vierge Marie ont tous un rang spirituel très élevé.

Qui détermine le rang spirituel d'une âme ? Qui donne aux âmes le Pouvoir de l'Âme qui leur est approprié ? Qui décide de la direction à suivre pour l'humanité, la Terre-Mère et tous les univers ? C'est le souverain du monde spirituel qui prend la décision. Le souverain du monde spirituel est le Divin. Le Divin est le créateur et le révélateur de tous les univers.

Dans l'Ère de la Lumière de l'Âme, toutes les âmes se joindront en Un et aligneront leur conscience avec la conscience du Divin. En cette époque historique, le Divin a décidé de transmettre ses trésors à l'humanité et à toutes les âmes pour les aider à vivre la transition de la Terre-Mère.

Permettez-moi de vous raconter deux histoires personnelles pour vous expliquer comment je suis arrivé à cette compréhension.

Tout d'abord, en avril 2003, j'animais un atelier sur la transformation de la santé pour une centaine de personnes, au centre de retraite *Land of Medicine Buddha*, à Soquel, en Californie. Pendant que j'enseignais, le Divin m'est apparu. J'ai dit aux étudiants : « Le Divin est ici. Pourriez-vous me donner un moment ? » Je me suis agenouillé, puis je me suis prosterné pour honorer le Divin. (À six ans, j'ai appris à me prosterner devant mes maîtres de tai chi. À dix ans, je me prosternais devant mes maîtres de qi gong. À douze ans, je me prosternais devant mes maîtres de kung fu. Étant chinois, j'ai appris cette politesse tout au long de mon enfance). J'ai expliqué aux étudiants : « Veuillez comprendre que c'est la manière dont j'honore le Divin, mes pères et mères spirituels. Maintenant, je vais converser avec le Divin. »

J'ai commencé en disant silencieusement :

« Cher Divin, je suis très honoré de votre présence ici ».

Positionné en face de moi au-dessus de ma tête, le Divin a répondu : « Zhi Gang, je viens aujourd'hui pour te transmettre une loi spirituelle ».

J'ai répondu : « Je suis honoré de recevoir cette loi spirituelle ».

Le Divin a continué : « Cette loi spirituelle est appelée Loi Universelle du Service Universel. C'est l'une des lois spirituelles les plus élevées de l'univers. Elle s'applique au monde spirituel et au monde physique ».

En se montrant du doigt, le Divin a dit : « Je suis un serviteur universel ». Il m'a ensuite montré du doigt : « Tu es un serviteur universel ».

Le Divin montra l'espace devant lui : « Tout être et toute chose sont des serviteurs universels. Un serviteur universel offre un service universel de manière inconditionnelle. Le service universel comprend l'amour, le pardon, la paix, la santé, la bénédiction, l'harmonie et l'illumination universels. *Si quelqu'un offre un petit service, il recevra une petite bénédiction de l'univers et de moi-même. Si quelqu'un offre plus de service, il recevra plus de bénédictions. Si quelqu'un offre un service inconditionnel, il recevra des bénédictions illimitées* ».

Le Divin a fait une courte pause avant de continuer : « Il existe un autre genre de service, c'est le service désagréable. Ce service désagréable est : tuer, blesser, tirer avantage d'autrui, tricher, voler, se plaindre et bien plus encore. Si quelqu'un offre un petit service désagréable, il apprendra des petites leçons de l'univers et de moi. Si quelqu'un offre des services désagréables plus importants, il apprendra plus de leçons. Si quelqu'un offre un service désagréable démesuré, alors les leçons aussi seront démesurées ».

J'ai demandé : « Quelles sont les leçons que quelqu'un peut apprendre ? ».

Le Divin a répondu : « Les leçons sont la maladie, les accidents, les blessures, les défis financiers, les relations personnelles brisées, les déséquilibres émotionnels, la confusion mentale et tout autre désordre possible dans sa vie ». Le Divin insista : « C'est ainsi que l'univers fonctionne. Ceci est l'une de mes plus importantes lois spirituelles, que toutes les âmes de l'univers doivent suivre ».

Une fois que cette loi universelle fut délivrée par le Divin, je fis immédiatement un vœu silencieux au Divin :

Cher Divin,

Je suis extrêmement honoré de recevoir votre Loi du Service Universel. Je fais le vœu à vous, à l'humanité et à toutes les âmes dans tous les univers, d'être un serviteur universel inconditionnel. Je serai totalement GOLD (Gratitude, Obéissance, Loyauté, Dévotion) envers vous et je vous servirai. Je suis honoré d'être votre serviteur et un serviteur pour toute l'humanité et toutes les âmes.

En entendant ceci, le Divin a souri, puis il est parti.

La seconde histoire s'est déroulée trois mois plus tard, au mois de juillet 2003, pendant que j'animais un atelier sur l'Étude de l'Âme, près de Toronto. Le Divin est revenu. J'ai de nouveau expliqué à mes étudiants que le Divin était là et je leur ai demandé de m'attendre un moment, tandis que je me prosternais cent huit fois et que j'écoutais le message du Divin, qui disait : « Zhi Gang, je viens aujourd'hui pour te choisir comme mon serviteur direct, mon véhicule et mon canal ».

J'étais profondément ému et j'ai répondu au Divin : « Je suis honoré. Que signifie être votre serviteur direct, votre véhicule et votre canal ? ».

Le Divin a répondu : « Quand tu voudras offrir des guérisons et des bénédictions aux autres, appelle-moi. Je viendrai immédiatement leur offrir ma guérison et ma bénédiction ».

Profondément touché, j'ai répondu au Divin : « Merci beaucoup de me choisir comme votre serviteur direct ».

Le Divin a continué : « Je peux offrir ma guérison et ma bénédiction en transmettant mes trésors permanents de guérison et de bénédiction ».

J'ai demandé : « Comment faites-vous cela ? ».

Le Divin a répondu : « Choisis une personne et je ferai une démonstration ».

J'ai demandé un volontaire avec de sérieux problèmes de santé. Un homme, Walter, a levé la main. Il s'est levé et il a expliqué qu'il avait le cancer du foie, avec une tumeur maligne de deux sur trois centimètres, qui venait juste d'être diagnostiquée, à la suite d'une biopsie.

Alors j'ai demandé au Divin : « Pouvez-vous, s'il vous plaît, bénir Walter ? S'il vous plaît, montrez-moi comment transmettre vos trésors permanents. » Immédiatement, j'ai vu le Divin envoyer un faisceau de lumière venant de son cœur vers le foie de Walter. En atteignant l'organe, le faisceau s'est transformé en une boule de lumière dorée qui s'est instantanément mise à tourner. Tout le foie de Walter a alors brillé d'une belle lumière dorée.

Le Divin m'a ensuite demandé, « Comprends-tu ce qu'est un logiciel ? ».

J'ai été surpris par cette question, mais j'ai répondu : « Je ne comprends pas grand-chose aux ordinateurs. Je sais seulement qu'un logiciel est un programme informatique. J'ai entendu parler de logiciels pour la comptabilité, pour le travail administratif et pour le graphisme ».

« Oui » a dit le Divin. « Un logiciel est un programme. Puisque tu me l'as demandé, j'ai transmis, ou téléchargé, mon Logiciel d'Âme au foie de Walter. C'est l'un de mes trésors permanents de guérison et de bénédiction. Tu m'as demandé. J'ai fait le travail. Voilà ce que signifie pour toi d'être choisi comme mon serviteur direct, mon véhicule et mon canal ».

J'étais étonné. Enthousiaste, inspiré et humble, j'ai dit au Divin, « Je suis tellement honoré d'être votre serviteur direct. Combien je suis béni d'être choisi ! ». Presque sans voix, je lui ai demandé : « Pourquoi m'avez-vous choisi ? ».

« Je t'ai choisi » dit le Divin, « parce que tu as servi l'humanité pendant plus d'un millier de vies. Tu as été très engagé à servir ma mission durant toutes tes vies. Je te choisis dans cette vie pour être mon serviteur direct. Tu transmettras mes innombrables trésors permanents de guérison et de bénédiction à l'humanité et à toutes les âmes. Tel est l'honneur que je te fais maintenant ».

J'étais ému jusqu'aux larmes. À nouveau, je me suis immédiatement prosterné cent huit fois et j'ai silencieusement fait le vœu :

Cher Divin,

Je ne pourrai me prosterner suffisamment devant vous, tant l'honneur que vous m'avez fait est grand. Aucun mot ne peut exprimer toute ma gratitude. Quelle bénédiction pour moi d'être votre serviteur direct pour transmettre vos trésors permanents de guérison et de bénédiction à toute l'humanité et à toutes les âmes ! L'humanité et toutes les âmes recevront vos incroyables bénédictions, à travers mes services, en tant que serviteur direct. Je consacrerai toute ma vie à vous et à l'humanité. J'accomplirai toutes les tâches que vous me confierez. Je serai un pur serviteur de l'humanité et de toutes les âmes.

Je me suis à nouveau prosterné. Ensuite, j'ai demandé au Divin : « Comment Walter devra-t-il utiliser son Logiciel d'Âme ? »

« Il devra passer du temps à pratiquer avec mon Logiciel d'Âme » a déclaré le Divin. « Dis-lui que le simple fait d'avoir reçu mon Logiciel d'Âme ne signifie pas qu'il se rétablira. Il devra pratiquer avec ce trésor chaque jour pour aider à retrouver sa santé progressivement ».

J'ai demandé : « Comment devra-t-il faire ? ».

Le Divin me donna ces conseils : « Dis à Walter de chanter sans cesse : *Le Logiciel de l'Âme du Foie du Divin me guérit. Le Logiciel de l'Âme du Foie du Divin me guérit. Le Logiciel de l'Âme du Foie du Divin me guérit. Le Logiciel de l'Âme du Foie du Divin me guérit* ».

J'ai demandé : « Combien de temps Walter devra-t-il chanter ? ».

Le Divin répondit : « Au moins deux heures par jour. Plus il pratiquera, mieux ce sera. S'il le fait, il pourra se rétablir d'ici trois à six mois. »

J'ai partagé cette information avec Walter qui était très enthousiaste et profondément ému. Walter a dit : « Je pratiquerai deux heures ou plus par jour ».

Finalement, j'ai demandé au Divin : « Comment un Logiciel d'Âme fonctionne-t-il ? ».

Le Divin a répondu : « Mon Logiciel d'Âme est une boule dorée qui tourne et nettoie l'énergie et les blocages spirituels dans le foie de Walter ».

Je me suis une nouvelle fois incliné cent huit fois devant le Divin. Puis je me suis relevé et j'ai offert trois Logiciels d'Âme à chaque participant de l'atelier en guise de cadeaux du Divin. En voyant cela, le Divin a souri et est parti.

Walter s'est immédiatement mis à pratiquer comme demandé pendant au moins deux heures chaque jour. Deux mois et demi plus tard, un scanner et une IRM ont montré que son cancer du foie avait complètement disparu. Fin 2006, j'ai revu Walter à Toronto, lors d'une dédicace pour mon livre *Soul Mind Body Medecine*[2]. En mai 2008, Walter assista à l'un de mes ateliers à « Unity Church of Truth », à Toronto. Aux deux occasions, Walter m'a dit qu'il n'y avait aucun signe de cancer dans son foie. Depuis presque cinq ans, la Transmission de l'Âme du Divin a guéri son foie. Il était très reconnaissant envers le Divin.

Le mois de juillet 2003 a été un moment très important pour moi car j'ai été choisi comme serviteur direct du Divin. Comme je l'ai mentionné, une nouvelle ère pour la Terre-Mère et pour tous les univers,

---

[2] *Soul Mind Body Medicine: A Complete Soul Healing System for Optimum Health and Vitality* (Novato, California : New World Library, 2006). [traduit en français sous le titre *Médecine Psychosomatique de l'Âme*. Guy Trédaniel Editeur, 2009].

l'Ère de la Lumière de l'Âme, a commencé le 8 août 2003. Cette conjoncture peut sembler une coïncidence ; cependant, je crois qu'il pourrait y avoir une raison spirituelle derrière tout cela. Depuis juillet 2003, j'ai offert des transmissions divines à l'humanité presque tous les jours. J'ai offert plus de dix transmissions divines à toutes les âmes dans tous les univers.

Je vous raconte cette histoire pour vous faire connaître le pouvoir des transmissions divines ou des Transmissions de l'Âme du Divin. Maintenant, je voudrais vous confier l'engagement que j'ai pris dans *Soul Wisdom*[3], le premier livre de ma collection « Le Pouvoir de l'Âme », et que je renouvelle depuis, dans chacun de mes livres :

Désormais, j'offrirai des Transmissions de l'Âme du Divin dans chacun des livres que j'écrirai.

Ces Transmissions de l'Âme du Divin sont des trésors divins permanents de guérison et de bénédiction pour transformer votre vie. Il existe un ancien dicton *Si vous voulez savoir si une poire est sucrée, goûtez-la*. Si vous voulez connaître le pouvoir des Transmissions de l'Âme du Divin, faites-en l'expérience.

Ces Transmissions de l'Âme du Divin portent en elles la fréquence divine de l'amour, du pardon, de la compassion et de la lumière du Divin. La fréquence du Divin aide à transformer la fréquence de toute vie. L'amour du Divin aide à dissoudre tous les blocages tels que ceux de l'âme, de la conscience et du corps et à transformer tout aspect de la vie. Le pardon du Divin apporte la joie intérieure et la paix intérieure. La compassion du Divin stimule l'énergie, l'endurance, la vitalité et l'immunité. La lumière du Divin guérit, prévient les maladies, régénère et prolonge la vie.

---

[3] *Soul Wisdom: Practical Soul Treasures to Transform Your Life* (Toronto/New York: Heaven's Library/Atria Books, 2008). [traduit en français sous le titre *Le Pouvoir de l'âme : Des pratiques pour transformer votre vie physique et spirituelle*. Guy Trédaniel Editeur, 2013].

Une Transmission de l'Âme du Divin est une nouvelle Âme créée à partir du cœur du Divin. La Transmission de l'Âme du Divin pour Walter était un Logiciel d'Âme. Depuis, j'ai transmis plusieurs autres formes de Transmissions de l'Âme du Divin, comme l'Âme des Herbes du Divin, l'Âme de l'Acupuncture du Divin, l'Âme du Massage du Divin, l'Opération de l'Âme du Divin, et les Transmissions de l'Âme, de la Conscience et du Corps du Divin.

Une Transmission de l'Âme du Divin est une nouvelle âme, créée par le Divin, pour un organe, une partie du corps, un système corporel, des cellules, des unités cellulaires, de l'ADN et de l'ARN, de la matière infime dans les cellules ou des espaces entre les cellules. Quand elle est transmise, elle remplace l'âme originelle de l'organe, de la partie du corps, des systèmes, des cellules, des unités cellulaires, de l'ADN, de l'ARN, de la matière infime dans les cellules ou des espaces entre les cellules du receveur. Une nouvelle âme divine peut aussi remplacer l'âme d'une maison ou d'un commerce. Une nouvelle âme divine peut être transmise à un animal de compagnie, à une montagne, à une ville ou à un pays pour remplacer leur âme originelle. Une nouvelle âme divine peut même remplacer l'âme de la Terre-Mère.

Une Transmission de la Conscience du Divin est aussi un être de lumière créé par le Divin. Elle porte en elle la conscience divine qui vient remplacer la conscience originelle du système, de l'organe, de la partie du corps, des cellules, des unités cellulaires, de l'ADN, de l'ARN, de la matière infime ou des espaces du receveur.

Une Transmission du Corps du Divin est un autre être de lumière créé par le Divin. Cet être de lumière porte l'énergie divine et la matière infime divine pour remplacer l'énergie et la matière infime d'un système, d'un organe, d'une partie du corps, des cellules, des unités cellulaires, de l'ADN, de l'ARN, de la matière infime ou des espaces du receveur.

Chaque être et chaque chose a une âme. Le Divin peut transmettre toutes les âmes que l'on peut imaginer. Ces Transmissions de l'Âme du Divin sont des trésors permanents de guérison, de bénédiction et de transformation de la vie. Ils peuvent transformer la vie de tout être et de toute chose. Ces trésors, parce qu'ils sont créés par le Divin, portent le Pouvoir de l'Âme du Divin qui est le plus grand Pouvoir de l'Âme parmi toutes les âmes. Toutes les âmes figurant parmi les rangs les plus élevés des Cieux viendront soutenir et assister les Transmissions de l'Âme du Divin. Les Transmissions de l'Âme du Divin sont les trésors inestimables du Pouvoir de l'Âme.

Ces Transmissions de l'Âme du Divin représentent la présence divine. Plus vous en recevez, plus vite votre âme, votre cœur, votre conscience et votre corps seront transformés. Plus votre maison ou votre activité professionnelle en recevra, de même qu'une ville ou un pays, plus vite leur âme, leur cœur, leur conscience et leur corps pourront se transformer.

Dans l'Ère de la Lumière de l'Âme, l'évolution de l'humanité sera possible grâce au Pouvoir de l'Âme du Divin. Le Pouvoir de l'Âme participera à la transformation de l'humanité. Le Pouvoir de l'Âme participera à la transformation des animaux. Le Pouvoir de l'Âme participera à la transformation de la nature et de l'environnement. Le Pouvoir de l'Âme jouera un rôle primordial dans tous les domaines de l'activité humaine. L'humanité comprendra en profondeur que *l'âme est le boss*.

Le Pouvoir de l'Âme, qui comprend les secrets de l'âme, la sagesse de l'âme, le savoir de l'âme et l'ensemble des pratiques de l'âme, pourra transformer chaque aspect de la vie humaine. Le Pouvoir de l'Âme aidera à transformer chaque aspect des organisations et des sociétés. Le Pouvoir de l'Âme aidera à transformer les villes, les pays, la Terre-Mère et l'ensemble des planètes, des étoiles, des galaxies et des univers. Le Pouvoir de l'Âme du Divin, comprenant les Transmissions de l'Âme du Divin, sera la principale clé de cette métamorphose.

Je suis honoré d'avoir été choisi comme serviteur divin pour offrir les Transmissions de l'Âme du Divin à l'humanité, aux relations personnelles, aux maisons, aux activités professionnelles, aux animaux de compagnies, aux villes, aux pays, et plus encore. Ces dernières années, j'ai déjà transmis un nombre infini d'âmes du Divin à l'humanité et à tous les univers. Je vous le répète encore : *J'offrirai des Transmissions de l'Âme du Divin dans chacun et tous mes livres de la Collection Le Pouvoir de l'Âme.* Vous trouverez dans le chapitre suivant des recommandations claires sur la façon de recevoir des Transmissions de l'Âme du Divin et, depuis 2010, des Transmissions de l'Âme du Tao[4], notamment dans le chapitre intitulé : « Comment recevoir les Transmissions de l'Âme du Divin offerts dans les livres de la collection Le Pouvoir de l'Âme », de même que dans les pages correspondantes de chaque livre sur le sujet.

Je suis un serviteur de l'humanité. Je suis un serviteur de l'univers. Je suis un serviteur du Divin. Je suis un serviteur du Tao. Je suis extrêmement honoré d'être un serviteur de toutes les âmes. Je dédie toute ma vie et tout mon être au service universel inconditionnel.

Je continuerai d'offrir des Transmissions de l'Âme du Divin et du Tao tout au long de ma vie. J'offrirai de plus en plus de Transmissions de l'Âme du Divin et du Tao à toutes les âmes, pour tout aspect de la vie de chacune d'entre elles.

Je suis honoré d'être un serviteur des Transmissions de l'Âme du Divin et du Tao.

Les êtres humains, les organisations, les villes et les pays recevront de plus en plus de Transmissions de l'Âme du Divin et du Tao qui

---

[4] Les Transmissions de l'Âme du Tao sont offerts dans le sixième, huitième et neuvième livre de la Collection du Pouvoir de l'Âme, *Tao I : The Way of All Life; Tao II : The Way of Healing, Rejuvenation, Longevity, and Immortality,* et *Tao Song and Tao Dance : Sacred Sound, Movement, and Power from the Source for Healing, Rejuvenation, Longevity, and Transformation of All Life.*

pourront transformer chaque aspect de leur vie et illuminer leur âme, leur cœur, leur conscience et leur corps. L'Ère de la Lumière de l'Âme fera rayonner le Pouvoir de l'Âme. Les ouvrages de la Collection Le Pouvoir de l'Âme diffuseront ces Transmissions de l'Âme du Divin et du Tao, ainsi que le Pouvoir de l'Âme – les secrets, la sagesse, le savoir et l'ensemble des pratiques de l'âme – afin de servir l'humanité, la Terre-Mère et tous les univers. La collection Le Pouvoir de l'Âme est un pur serviteur pour l'humanité et toutes les âmes.

Cette collection a l'honneur d'être un serviteur, totalement GOLD[5], du Divin, du Tao, de l'humanité et de toutes les âmes.

La mission finale de l'Ère de la Lumière de l'Âme est que toutes les âmes se joignent en Un dans l'amour, la paix et l'harmonie. Cela signifie que la conscience de chaque âme sera entièrement alignée avec la conscience du Divin. Il y aura des difficultés et des défis pour arriver à cette mission. Ensemble, nous les surmonterons. Nous appelons toutes les âmes de l'humanité et de tous les univers à offrir des services universels inconditionnels, incluant l'amour, le pardon, la paix, la guérison, la bénédiction, l'harmonie et l'illumination. Plus nous offrirons de services universels inconditionnels, plus vite nous atteindrons ce but.

Le Divin et le Tao nous offrent leur cœur. Le Divin et le Tao nous offrent leur amour. Le Divin et le Tao nous offrent leurs Transmissions d'Âme. Nos cœurs fusionnent avec les cœurs du Divin et du Tao. Nos âmes fusionnent avec les âmes du Divin et du Tao. Notre conscience s'aligne avec les consciences du Divin et du Tao. Nous unirons nos cœurs et nos âmes ensemble afin de créer l'amour, la paix et l'harmonie pour l'humanité, la Terre-Mère et tous les univers.

J'aime mon cœur et mon âme
J'aime toute l'humanité

---

[5] « Totalement GOLD » signifie une gratitude totale, une obéissance totale, une loyauté totale et une dévotion totale envers le Divin et le Tao.

*Joignons nos cœurs et nos âmes ensemble
Amour, paix et harmonie
Amour, paix et harmonie*

Aimons toute l'humanité. Aimons toutes les âmes.

Remercions toute l'humanité. Remercions toutes les âmes.

Merci. Merci. Merci.

Zhi Gang Sha

Comment Recevoir les Transmissions du Divin et du Tao Offertes dans les Livres de la Collection Le Pouvoir de l'Âme ?

LES LIVRES DE la collection Le Pouvoir de l'Âme sont uniques. Pour la première fois dans l'histoire, le Divin et le Tao transmettent leurs trésors d'âme aux lecteurs, durant leur lecture. Chaque livre de la Collection Le Pouvoir de l'Âme délivrera des Transmissions de l'Âme du Divin ou du Tao qui auront été préprogrammées. Quand vous lirez les paragraphes appropriés et que vous ferez une pause d'une minute, des cadeaux du Divin ou du Tao seront transmis à votre âme.

Au mois d'avril 2005, le Divin m'a dit de « laisser les Transmissions de l'Âme du Divin à l'histoire ». J'ai pensé : « La vie d'un être humain est limitée, même si je vis une longue, longue vie, je retournerai un jour dans les Cieux. Comment puis-je laisser les Transmissions de l'Âme du Divin à l'histoire ? ».

Au début de l'année 2008, alors que je faisais éditer le livre broché de *Soul Wisdom*, le Divin m'a soudainement dit : « Zhi Gang, offre mes transmissions à l'intérieur de ce livre ». Le Divin continua : « Je préprogrammerai mes transmissions à l'avance dans ce livre. Tout lecteur pourra les recevoir lorsqu'il ou elle lira les pages spécifiques ». Au moment où le Divin me donna cette instruction, j'ai compris comment je pouvais laisser les Transmissions de l'Âme du Divin à l'histoire.

Le Divin est le créateur, ainsi que le père spirituel et la mère spirituelle de toutes les âmes.

Le Tao est la Source et le créateur d'innombrables planètes, étoiles, galaxies et univers. Le Tao est la Voie de toute vie. Il est l'ensemble des principes universels et des lois universelles.

À la fin de l'année 2008, le Tao m'a choisi comme serviteur, véhicule et canal pour offrir ses Transmissions de l'Âme* (*voir note du traducteur à la fin de ce chapitre*). J'en ai été extrêmement honoré. Depuis, j'ai offert d'innombrables Transmissions de l'Âme du Divin et du Tao à l'humanité, à *wan ling* (toutes les Âmes) et aux innombrables planètes, étoiles, galaxies et univers.

Les Transmissions préprogrammés de l'Âme du Divin et du Tao sont conservées de façon permanente dans ce livre. Les Transmissions préprogrammés de l'Âme du Divin et du Tao sont conservées de façon permanente dans chaque livre de la collection Le Pouvoir de l'Âme. Si quelqu'un lit ce livre dans des milliers d'années, il pourra recevoir les Transmissions de l'Âme du Divin. Aussi longtemps que ce livre existera et sera lu, les lecteurs recevront les Transmissions de l'Âme du Divin.

Permettez-moi de poursuivre mon explication. Le Divin a placé une bénédiction permanente dans certains paragraphes de ce livre. Ces bénédictions vous autorisent à recevoir les Transmissions de l'Âme du Divin comme des cadeaux permanents pour votre âme. Parce que ces trésors divins résident dans votre âme, vous pouvez y accéder vingt-quatre heures sur vingt-quatre — aussi souvent que vous le souhaitez, où que vous soyez — pour guérir, bénir et transformer chaque aspect de la vie.

Il est très facile de recevoir les Transmissions de l'Âme du Divin et du Tao qui se trouvent dans ces ouvrages. Après avoir lu les paragraphes spécifiques où ils ont été préprogrammés, fermez les yeux. Recevez la transmission spéciale. Utiliser les trésors du Divin et du Tao est aussi facile. Immédiatement après avoir reçu une Transmission du Divin ou du Tao, je vous montrerai comment vous pouvez l'utiliser pour votre guérison, votre bénédiction et votre transformation de chaque aspect de la vie.

Vous avez le libre arbitre. Si vous n'êtes pas prêt à recevoir une Transmission de l'Âme du Divin ou du Tao, dites simplement *Je ne suis pas prêt à recevoir ce cadeau*. Vous pouvez alors continuer à lire les paragraphes spéciaux de transmission, mais vous ne recevrez pas les cadeaux qu'ils contiennent. Le Divin et le Tao n'offrent pas de Transmission d'Âme du Divin et du Tao à ceux qui ne sont pas prêts ou qui ne veulent pas recevoir leurs trésors. Cependant, quand vous serez prêt, vous pourrez simplement revenir aux paragraphes en question et dire au Divin et au Tao *Je suis prêt*. Vous recevrez alors durant la lecture la transmission spéciale qui a été déposée dans le paragraphe.

Le Divin et le Tao ont convenu d'offrir, dans ces livres, leurs Transmissions de l'Âme à tous les lecteurs qui auront envie de les recevoir. Le Divin et le Tao ont des trésors illimités. Cependant, vous ne pouvez recevoir que ceux nommés dans ces pages. S'il vous plaît, veuillez ne pas demander de cadeaux différents ou supplémentaires. Cela ne fonctionnera pas.

Après avoir reçu et pratiqué avec les Transmissions de l'Âme du Divin et du Tao de ces livres, il est possible que vous ressentiez un mieux-être dans vos corps spirituel, mental, émotionnel et physique.

Vous pouvez recevoir des bénédictions incroyables pour vos relations amoureuses et vos autres relations. Vous pouvez recevoir des bénédictions financières et bien d'autres sortes de bénédictions encore.

Les Transmissions de l'Âme du Divin et du Tao sont illimitées. Il peut y avoir une Transmission pour chaque chose qui existe dans le monde physique. La raison en est très simple. *Toute chose a une âme, une conscience et un corps.* Une maison a une âme, une conscience et un corps. Le Divin et le Tao peuvent transmettre une âme à votre maison pour aider à transformer son énergie. Le Divin et le Tao peuvent transmettre une âme à votre entreprise pour aider à transformer son énergie. Si vous portez une bague, cette bague a une âme. Si le Divin et le Tao transmettent une nouvelle âme à votre bague, vous pouvez demander à cette âme divine de votre bague de vous offrir une guérison et une bénédiction divines.

Je suis honoré d'avoir été choisi comme serviteur de l'humanité, du Divin et du Tao pour offrir les Transmissions de l'Âme du Divin et du Tao. Pour le reste de ma vie, je continuerai à offrir des Transmissions de l'Âme du Divin et du Tao. J'en offrirai de plus en plus. J'offrirai des Transmissions de l'Âme du Divin et du Tao pour chaque aspect de toute vie.

Je suis honoré d'être un serviteur des Transmissions de l'Âme du Divin et du Tao.

À Quoi s'Attendre Après Avoir Reçu les Transmissions de l'Âme du Divin et du Tao ?

Les Transmissions de l'Âme du Divin et du Tao sont de nouvelles âmes créées à partir du cœur du Divin et du cœur du Tao. Quand ces âmes sont transmises, il est possible que vous ressentiez une forte vibration, de la chaleur ou de l'enthousiasme. Il se peut que votre corps tremble un petit peu. Si vous n'êtes pas sensible, vous pouvez ne rien ressentir. Les êtres spirituels avancés, dont le Troisième Œil est ouvert, peuvent voir une gigantesque âme de lumière dorée, arc-en-ciel, violette ou cristal, entrer dans leur corps.

Ces âmes du Divin et du Tao sont des compagnons yin[6] pour la vie. Ils resteront avec votre âme pour toujours. Même après la fin de votre vie physique, ces trésors du Divin et du Tao continueront d'accompagner votre âme dans votre prochaine vie et dans toutes vos vies futures. Dans ces livres, je vous apprendrai à invoquer ces âmes du Divin et du Tao à n'importe quel moment, à n'importe quel endroit, pour vous apporter guérison et bénédiction du Divin et du Tao dans cette vie-ci. Vous pouvez aussi invoquer ces âmes du Divin et du Tao pour les faire rayonner hors de votre corps afin qu'elles offrent guérison ou bénédiction aux autres. Ces âmes du Divin et du Tao ont l'habilité extraordinaire de guérir, bénir et transformer chaque aspect de la vie. Dans votre prochaine vie, si vous développez des aptitudes spirituelles avancées, vous découvrirez que vous avez ces âmes du Divin ou du Tao en vous. Alors, vous serez capable de les invoquer de la même manière dans vos vies futures, pour guérir, bénir et transformer chaque aspect de votre vie.

C'est un grand honneur pour votre âme de recevoir une transmission d'âme du Divin ou du Tao. L'âme du Divin ou du Tao est une âme pure, exempte de mauvais karma. L'âme du Divin ou du Tao porte en elle l'aptitude de guérir et de bénir du Divin et du Tao. La transmission n'a aucun effet secondaire. Vous recevez l'amour et la lumière de la fréquence du Divin et du Tao. Vous recevez l'aptitude du Divin et du Tao de servir vous-même et autrui. Par conséquent, l'humanité est extrêmement honorée que le Divin et le Tao offrent des Transmissions. Je suis moi-même extrêmement honoré d'être un serviteur du Divin et du Tao, de vous tous, de toute l'humanité et de toutes les âmes, pour offrir ces Transmissions.

---

[6] Un compagnon yang est un être physique, comme un membre de la famille, un ami ou un animal de compagnie. Un compagnon yin est une âme sans forme physique, comme vos pères et mères spirituels dans les Cieux.

Je ne peux remercier assez le Divin et le Tao. Je ne peux vous remercier assez, vous, toute l'humanité et toutes les âmes, pour l'opportunité de servir.

Merci. Merci. Merci.

Note de l'éditeur :

A l'origine, les Mains du Tao s'appelaient « les Mains Divines Guérisseuses (Divine Healing Hands) ».

Elles sont appelées désormais « les Mains du Tao™ ». Pour cette raison, nous emploierons systématiquement, à partir de maintenant et dans toute la suite de ce livre, « Tao » pour « Divin » (sauf lorsque les deux sont mentionnés, Divin et Tao, auquel cas nous conserverons les deux termes).

Avant-propos de la Collection Le Pouvoir de l'Âme

CELA FAIT MAINTENANT quelques années que j'admire le travail de Dr Zhi Gang Sha. En fait, je me souviens très clairement de la première fois où je l'ai entendu décrire son système de guérison de l'âme appelé « Médecine Psychosomatique de l'Âme ». J'ai tout de suite compris que je voulais soutenir ce praticien talentueux et sa mission, et je l'ai donc présenté à ma communauté spirituelle d'Agape. Depuis lors, j'ai eu la joie de constater que ceux qui mettent en pratique ses enseignements et expérimentent ses techniques, ont davantage d'énergie, de joie, d'harmonie et de paix dans leur vie.

Les techniques de Dr Sha réveillent le pouvoir de guérison déjà présent en chacun de nous, et nous permettent d'agir sur notre propre bien-être général. La façon dont il tisse un lien entre la conscience, le mental, le corps et l'esprit, créent un réseau d'informations dynamiques, dans un style qui est simple à comprendre et, surtout, à appliquer.

Les résultats obtenus par des milliers d'étudiants et de lecteurs, ont prouvé que les énergies et les messages de guérison existent bel et bien dans des sons, des mouvements et des visualisations positives spécifiques. Puisant dans ses expériences personnelles, les théories et les pratiques de Dr Sha pour travailler directement avec l'énergie et l'esprit de la force vitale sont concrètes, holistiques et profondes. Sa reconnaissance que le Pouvoir de l'Âme est ce qu'il y a de plus important pour tous les aspects de la vie, est primordiale pour relever les défis de la vie du vingt et unième siècle.

En tant que représentant mondial du très célèbre Dr Zhi Chen Guo, un des plus grands Maîtres de qi gong et guérisseurs au monde, Dr Zhi Gang Sha est lui-même un Maître dans plusieurs disciplines anciennes, telles que le tai chi, le qi gong, le kung fu, le *I Ching* et le feng shui. Il a su mêler l'âme de ses méthodes de guérison naturelles issues de sa culture, avec sa formation de médecin occidental, mettant généreusement à notre disposition sa sagesse, grâce aux livres qu'il écrit dans la Collection Le Pouvoir de l'Âme. Sa contribution auprès des différents praticiens de santé est indéniable. En effet, le fait qu'il donne à ses lecteurs les moyens de comprendre qui ils sont, de connaître leurs sentiments et le lien qui existe entre leur corps, leur conscience et leur esprit, est son cadeau offert au monde.

A travers la Collection Le Pouvoir de l'Âme, Dr Sha guide le lecteur dans une conscience de guérison, non seulement au niveau du corps, de la conscience et de l'esprit, mais aussi du cœur. Je considère que sa quête vers la guérison est une pratique spirituelle universelle, un cheminement conduisant à une véritable transformation. Son intégrité professionnelle et son cœur, rempli de compassion, sont la source même de son engagement en tant que serviteur de l'humanité. Je souhaite du fond du cœur que ses lecteurs acceptent son invitation à réveiller le pouvoir de l'âme et qu'ils réalisent la beauté naturelle de leur existence.

Dr Michael Bernard Beckwith
Fondateur de l'Agape International Spiritual Center

Comment Recevoir le Maximum de Bienfaits de Mes Livres ?

COMME DE NOMBREUSES personnes à travers le monde, vous avez peut-être déjà lu mes livres. Ou peut-être est-ce la première fois que vous les lisez. Lorsque vous commencez à lire mes livres, vous pouvez réaliser rapidement qu'ils incluent de nombreuses pratiques pour la guérison, la régénération et la longévité, aussi bien que pour la transformation des relations et des finances. J'enseigne la Technique des Quatre Pouvoirs pour transformer toute vie. Je résumerai, en une phrase, chacun des Quatre Pouvoirs :

Le Pouvoir du Corps. L'endroit où vous placez vos mains est l'endroit où vous recevez les bienfaits pour la guérison et la régénération.

Le Pouvoir de l'Âme. « Dire Bonjour » à la Guérison et à la Bénédiction pour invoquer le Divin, le Tao, les Cieux, la Terre-Mère et les innombrables planètes, étoiles, galaxies et univers, ainsi que les innombrables pères et mères spirituels de la Terre-Mère et de tous les niveaux des Cieux, afin de demander leur aide pour votre guérison, votre régénération et la transformation de vos relations et de vos finances.

Le Pouvoir du Mental. L'endroit où vous mettez votre attention, en utilisant la visualisation créatrice, est l'endroit où vous recevrez les bienfaits pour la guérison, la régénération et la transformation des relations et des finances.

Le Pouvoir du Son. Ce que vous chantez, vous le devenez.

Mes livres sont uniques. Chacun d'eux contient des pratiques avec des chants (le Pouvoir du Son). Je répète des chants encore et encore dans les livres. La plus grande difficulté pour vous, cher lecteur, est d'éviter de penser *Je sais déjà cela*, et ensuite, de poursuivre rapidement votre lecture sans faire les pratiques. Ce serait une grave erreur. Vous manqueriez les parties les plus importantes de mon enseignement : les pratiques.

Imaginez que vous participiez à un atelier. Lorsque l'enseignant vous guide pour une méditation ou un chant, vous devez le faire. Sinon, vous ne bénéficierez d'aucun des bienfaits de la méditation et du chant. Certaines personnes connaissent bien l'ancien art martial chinois et enseignement, le kung fu. Un Maître en kung fu consacre une vie entière à développer son pouvoir. En une phrase :

Le temps est le kung fu et le kung fu est le temps.

Vous devez consacrer du temps pour chanter et méditer. Souvenez-vous du secret, en une phrase, du Pouvoir du Son : *Ce que vous chantez, vous le devenez*. Par conséquent, lorsque vous lisez des pratiques où je vous invite à chanter, s'il vous plaît, faites-les. Ne les évitez pas. Les pratiques sont les joyaux de mon enseignement. Pratiquer est nécessaire pour transformer et apporter le succès dans chaque aspect de votre vie, incluant la santé, les relations, les finances, l'intelligence et plus encore.

Il y a un enseignement spirituel très connu dans le bouddhisme. Des millions de gens à travers l'histoire ont chanté *Na Mo A Mi Tuo Fo*. Ils ne chantent que ce mantra. Ils pourraient chanter *Na Mo A Mi Tuo Fo* plusieurs heures par jour, toute leur vie durant. C'est une pratique importante. Si vous êtes contrarié, chantez *Na Mo A Mi Tuo Fo* (se prononce *na mo a mi touo fo*). Si vous êtes malade, chantez *Na Mo A Mi Tuo Fo*. Si vous vous sentez faible, chantez *Na Mo A Mi Tuo Fo*. Si vous êtes émotif, chantez *Na Mo A Mi Tuo Fo*. Si vous avez des difficultés relationnelles, chantez *Na Mo A Mi Tuo Fo*. Si vous avez des défis financiers, chantez *Na Mo A Mi Tuo Fo*. Transformer la vie prend du temps. Vous devez comprendre cette sagesse spirituelle, ainsi vous chanterez et méditerez de plus en plus. Plus vous pratiquez, plus vous pouvez guérir et transformer chaque aspect de votre vie.

Pour réussir dans n'importe quelle profession, une personne doit étudier et pratiquer encore et encore pour parvenir à la maîtrise. Mon enseignement est la guérison de l'âme et la transformation de l'âme de tout aspect de la vie. Chacun doit appliquer la Technique des Quatre Pouvoirs encore et encore afin de recevoir le maximum de bienfaits pour la guérison de l'âme et la transformation de l'âme, pour tout aspect de la vie.

Si vous vous mettez dans la condition de *ce que vous chantez, vous le devenez*, un merveilleux résultat de guérison peut advenir, et une transformation des relations et des finances peut suivre. Vous pourriez faire « Aha ! », vous pourriez faire « Wow ! »

Je partage mes ateliers ou mes retraites avec vous dans tous mes livres. Prenez le temps de pratiquer sérieusement. Chantez et méditez en utilisant la Technique des Quatre Pouvoirs.

Mes livres ont un autre aspect unique : le Tao offre des Transmissions de l'Âme, de la Conscience et du Corps lors de la lecture. Ces Transmissions de l'Âme, de la Conscience et du Corps du Tao sont des trésors permanents du Tao de guérison et de transformation.

Ces trésors portent en eux la fréquence et la vibration du Tao, qui peuvent transformer la fréquence et la vibration de votre santé, de vos relations, de vos finances, de votre intelligence, et plus encore.

Ces trésors portent en eux également l'Amour du Tao, qui aide à dissoudre tous les blocages et à transformer toute vie.

Ces trésors portent en eux le Pardon du Tao, qui apporte la joie intérieure et la paix intérieure.

Ces trésors portent en eux la Compassion Tao, qui aide à augmenter l'énergie, l'endurance, la vitalité et l'immunité.

Ces trésors portent en eux la Lumière du Tao, qui guérit, prévient la maladie, purifie et régénère l'âme, le cœur, la conscience et le corps, et transforme les relations, les finances et chaque aspect de la vie.

Je résume et j'insiste sur ces deux aspects absolument uniques de mes livres. Premièrement, je partage mes ateliers ou mes retraites dans mes livres. Pratiquez sérieusement, comme si vous étiez dans un atelier avec moi en personne. Deuxièmement, quand vous lisez, vous pouvez recevoir des trésors permanents du Tao (les Transmissions de l'Âme, de la Conscience et du Corps) pour transformer votre santé, vos relations, vos finances, et plus encore.

Prêtez une grande attention à ces deux aspects uniques afin de recevoir le maximum de bienfaits de ce livre et de n'importe quel autre de mes livres.

Je vous souhaite de recevoir le maximum de bienfaits de ce livre pour transformer chaque aspect de votre vie.

Pratiquez. Pratiquez. Pratiquez.

Transformez. Transformez. Transformez.

Illuminez. Illuminez. Illuminez.

Réussissez. Réussissez. Réussissez.

Liste des Transmissions de l'Âme du Divin et du Tao

1. Transmissions de l'Âme, de la Conscience et du Corps de la Boule de Lumière Dorée du Tao et de la Source du Liquide Doré du Pardon du Tao, lii
2. Transmissions de l'Âme, de la Conscience et du Corps des Mains du Tao (à ce livre), 33
3. Transmissions de l'Âme, de la Conscience et du Corps de la Boule de Lumière Violette du Tao et de la Source du Liquide Violet du Dan Tian Inférieur du Tao, 65
4. Transmissions de l'Âme, de la Conscience et du Corps de la Boule de Lumière Violette du Tao et de la Source du Liquide Violet du Pardon du Tao, 92
5. Transmissions de l'Âme, de la Conscience et du Corps de la Boule de Lumière Violette du Tao et de la Source du Liquide Violet de la Clarté d'Esprit du Tao, 99
6. Transmissions de l'Âme, de la Conscience et du Corps de la Boule de Lumière Violette du Tao et de la Source du Liquide Violet de l'Amour du Tao, 115

7. Transmissions de l'Âme, de la Conscience et du Corps de la Boule de Lumière Violette du Tao et de la Source du Liquide Violet de la Lumière du Tao, 145

8. Transmissions de l'Âme, de la Conscience et du Corps de la Boule de Lumière Violette du Tao et de la Source du Liquide Violet de la Compassion du Tao pour le cerveau, le cœur et l'âme, 167

9. Transmissions de l'Âme, de la Conscience et du Corps de la Boule de Lumière Violette du Tao et de la Source du Liquide Violet de l'alignement de l'Âme, du Cœur, de la Conscience et du Corps du Tao, 172

10. Transmissions de l'Âme, de la Conscience et du Corps de la Boule de Lumière Violette du Tao et de la Source du Liquide Violet des Nutriments et de l'Équilibre du Tao, 179

11. Transmissions de l'Âme, de la Conscience et du Corps de la Boule de Lumière Violette du Tao et de la Source du Liquide Violet du Langage de l'Âme du Tao, 198

12. Transmissions de l'Âme, de la Conscience et du Corps de la Boule de Lumière Violette du Tao et de la Source du Liquide Violet de la Purification du Tao, 210

13. Transmissions de l'Âme, de la Conscience et du Corps de la Boule de Lumière Violette du Tao et de la Source du Liquide Violet du Centre des Messages du Tao, 229

14. Transmissions de l'Âme, de la Conscience et du Corps de la Boule de Lumière Violette du Tao et de la Source du Liquide Violet de la Kundalini du Tao, 238

Liste des Illustrations

1. Pouvoir du Corps pour le pardon venant du cœur, xlvi
2. Position de la Prière de l'Ère de la Lumière de l'Âme, 16
3. Localisation de la kundalini / zone du Ming Men, 58
4. Position des Mains Yin Yang, 64
5. Cercle Intérieur du Tao Yin Yang, 70
6. Cercle Extérieur du Tao Yin Yang, 71
7. Pouvoir du Corps pour développer le Cercle Intérieur du Tao Yin Yang, 73
8. Position des Mains pour les Cinq Éléments, 114
9. Zone du Zhong, 124
10. Nombre sacré pour développer le cerveau entier, 150
11. Code sacré du Tao 3396815, 158
12. Canal du Langage de l'Âme, 192
13. Neuf niveaux des Cieux (Jiu Tian), 204

Introduction

CHAQUE FOIS QUE je parle des Mains du Tao :
Je pense toujours à quel point je suis béni d'être un serviteur de l'humanité, de la Terre-Mère, de toutes les âmes, et du Tao.

Je pense constamment à quel point je suis béni d'avoir reçu l'honneur et l'autorité du Tao de transmettre ses Mains aux personnes choisies.

Je pense constamment que je ne pourrai jamais assez remercier le Tao pour tout ce qu'il m'a donné, quel que soit les services que j'offrirai.

Je pense constamment que je servirai l'humanité, la Terre-Mère et toutes les âmes pour toujours, en tant que serviteur universel inconditionnel.

Je pense constamment aux milliards de personnes qui souffrent dans n'importe quel aspect de leur vie, incluant la santé, les relations personnelles, les finances et plus encore.

Je pense constamment à diffuser les Mains du Tao afin d'apporter l'amour, la paix et l'harmonie à l'humanité, à la Terre-Mère et à tous les univers.

Je suis constamment ému aux larmes, touché dans mon cœur et dans mon âme quand je pense à la générosité du Tao qui transmet l'âme de ses Mains aux personnes choisies.

Je ne peux me prosterner suffisamment devant le Tao.

Je suis sans voix.

Le 8 août 2003, le Tao a tenu une réunion dans les Cieux et a annoncé la fin de l'ère universelle dans laquelle nous vivions et le début d'une nouvelle ère, l'Ère de la Lumière de l'âme, qui commencerait ce même jour. Une ère universelle dure quinze mille ans.

Les êtres humains se réincarnent. Vous n'avez peut-être pas réalisé que le temps aussi se réincarne. Il y a trois ères sur la Terre-Mère qui se réincarnent :

- **Xia Gu** – 下古 (se prononce *chia gou*) signifie *ancien proche*. C'est l'ère qui a commencé quinze mille ans avant le 8 août 2003 et qui a pris fin ce jour-là.
- **Zhong Gu** – 中古 (se prononce *djong gou*) signifie *ancien moyen*. C'est l'ère qui a commencé approximativement il y a trente mille ans et qui a pris fin approximativement il y a quinze mille ans.
- **Shang Gu** – 上古 (se prononce *chang gou*) signifie *ancien lointain*. C'est l'ère qui a commencé il y a environ quarante-cinq mille ans et qui a pris fin il y a environ trente mille ans.

Le 8 août 2003, l'Ère Xia Gu a pris fin et l'ère Shang Gu est revenue. L'ère actuelle de Shang Gu durera aussi quinze mille ans et ensuite c'est l'ère de Zhong Gu qui reviendra. La prochaine ère Zhong Gu durera elle aussi quinze mille ans. Puis de nouveau, ce sera l'ère Xia Gu qui se manifestera.

En résumé, les ères Shang Gu, Zhong Gu et Xia Gu alternent l'une après l'autre. Ceci est la réincarnation du temps. C'est une sagesse sacrée.

Depuis le 8 août 2003, au moment où l'actuelle Ère de Shang Gu a débuté, la transition de la Terre-Mère s'est accélérée. Qu'est-ce que la transition de la Terre-Mère ? La transition de la Terre-Mère est le passage de l'Ère de Xia Gu qui s'est terminé le 8 août 2003 à l'Ère de Shang Gu qui a commencé ce jour-là.

Vous et l'humanité pouvez très clairement constater que des défis de plus en plus grands et nombreux se manifestent sur Terre-Mère, tels que les désastres naturels ou ceux causés par l'homme, les guerres, le changement climatique, les maladies, les difficultés économiques et plus encore. Pourquoi ces défis ont-ils lieu ? Ils sont attribuables au karma négatif.

Pendant des siècles et des millénaires, l'humanité a créé un karma négatif très important par des comportements nuisibles envers elle-même et envers la Terre-Mère. Dans un de mes livres de référence, *The Power of Soul : The Way to Heal, Rejuvenate, Transform, and Enlighten all Life*[7], je partage un enseignement que j'ai reçu du Tao. C'est le secret du karma qui tient en une phrase :

**Le karma est la cause première du succès
et de l'échec dans tout aspect de la vie.**

Le karma est l'enregistrement des services. Le karma est aussi appelé « action », « vertu » ou « de » (en chinois, se prononce *deu*) dans différents enseignements spirituels. Le karma peut être divisé en bon et mauvais karma. Le bon karma est l'enregistrement de tous les bons services d'une personne dans sa vie présente et dans toutes ses vies passées. Le bon karma consiste à offrir l'amour, le pardon, les soins, la compassion, la sincérité, l'honnêteté, la générosité, la bonté, la pureté et tous les autres types de bons services, d'une manière inconditionnelle, à l'humanité et à toutes les âmes. Le mauvais karma est l'enregistrement des services déplaisants d'une personne dans sa vie présente et dans toutes ses vies passées, envers l'humanité et toutes

---

[7] Toronto/New York : Heaven's Library/Atria Books, 2009.

les âmes, comme tuer, nuire, tirer avantage des autres, tricher, voler, mentir, se plaindre et tout autre type de service désagréable.

Le Karma est une loi universelle. Selon la loi karmique :

> **Le bon karma peut apporter des récompenses à une personne dans tout aspect de la vie, incluant la santé, les relations, les finances, l'intelligence, les parents et les enfants.**
> **Le mauvais karma peut apporter des leçons à une personne dans tout aspect de la vie, incluant la santé, les relations, les finances, l'intelligence, les parents et les enfants.**

Durant des siècles et des millénaires, l'humanité a accumulé énormément de mauvais karma :

- en tuant lors des guerres mondiales et civiles, politiques, religieuses et ethniques
- en testant et en utilisant les armes nucléaires
- en causant tous types de dommages à l'humanité, aux animaux et à la nature
- en vidant et en gaspillant les ressources naturelles
- en étant avide
- en trichant ou en trompant
- en volant
- et bien plus encore.

Le karma est la cause et l'effet. Les exemples ci-dessus sont une partie de la cause première des désastres naturels, des contraintes économiques et des autres défis présents sur la Terre-Mère.

Des milliards de personnes sont concernés par la transition de la Terre-Mère. Comment pouvons-nous transformer cette transition de la Terre-Mère ? Comment pouvons-nous réduire les désastres naturels et les autres défis de l'humanité et de la Terre-Mère ?

Puisque le karma est la cause première de la transition de la Terre-Mère, la solution est de nettoyer le mauvais karma. Si des millions et des milliards de gens savaient comment nettoyer le mauvais karma, la transition de la Terre-Mère serait adoucie au-delà de toute compréhension.

Comment une personne peut-elle nettoyer son mauvais karma ? La technique la plus importante et la plus puissante est la pratique de pardon régulière. Exercez-vous avec la Technique des Quatre Pouvoirs que j'ai enseigné dans tous mes livres[8] précédents pour nettoyer votre mauvais karma.

La Technique des Quatre Pouvoirs est composée du Pouvoir du Corps, du Pouvoir du Son, du Pouvoir du Mental et du Pouvoir de l'Âme.

Le Pouvoir du Corps est la position particulière des mains et du corps pour la guérison, la régénération, la longévité et la transformation de la vie.

Le Pouvoir du Son consiste à chanter des mantras sacrés, des Chants de l'Âme du Divin, des Chants du Tao ou des sons vibratoires spécifiques pour guérir et régénérer.

Le Pouvoir du Mental est la visualisation créative.

Le Pouvoir de l'Âme consiste à dire *bonjour*, c'est-à-dire à invoquer le Divin, le Tao, les Cieux, la Terre-Mère et les innombrables planètes, étoiles, galaxies et univers, ainsi que tous les pères et mères spirituels de la Terre-Mère et de chaque niveau des Cieux, et à leur demander leur aide pour la guérison, la régénération et la transformation des relations personnelles et des finances.

---

[8] Par exemple, consultez mon livre *Power Healing: The Four Keys to Energizing Your Body, Mind and Spirit* (San Francisco: HarperSanFrancisco, 2002).

Pratiquons maintenant la Technique des Quatre Pouvoirs pour nettoyer soi-même son mauvais karma :

Pouvoir du Corps. Asseyez-vous droit, avec vos pieds à plat sur le sol et votre dos libre et dégagé. Vous pouvez aussi être debout, mais détendu, avec vos genoux légèrement fléchis. Placez une paume sur votre bas-ventre en dessous du nombril. Placez l'autre paume sur votre cœur. Le pardon doit venir du cœur. Depuis cinq mille ans, la Médecine Traditionnelle Chinoise partage la sagesse que le cœur abrite la conscience et l'âme. Assurez-vous de demander et d'offrir le pardon à partir du cœur.

Illustration 1. Le Pouvoir du Corps pour le pardon venant du cœur.

Il existe plusieurs grands enseignements pour le chemin spirituel, provenant de différentes religions et de divers groupes spirituels sur la Terre-Mère. Je n'enseigne pas la religion, mais je respecte tous les grands enseignements.

Je crois qu'un véritable enseignement spirituel enseigne toujours aux gens comment purifier le cœur.

Pouvoir de l'âme. Dites *Bonjour* :

> *Mon cher cœur bien-aimé,*
> *Je t'aime.*
> *Je suis honoré de faire une pratique de pardon.*
> *Merci.*

La pratique de pardon est une pratique pour nettoyer nous-même notre mauvais karma. Nous n'avons pas besoin de nettoyer notre bon karma. Nous voulons garder notre bon karma afin de recevoir des bénédictions pour la santé, les relations, les finances et plus encore. Nettoyer le karma, c'est nettoyer le mauvais karma que nous avons créé à cause des erreurs que nous avons faites dans nos vies antérieures et dans celle-ci. Les erreurs créent une dette spirituelle. Nous sommes redevables aux personnes et aux âmes que nous avons blessées ou fait souffrir. Nettoyer le mauvais karma, c'est faire en sorte que notre dette spirituelle nous soit pardonnée.

Continuez la pratique de pardon en demandant plus au Pouvoir de l'Âme :

> *Chères toutes les âmes qui ont été blessées par toutes les erreurs que j'ai commises dans cette vie et toutes mes vies passées,*
> *Chères toutes les âmes, y compris celles des êtres humains, des animaux, de l'environnement et de la Terre-Mère, qui ont été blessées par toutes les erreurs commises par mes ancêtres durant toutes leurs vies,*
> *Je vous aime.*
> *Je demande sincèrement pardon à toutes les âmes que nous avons blessées.*
> *S'il vous plaît, pardonnez à mes ancêtres, ainsi qu'à moi-même.*
> *Afin de recevoir votre pardon absolu, je servirai inconditionnellement.*
> *Merci.*

Si des millions et des milliards de gens comprenaient vraiment la signification d'une pratique de pardon, s'ils savaient comment faire une pratique de pardon, et s'ils *faisaient* réellement une pratique de pardon quotidienne, le karma de l'humanité serait transformé. La transition de la Terre-Mère serait adoucie.

Lorsque nous faisons une pratique de pardon, il est important de dire les mots sincèrement et humblement avec son cœur. Ne vous attendez pas à simplement dire les mots et à être pardonné facilement. Il se peut que ce ne soit pas du tout facile de recevoir le pardon de certaines âmes que vous et vos ancêtres avez blessées. Vous avez pu commettre d'énormes erreurs et avoir causé du tort de manière très cruelle.

Continuez du fond de votre cœur :

> *Je servirai l'humanité.*
> *Je servirai les animaux.*
> *Je servirai la société.*
> *Je servirai la Terre-Mère afin de recevoir le pardon.*
> *Merci pour votre pardon.*

Voici comment demander pardon pour vos erreurs. Vous devez inclure vos ancêtres parce que chacun d'entre nous porte une partie du karma de nos ancêtres, le bon et le mauvais. Ceci est appelé le karma ancestral. Pensez-y comme votre karma génétique ou héréditaire. Cela comprend non seulement vos ancêtres dans cette vie-ci, mais également vos ancêtres dans toutes vos vies antérieures. Cela peut comprendre des millions d'âmes.

La pratique de pardon se fait en deux temps. Dans un premier temps, vous demandez pardon pour toutes les erreurs que vos ancêtres et vous avez commises, dans toutes vos vies antérieures et dans cette vie-ci. Dans un second temps, vous et vos ancêtres offrez le pardon à toutes les âmes qui vous ont blessés, qui vous ont fait souffrir, qui ont profité de vous et de vos ancêtres, dans toutes les vies. Ces deux facettes du pardon sont vitales pour vous apporter l'amour, la paix et l'harmonie ainsi qu'à vos êtres chers, votre communauté, votre ville, votre société, votre pays et la Terre-Mère.

Maintenant, faisons la deuxième partie de la pratique de pardon, où vos ancêtres et vous offrez le pardon aux autres :

> *Chers êtres et chères âmes qui ont blessé mes ancêtres et moi-même*
>   *dans toutes nos vies passées,*
> *Nous vous aimons.*
> *Nous vous pardonnons totalement.*
> *Nous sommes honorés de vous offrir notre pardon.*
> *Merci.*

Pouvoir du Mental. Visualisez la lumière dorée du pardon vous enveloppant, ainsi que vos ancêtres et toutes les âmes que vous avez invoquées.

Pouvoir du Son. Chantez ou récitez silencieusement ou à voix haute pendant quelques minutes, mais toujours venant de votre cœur :

> *Pardon*
> *Pardon*
> *Pardon*
> *Pardon*
> *Pardon*
> *Pardon*
> *Pardon …*

Faites-le maintenant pendant trois minutes.

Ensuite, chantez ou récitez silencieusement ou à voix haute :

> *Je vous pardonne.*
> *Vous me pardonnez.*
> *Apporte l'amour, la paix et l'harmonie.*
> *Apporte l'amour, la paix et l'harmonie.*

Je vous pardonne.
Vous me pardonnez.
Apporte l'amour, la paix et l'harmonie.
Apporte l'amour, la paix et l'harmonie.

Je vous pardonne.
Vous me pardonnez.
Apporte l'amour, la paix et l'harmonie.
Apporte l'amour, la paix et l'harmonie.

Je vous pardonne.
Vous me pardonnez.
Apporte l'amour, la paix et l'harmonie.
Apporte l'amour, la paix et l'harmonie.

Hao ! Hao ! Hao ! « Hao » (se prononce *haô*) signifie *parfait*.

Merci. Merci. Merci.

Gong Song. Gong Song. Gong Song. « Gong Song » (se prononce *gong song*) signifie *bon retour*. C'est un terme chinois utilisé pour souhaiter un bon retour, avec respect, à toutes les âmes, qui sont venues pour la pratique de pardon.

En juillet 2003, le Tao m'a choisi pour être son serviteur, celui de l'humanité et de toutes les âmes. Le Tao m'a accordé l'honneur et l'autorité d'offrir ses Transmissions de l'Âme, de la Conscience et du Corps à l'humanité.

Qu'est-ce qu'une Transmission de l'Âme du Tao ? Le Tao crée un être de lumière dans son cœur et le transmet, grâce à un Maître Enseignant et Praticien Certifié (l'un de mes Représentants Mondiaux ou moi), au receveur. C'est une nouvelle âme du Tao, exempte de karma, qui remplace l'âme originelle de l'organe, du système ou de la partie du corps demandé.

Qu'est-ce qu'une Transmission de la Conscience du Tao ? Le Tao crée une conscience, qui est un autre être de lumière créé dans son cœur, et la transmet, grâce à un Maître Enseignant et Praticien Certifié, au receveur, remplaçant ainsi la conscience de l'organe, du système ou de la partie du corps demandé par la Conscience du Tao.

Qu'est-ce qu'une Transmission du Corps du Tao ? Le Tao crée de l'énergie et de la matière infime, qui sont un autre être de lumière créé dans son cœur, et il le transmet, par l'intermédiaire d'un Maître Enseignant et Praticien Certifié, au receveur, remplaçant ainsi l'énergie et la matière infime de l'organe, du système ou de la partie du corps demandé, par l'énergie et la matière infime du Tao.

Quand mes Représentants Mondiaux ou moi-même offrons des Transmissions de l'Âme, de la Conscience et du Corps du Tao, nous offrons ces trois êtres de lumière ensemble. En 2008, j'ai offert les Transmissions de l'Âme, de la Conscience et du Corps du Tao dans le premier livre de ma collection Le Pouvoir de l'âme, *Soul Wisdom : Practical Soul Treasures to Transform Your Life*[9]. C'était la première fois que j'offrais ces trésors permanents du Tao dans un de mes livres. Depuis, j'ai offert des Transmissions de l'Âme, de la Conscience et du Corps du Tao dans chaque livre de ma collection Le Pouvoir de l'âme. Pour ceux qui lisent mes livres pour la première fois, j'ai fait une introduction sur les Transmissions de l'Âme, de la Conscience et du Corps dans la section « Comment recevoir les Transmissions de l'Âme du Tao, offerts dans les livres de la collection Le Pouvoir de l'âme », au début de ce livre.

Les Transmissions de l'Âme, de la Conscience et du Corps du Tao portent la fréquence et la vibration du Tao avec l'amour, le pardon, la compassion et la lumière du Tao, qui peuvent enlever les blocages de l'âme, de la conscience et du corps pour tout aspect de la vie,

---

[9] Toronto/New York : Heaven's Library/Atria Books, 2008.

comme la santé, les relations, les finances, les affaires, l'intelligence, les enfants et plus encore.

Maintenant, je vais offrir les premières Transmissions de l'Âme, de la Conscience et du Corps du Tao de ce livre :

Transmission de l'Âme, de la Conscience et du Corps de la Boule de Lumière Dorée du Tao et de la Source du Liquide Doré du Pardon du Tao.

Préparez-vous. Asseyez-vous droit. Fermez vos yeux. Détendez-vous complètement. Placez vos deux paumes sur votre bas-ventre.

Ordre du Tao : Transmission de l'Âme, de la Conscience et du Corps de la Boule de Lumière Dorée du Tao et de la Source du Liquide Doré du Pardon du Tao.

Transmission !

Félicitations ! Vous êtes extrêmement bénis.

Merci Tao, pour cette générosité d'offrir vos inestimables trésors permanents comme cadeaux à chaque lecteur.

La Transmission de l'Âme du Pardon du Tao est l'âme du Pardon du Tao.

La Transmission de la Conscience du Pardon du Tao est la conscience du Pardon du Tao.

La Transmission du Corps du Pardon du Tao est l'énergie et la matière infime du Pardon du Tao.

Chacun d'eux est un grand être de lumière dorée provenant du Cœur du Tao.

Maintenant, je vais vous montrer comment activer les Transmissions de l'Âme, de la Conscience et du Corps du Pardon du Tao pour nettoyer votre mauvais karma.

Pouvoir du Corps. Placez une paume sur votre bas-ventre en dessous du nombril. Placez l'autre paume sur votre Centre des Messages[10] (le chakra du cœur), au milieu de votre poitrine.

Pouvoir de l'âme. Dites *Bonjour* :

Chères âmes que mes ancêtres ou moi-même avons blessées ou fait souffrir de quelque façon que ce soit, dans toutes nos vies,
Je vous aime.
Je demande sincèrement pardon à toutes les âmes que nous avons blessées.
S'il vous plaît, pardonnez-nous, mes ancêtres et moi-même.
Afin de recevoir complètement votre pardon, je servirai inconditionnellement.
Merci.

Chers êtres et chères âmes qui ont blessé mes ancêtres et moi-même dans toutes nos vies,
Nous vous aimons.
Nous vous pardonnons totalement.
Nous sommes honorés de vous offrir notre pardon.
Merci.

---

[10] Le Centre des Messages, aussi connu comme le chakra du cœur, est un centre énergétique situé au milieu de votre poitrine, derrière le sternum. Le Centre des Messages est très important pour la santé et le développement des capacités de communication de l'âme. C'est aussi le centre de l'amour, du pardon, du karma, des émotions, de la transformation de la vie, de l'illumination de l'âme, et bien plus. Nettoyer les blocages et développer votre Centre des Messages sont la clé pour développer votre pouvoir de guérison et votre capacité à communiquer avec votre propre âme et les autres âmes.

Chères Transmissions de l'Âme, de la Conscience et du Corps du Pardon du Tao,
Je vous aime.
Veuillez, s'il vous plaît, vous activer pour bénir cette pratique de pardon.
Merci.

Pouvoir du Mental. Visualisez une lumière dorée vous enveloppant, ainsi que vos ancêtres et toutes les âmes que vous avez invoquées.

Pouvoir du Son. Chantez ou récitez silencieusement ou à voix haute :

Pardon du Tao
Pardon du Tao
Pardon du Tao
Pardon du Tao
Pardon du Tao
Pardon du Tao
Pardon du Tao …

Maintenant, posez le livre et chantez ou récitez pendant cinq minutes.

Faites cette pratique de pardon et utilisez vos Transmissions de l'Âme, de la Conscience et du Corps du Pardon du Tao chaque jour. Des aspects de votre vie pourraient être transformés au-delà de votre compréhension.

Pratiquez davantage.

Recevez des bienfaits conséquents de la Pratique de Pardon du Tao.

La Pratique de Pardon du Tao est une pratique quotidienne. Il n'y a pas de limite de temps. Apprenez-la. Souvenez-vous-en. Faites-la simplement. Plus vous la faites, mieux c'est. Pour des blocages chroniques, comprenant des problèmes de santé, relationnels, financiers et plus encore, pratiquez pendant deux heures ou plus par jour. Vous pouvez additionner le temps de toutes vos pratiques pour totaliser deux heures.

Nettoyer votre mauvais karma non seulement vous aidera, mais aidera aussi la transition de l'humanité. Plus de personnes sur Terre-Mère feront la Pratique de Pardon du Tao, plus le mauvais karma pourra être nettoyé, et plus les désastres et les défis sur Terre-Mère seront réduits.

Si une personne porte un karma négatif très lourd, parce qu'elle a commis d'énormes erreurs dans certaines vies, elle pourrait avoir besoin d'une année, voire même de plusieurs vies, pour nettoyer son mauvais karma, même avec la Pratique de Pardon du Tao. Ce livre est là pour enseigner à l'humanité et à vous-même la pratique des Mains du Tao. Les Mains du Tao sont des trésors sacrés pour faciliter la transition de la Terre-Mère et pour aider l'humanité, les animaux et la nature.

Les Mains du Tao portent la fréquence et la vibration du Tao dont l'amour, le pardon, la compassion et la lumière du Tao, qui peut enlever tous les types de blocages de l'âme, de la conscience et du corps dans chaque aspect de la vie.

J'ai reçu l'honneur et l'autorité d'offrir les Mains du Tao à l'humanité en 2005. Mes Maîtres Enseignants et Praticiens Certifiés ont également reçu l'honneur et l'autorité d'offrir les Mains du Tao en 2011.

En août 2012, mes Maîtres Enseignants et Praticiens Certifiés et moi avions déjà offert les Mains du Tao à plus de trois mille cinq cents personnes choisies. Tous ceux qui souhaitent recevoir les Mains du Tao doivent présenter leur demande afin de recevoir cet honneur. La personne doit faire sa demande au Tao en passant par un Maître Enseignant et Praticien Certifié. Le Tao doit approuver si le candidat est prêt à recevoir ce trésor sacré pour devenir un Praticien des Mains du Tao. Ceux qui reçoivent les Mains du Tao doivent comprendre que le but est d'aider l'humanité à passer ce moment difficile.

Ces dernières années, des milliers de témoignages touchants et émouvants, à la suite de bénédictions des Praticiens des Mains du Tao, ont été recueillis.

Les Mains du Tao portent le pouvoir du Tao qui aide à transformer chaque aspect de la vie.

Les mots ne sont pas suffisants.

Les pensées ne sont pas suffisantes.

L'imagination n'est pas suffisante.

La compréhension n'est pas suffisante pour réaliser la puissance des Mains du Tao. L'humanité est extrêmement bénie d'avoir l'occasion de recevoir les Mains du Tao.

Dans le chapitre 2, je demanderai au Tao de transmettre ses Mains au sein de ce livre. Si vous voulez savoir si une poire est sucrée, goûtez-la. Si vous voulez connaître la puissance des Mains du Tao, expérimentez-les. Ce livre est lui-même porteur des Mains du Tao. Cependant, le Tao m'a clairement dit que chaque lecteur peut demander seulement vingt fois aux Mains du Tao, contenues dans ce livre, une bénédiction de guérison de l'âme. (Si vous demandez des bénédictions de guérison de l'âme plus de vingt fois, cela ne fonctionnera pas). Vous pourrez donc expérimenter vingt fois la puissance des Mains du Tao contenues dans ce livre. Vous êtes extrêmement bénis.

Pour continuer à recevoir les bénédictions des Mains du Tao, vous devrez contacter un Praticien des Mains du Tao. Vous pouvez aussi recevoir les Mains du Tao vous-même et devenir un Praticien des Mains du Tao, en suivant les Programmes de Formation des Praticiens des Mains du Tao, offerts mondialement par mes Représentants Mondiaux et moi-même.

Les Mains du Tao sont des trésors sacrés du Tao pour bénir et guérir vous-même, vos êtres chers, l'humanité et la Terre-Mère.

Les Mains du Tao sont des trésors sacrés du Tao pour bénir et transformer les relations.

Les Mains du Tao sont des trésors sacrés du Tao pour bénir et transformer les finances.

Les Mains du Tao sont des trésors sacrés du Tao pour bénir et transformer vos enfants.

Les Mains du Tao sont des trésors sacrés du Tao pour bénir et transformer les animaux.

Les Mains du Tao sont des trésors sacrés du Tao pour bénir et transformer la nature.

Les Mains du Tao sont des trésors sacrés du Tao pour bénir et accroître l'intelligence.

Les Mains du Tao sont des trésors sacrés du Tao pour bénir et transformer tout aspect de la vie.

Les Mains du Tao sont des trésors sacrés du Tao pour apporter l'amour, la paix et l'harmonie à vous-même, à votre famille, à vos êtres chers, aux sociétés, aux villes, aux pays, à la Terre-Mère et à tous les univers.

Merci beaucoup, cher Tao, pour votre générosité et votre volonté de donner, aux personnes choisies, la lumière de l'âme de vos Mains du Tao. Ces personnes choisies sont celles qui veulent servir et enlever la souffrance de l'humanité, des animaux, de la nature et de toutes les âmes, et aussi aider l'humanité à traverser cette période difficile.

Les Mains du Tao me guérissent et me bénissent.
Les Mains du Tao guérissent et bénissent mes êtres chers.
Les Mains du Tao guérissent et bénissent l'humanité.

Les Mains du Tao guérissent et bénissent toutes les âmes.
Les Mains du Tao guérissent et bénissent la Terre-Mère.
Les Mains du Tao guérissent et bénissent tous les Univers.

J'aime mon cœur et mon âme
J'aime toute l'humanité
Joignons nos cœurs et nos âmes ensemble
Amour, paix et harmonie
Amour, paix et harmonie

Les Mains du Tao : Que Sont-elles, Pourquoi et Comment Fonctionnent-Elles ?

QUELS QUE SOIENT mes livres que vous lirez, vous pourrez voir que, dans chaque livre, chaque chapitre et chaque enseignement, j'explique toujours le *quoi*, le *pourquoi* et le *comment*.

Quoi ? « Quoi » est le concept. Le concept doit être clair et précis. Les sciences, les universités, le business et chaque partie de la vie devraient avoir un concept clair et précis. Sinon, les lecteurs et les étudiants pourraient ne pas en comprendre le sens. Écrire un livre consiste à partager des enseignements et des pratiques avec les lecteurs. Donner aux lecteurs un concept très clair est la direction à suivre pour tous les enseignements, les secrets, la sagesse, le savoir et l'ensemble des pratiques que j'ai partagés dans tous mes livres.

Pourquoi ? « Pourquoi » signifie *pourquoi les personnes ont-elles besoin d'apprendre ceci ou de pratiquer cela* ? Cela comprend le pouvoir et la signification de ce que j'enseigne. C'est orienté vers le service. Si je partage un secret ou une sagesse particulière, un savoir spécial, une pratique particulière, ou bien si j'offre un service spécifique, vous devez comprendre pourquoi je le fais. Ce service vous apportera-t-il des bienfaits ? S'il n'y en a pas, pourquoi aurai-je besoin de le partager ? Pourquoi auriez-vous besoin de le faire ? C'est pour cette raison que le *pourquoi* est très important dans tous mes écrits et mes enseignements.

Comment ? « Comment » fait référence à la méthode ou à la technique à employer pour atteindre un but. Quel que soit le service que j'enseigne ou que j'offre, comment le ferez-vous ? Comment pouvez-vous mettre en pratique les méthodes et les stratégies ? Dans ma collection Le Pouvoir de l'Âme, le *comment* comprend l'ensemble des pratiques pour la guérison, la régénération et la transformation des relations et des finances, et de tout aspect de la vie. Les techniques sont très importantes. La pratique de pardon du Tao en est un exemple.

Pour enseigner ou accomplir des choses dans votre vie, il y a deux parties : la théorie et la pratique. La théorie et la pratique sont yin et yang. Yin et yang sont opposés, mais unis. Ils se complètent l'un et l'autre. Quelles que soient les choses que vous accomplissez, vous devez inclure le yin et le yang. Vous ne pouvez pas accomplir votre tâche ou votre but en utilisant uniquement le yin ou uniquement le yang.

Je suis extrêmement béni que le Tao m'ait choisi comme son serviteur, véhicule et canal, et comme celui de l'humanité. Le Tao m'a donné l'autorité d'offrir ses trésors permanents à l'humanité. Les trésors du Tao portent le pouvoir du Tao de guérir et de transformer toute vie, mais les bénéficiaires doivent pratiquer dans les règles afin d'en recevoir les bienfaits. Cela appartient au *comment*.

En résumé, mes enseignements sont basés sur le *quoi*, le *pourquoi* et le *comment*. J'enseigne *Da Tao Zhi Jian* (se prononce *da dao djeu djienne*), qui signifie *la Grande Voie est extrêmement simple*. La sagesse et les techniques les plus simples sont les meilleures. La simplicité est puissante. Je suis le serviteur de l'humanité. J'aime la simplicité.

Des milliards de personnes ont besoin de guérir.

Des milliards de personnes ont besoin de transformer leurs relations.

Des milliards de personnes ont besoin de transformer leurs finances.

Des milliards de personnes ont besoin de se régénérer.

Des milliards de personnes ont besoin de purifier leur âme, leur cœur, leur conscience et leur corps.

Des milliards de personnes ont besoin d'accroître leur intelligence.

Des milliards de personnes ont besoin d'ouvrir leur cœur et leur âme.

Des milliards de personnes ont besoin d'être dans l'amour, le pardon, la compassion et la lumière pour se transformer et transformer l'humanité, la Terre-Mère et toutes les âmes.

Des milliards de personnes ont besoin d'unir leurs cœurs et leurs âmes ensemble pour transformer la transition de la Terre-Mère et d'apporter l'amour, la paix et l'harmonie à l'humanité, la Terre-Mère et tous les univers.

La complexité ne peut pas servir les milliards de personnes et toutes les âmes. La simplicité est la manière de servir les milliards de personnes et toutes les âmes.

Je suis un serviteur de l'humanité et de toutes les innombrables âmes. Depuis que j'ai écrit mon premier livre, le Tao m'a guidé vers le fait que la simplicité est la clé du service. Le *quoi*, le *pourquoi* et le *comment* sont la voie pour écrire, enseigner et servir chaque aspect de ma vie. Le *quoi*, le *pourquoi* et le *comment* sont la voie pour servir chaque aspect de votre vie.

Que Sont les Mains du Tao ?

Les Mains du Tao sont les mains de l'âme du Tao. Le Tao crée une nouvelle âme de ses Mains et la transmet aux personnes choisies, par l'intermédiaire du service d'un Maître Enseignant et Praticien Certifié (l'un de mes Représentants Mondiaux ou moi). La *personne choisie* est une personne qui a présenté sa demande pour recevoir les Mains du Tao, qui a reçu une approbation si elle est prête et qui peut donc s'inscrire pour les recevoir.

En juillet 2003, le Tao m'a choisi comme son serviteur et celui de l'humanité, et il m'a donné l'honneur et l'autorité de transmettre ses trésors permanents à l'humanité. En 2011, environ vingt de mes Représentants Mondiaux, qui sont aussi des Maîtres Enseignants et Praticiens Certifiés, ont reçu l'honneur et l'autorité de transmettre les Mains du Tao. Si vous n'êtes pas un Maître Enseignant et Praticien Certifié, vous ne pouvez pas les transmettre aux autres. Cette transmission à autrui est un honneur au-delà des mots, de la compréhension et de l'imagination. Les Maîtres Enseignants et Praticiens Certifiés représentent la présence du Tao sur Terre-Mère. Ils sont les serviteurs du Tao pour représenter le Tao afin de servir l'humanité, la Terre-Mère et toutes les âmes.

Le trésor des Mains du Tao, créé par le Tao, a une taille de plusieurs centaines de mètres. Une fois que le trésor des Mains du Tao est transmis à la personne choisie, cela prend deux à trois jours au trésor du Tao pour rétrécir à une taille plus condensée, équivalente à deux, trois fois la taille de la main du receveur.

Après avoir reçu les Mains du Tao, le receveur reçoit une formation appropriée d'un Maître Enseignant et Praticien Certifié afin de devenir un Praticien des Mains du Tao certifié par l'Académie du Tao.

Quand un Praticien des Mains du Tao transmet une bénédiction de guérison de l'âme, le trésor des Mains du Tao émerge de ses mains pour servir le destinataire. Les Praticiens des Mains du Tao peuvent transmettre des bénédictions de guérison de l'âme en personne ou à distance. Ils peuvent transmettre des bénédictions de guérison à une personne ou à un groupe de personnes. Il n'y a pas de limite au nombre de personnes qui peuvent recevoir une bénédiction de guérison de l'âme des Mains du Tao.

Pourquoi les Mains du Tao Fonctionnent-Elles ?

Pourquoi une personne devient-elle malade ? La maladie est causée par des blocages de l'âme, de la conscience et du corps.

Les blocages de l'âme sont dus au mauvais karma. Le karma est l'enregistrement des services de la vie actuelle et de toutes les vies antérieures d'une personne. Le karma se divise en bon karma et en mauvais karma. Le bon karma est l'accumulation des bons services qu'une personne a offert dans toutes ses vies, comme l'amour, l'attention, la compassion, la sincérité, l'honnêteté, la générosité, la bonté, l'intégrité, la pureté et plus encore.

Le mauvais karma est l'accumulation de toutes les erreurs qu'une personne a commises durant toutes ses vies, comme tuer, blesser, tirer avantage des autres, tricher, voler, mentir et plus encore.

Tel que je l'ai indiqué dans l'introduction, il y a une loi karmique dans les Cieux :

Le bon service apporte des récompenses.
Le mauvais service apporte des leçons.

Cette loi s'applique à toutes les âmes dans tous les univers. Il y a un ancien dicton : *Les Cieux sont les plus justes*. Aucune bonne action ne passe inaperçue. Aucune mauvaise action ne passe inaperçue.

Le Tao m'a choisi comme son serviteur et celui de l'humanité en juillet 2003. Le Tao m'a donné l'honneur et l'autorité d'offrir des Nettoyages

Karmiques du Tao et d'offrir des Transmissions de l'Âme, de la Conscience et du Corps du Tao à l'humanité.

Qu'est-ce qu'un Nettoyage Karmique du Tao ? Un Nettoyage Karmique du Tao est fait par le Tao qui offre son Pardon en payant la dette spirituelle d'une personne et en lui enlevant son mauvais karma.

Quand une personne a du mauvais karma, elle peut apprendre des leçons dans n'importe quel aspect de la vie, comme la santé, les relations, les finances, les affaires, les enfants et plus encore. Il n'y a qu'une façon de dissiper par soi-même son mauvais karma : servir les autres inconditionnellement. Servir les autres, c'est les rendre plus heureux et en meilleure santé. Servir inconditionnellement, c'est servir sans demander ou attendre quoi que ce soit en retour.

Si une personne a un karma très lourd, cela peut lui prendre trente à cinquante ans de service inconditionnel de sa vie pour enlever son mauvais karma et être pardonnée. Cela peut lui prendre plusieurs vies de service inconditionnel pour enlever ce mauvais karma.

Le mauvais karma est une dette spirituelle. Il doit être payé. Par quel moyen ? Normalement, il est payé lorsqu'une personne apprend des leçons karmiques et vit des blocages au niveau de sa santé, de ses relations, de ses finances, de ses affaires et de n'importe quel aspect de sa vie. Un Nettoyage Karmique du Tao veut dire que le Tao donne de sa vertu, qui est la devise spirituelle des Cieux, pour payer la dette spirituelle d'une personne. C'est la générosité du Tao. Si quelqu'un a du mauvais karma, il y a des blocages sombres à l'intérieur de son corps. Quand le Tao offre sa vertu, la noirceur quitte le corps. La noirceur est la cause originelle des maladies, des relations brisées, des défis financiers et plus encore.

Ma vingtaine de Représentants Mondiaux, qui, comme moi, sont aussi des Serviteurs, Véhicules et Canaux du Tao, et moi-même, avons offert des dizaines de milliers de Nettoyages Karmiques du

Tao à l'Humanité. Nous avons reçu en retour des milliers de témoignages de guérison de l'âme, touchants et émouvants, et des histoires extraordinaires de guérison de l'âme, à la suite de Nettoyages Karmiques du Tao. Ces trois dernières années, environ un millier de ces histoires touchantes et émouvantes a été enregistré et diffusé sur ma chaîne YouTube : YouTube.com/zhigangsha. Je vous encourage à regarder quelques-unes d'entre elles. Dans ce livre, vous lirez des histoires en relation avec les Mains du Tao. Les bénédictions des Mains du Tao peuvent enlever peu à peu le mauvais karma.

En une phrase :

**Nettoyer les blocages de l'âme,
c'est enlever la noirceur à l'intérieur du corps.**

La deuxième cause des maladies est les blocages du mental qui comprennent les façons de penser négatives, les croyances négatives, les attitudes négatives, l'ego, les attachements et plus encore. Des millions de personnes ont des blocages du mental de toutes sortes.

La troisième cause des maladies est les blocages du corps qui sont des blocages de l'énergie et de la matière.

Selon un ancien enseignement spirituel, un être humain a trois trésors internes : Jing Qi Shen. Jing est *la matière*. Qi (se prononce *tchi*) est *l'énergie vitale ou la force de vie*. Shen est *l'âme*.

Jing Qi Shen est l'âme, la conscience et le corps. Enlever les blocages de l'âme, de la conscience et du corps, c'est enlever les blocages du Jing Qi Shen. L'âme, la conscience et le corps et le Jing Qi Shen sont deux façons différentes d'exprimer la même chose. « Jing Qi Shen » est le terme ancien. « Âme, conscience et corps » est la nouvelle terminologie pour l'Ère de la Lumière de l'Âme.

Pourquoi les Mains du Tao fonctionnent-elles ? En une phrase :

Les Mains du Tao enlèvent les blocages de l'âme, de la conscience et du corps, qui sont les blocages du Jing Qi Shen du corps, pour la guérison et la régénération, et enlèvent les blocages de l'âme, de la conscience et du corps des relations, des finances, des enfants, de l'intelligence, et plus encore pour transformer tout aspect de la vie.

Les Mains du Tao portent le pouvoir du Tao, qui inclut :

- La fréquence et la vibration du Tao, qui peuvent transformer la fréquence et la vibration de toute vie, incluant la santé, les relations, les finances, les affaires, les enfants et chaque aspect de la vie.
- L'Amour du Tao, qui dissout tous les blocages et transforme toute vie.
- Le Pardon du Tao, qui apporte la joie intérieure et la paix intérieure à toute vie.
- La Compassion du Tao, qui aide à augmenter l'énergie, l'endurance, la vitalité et l'immunité de toute vie.
- La Lumière du Tao, qui guérit, prévient les maladies, purifie et régénère l'âme, le cœur, la conscience et le corps et transforme la santé, les relations, les finances, l'intelligence et chaque aspect de la vie.

Les mots ne suffisent pas pour exprimer le pouvoir des Mains du Tao.

Les pensées ne suffisent pas pour exprimer la signification des Mains du Tao.

L'imagination ne suffit pas pour exprimer l'honneur de recevoir les Mains du Tao.

Comme nous sommes bénis que le Tao donne l'âme de ses mains aux personnes choisies pour leur permettre de servir en tant que Praticiens des Mains du Tao ! Toute personne qui peut recevoir les Mains du Tao ne pourra jamais exprimer assez d'honneur, de gratitude et ne pourra jamais se sentir assez bénie d'être un Praticien des Mains du Tao.

J'enseigne toujours : *Si vous voulez savoir si une poire est sucrée, goûtez-la. Si vous voulez savoir si les Mains du Tao sont puissantes, faites-en l'expérience.*

L'histoire qui suit est l'illustration de ce goût de poire :

Je suis acupunctrice à Honolulu à Hawaï, spécialisée dans les traitements de l'infertilité et la prévention des fausses couches. Récemment, l'une de mes patientes, qui était à sa treizième semaine de grossesse gémellaire (après plus de cinq années d'essais), a commencé à saigner abondamment après s'être levée un matin. Son obstétricien lui a dit qu'il n'y avait rien à faire et qu'elle devait simplement rester à la maison et se reposer.

Elle m'a immédiatement appelée après avoir parlé avec son médecin. À ce moment-là, je ne pouvais pas aller chez elle, donc je lui ai transmis une bénédiction des Mains du Tao à distance et lui ai proposé des pratiques à faire pour elle-même pendant trente minutes. Deux heures plus tard, elle s'est levée et le saignement avait considérablement diminué. Cinq heures plus tard, je l'ai appelée et nous avons fait une autre session de bénédiction des Mains du Tao et elle a continué ses pratiques en utilisant la Technique des Quatre Pouvoirs et la pratique de pardon.

Je lui ai demandé de rester couchée jusqu'au lendemain matin, où elle devait passer une échographie. Au moment d'aller au lit, l'hémorragie semblait s'être arrêtée. En effet, il n'y avait plus de saignement après cela et l'échographie prise le jour suivant a montré deux fœtus en très bonne santé !

Elle continue à faire la pratique de pardon chaque jour et vient me voir une fois par semaine. Elle est maintenant à sa vingtième semaine de grossesse et sa dernière échographie montre qu'elle porte deux petits garçons en bonne santé.

Merci Divin, Tao, Source et merci Maître Sha. Merci pour le pouvoir des Mains du Tao et des autres trésors du Tao. Je suis extrêmement reconnaissante.

Merci. Merci. Merci.

Je vous aime. Je vous aime. Je vous aime.

Gina Musetti, Acupunctrice
Honolulu, Hawaï

Le Tao Choisit de Partager l'Âme de Ses Mains avec l'Humanité pour la Première Fois

Le Tao m'a choisi comme son serviteur en juillet 2003. Il m'enseigne quotidiennement. Le Tao communique avec moi par le biais de la communication de l'âme. Il apparaît au-dessus de ma tête et nous avons quotidiennement une conversation, grâce à la communication de l'âme. En ce moment même, je fais de la communication de l'âme. Je poserai des questions au Tao et je recevrai ses réponses. Ensuite, je partagerai cette conversation avec vous et l'humanité dans ce livre.

Ce livre est le dixième livre de ma collection Le Pouvoir de l'Âme. Le deuxième livre, *Soul Communication : Opening Your Spiritual Channels for Success and Fulfillment*[11], enseigne comment ouvrir les quatre canaux spirituels d'une personne, qui sont :

- **Le Canal du Langage de l'Âme** — Ouvrez ce canal pour utiliser le Langage de l'Âme afin de communiquer avec le Monde des Âmes, incluant votre propre âme, tous les pères et mères spirituels, la nature, le Tao.

---

[11] Toronto/New York : Heaven's Library/Atria Books, 2008.

- **Le Canal de la Communication Directe de l'âme** — Ouvrez ce canal pour converser directement avec le Tao et toutes les âmes.
- **Le Canal du Troisième Œil** — Ouvrez ce canal pour recevoir les conseils et les enseignements à travers des images spirituelles.
- **Le Canal de la Connaissance Directe** — Ouvrez ce canal pour avoir la connaissance directe en communiquant instantanément avec l'âme du Tao et avec toutes les âmes.

Dans le chapitre 7 de ce livre, je vous enseignerai comment utiliser les Mains du Tao pour ouvrir vos canaux spirituels. Maintenant, je vais avoir une conversation avec le Tao.

Donc, j'ai demandé au Tao :

Cher Tao, cher Père bien-aimé,
À travers l'histoire, à combien de personnes avez-vous donné vos Mains du Tao ?

Le Tao a répondu :

Mon cher fils,
J'ai donné mes Mains à un total de sept personnes dans toute l'histoire.

Puis j'ai demandé :

Pourriez-vous me donner le nom de ceux que je connais à travers l'histoire ?

Alors, le Tao a répondu :

J'ai offert l'âme de mes mains aux bouddhas et aux saints suivants dont vous reconnaîtrez les noms :

- *Shi Jia Mo Ni Fo, aussi connu sous le nom de Shakyamuni, Siddhârta Gautama et le Bouddha.*

- *Guan Yin, Bodhisattva de la Compassion et Déesse de la Miséricorde*
- *Jésus*
- *Vierge Marie*

Mon cher fils Zhi Gang, vous ne connaissez pas les noms des trois autres personnes qui ont reçu l'âme de mes mains.

J'ai continué à demander au Tao :

Avez-vous déjà donné l'âme de vos mains à des groupes de personnes ?

Le Tao a répondu :

Non, mon fils. Ce n'était pas le temps pour moi de donner l'âme de mes mains à des groupes de personnes.

Je me suis prosterné cent huit fois en guise de remerciement.

Pourquoi le Tao Partage-il l'Âme de Ses Mains avec l'Humanité pour la Première Fois ?

J'ai continué à interroger le Tao :

Cher Tao,

Vous m'avez transmis vos Mains en 2005. Ensuite, vous m'avez donné l'honneur et l'autorité d'offrir les Mains du Tao aux personnes choisies. Jusqu'à présent, mes Représentants Mondiaux et moi-même avons transmis l'âme de vos Mains à plus de trois mille cinq cents receveurs à travers le monde.

Pourquoi confiez-vous maintenant les Mains du Tao à autant de personnes ?

Le Tao a répondu :

Mon cher fils,

Le temps est venu pour moi d'offrir les Mains du Tao à un plus grand nombre de personnes choisies. Cela est dû à la transition de la Terre-Mère. Ces huit dernières années, vous avez été témoins de plus en plus de catastrophes naturelles et d'autres défis sur Terre-Mère. Durant les onze prochaines années, la Terre-Mère pourra traverser une transition plus sévère. Cela signifie qu'il pourrait y avoir sur la Terre-Mère des catastrophes naturelles beaucoup plus sérieuses et de plus grands défis dans chaque aspect de la vie.

Vous êtes le serviteur, véhicule et canal que j'ai choisi. Vous avez créé plus de vingt serviteurs, véhicules et canaux pour moi. Mes Maîtres Enseignants et Praticiens Certifiés choisis ont également l'autorité et l'honneur d'offrir mes Mains aux personnes choisies à travers le monde.

Le Tao a continué :

Chaque personne qui aimerait recevoir mes Mains du Tao doit en faire la demande. Je les approuve personnellement par l'intermédiaire de mes Maîtres Praticiens et Enseignants Certifiés. Ensuite, le receveur doit suivre la formation appropriée, afin d'être certifié en tant que Praticien des Mains du Tao. Je donne mes Mains du Tao pour aider l'humanité à dépasser ces moments difficiles et pour sauver des vies.

Ceux qui reçoivent les Mains du Tao sont des personnes choisies parce qu'elles ont répondu à mon appel pour recevoir les Mains du Tao, pour soulager la souffrance de l'humanité et bénir chaque aspect de la vie de l'humanité, de la Terre-Mère et de toutes les âmes, durant cette période historique et même au-delà.

J'ai répondu :

> *Merci, mon père bien-aimé. Je suis extrêmement honoré et tous les Maîtres Enseignants et Praticiens Certifiés sont extrêmement honorés d'offrir vos Mains du Tao, qui sont des trésors inestimables.*

Le Tao a continué :

> *Toutes les personnes qui ont reçu les Mains du Tao ont un canal de lumière spécial qui les connecte à moi. Quand elles transmettront une guérison de l'âme avec les Mains du Tao, j'en serai immédiatement averti et je bénirai leur guérison.*

J'ai dit :

> *Merci. Merci. Merci.*

Je me suis à nouveau prosterné cent huit fois. Finalement, j'ai dit :

> *Je ne peux me prosterner suffisamment.*

Je suis profondément reconnaissant envers le Tao d'avoir directement répondu à mes questions. Je suis très honoré d'avoir reçu l'autorité d'offrir les Mains du Tao à l'humanité, en cette période.

La Terre-Mère traverse une sérieuse transition. Le Tao a dit que cette transition pourrait durer onze années de plus et pourrait s'intensifier énormément. Je ressens dans mon cœur et dans mon âme que les Mains du Tao seront assez rapidement nécessaires pendant cette période puisque c'est le Pouvoir du Tao qui est donné à travers les Mains du Tao. Ce n'est pas une coïncidence si ce puissant trésor du Tao est offert à un grand nombre de personnes en cette période de l'histoire.

Le Tao a dit que, lorsqu'un Praticien des Mains du Tao transmettra des bénédictions de guérison, il en sera immédiatement informé et il offrira ses bénédictions. Cela signifie que le Tao est personnellement impliqué dans chaque bénédiction transmise par les Praticiens des

Mains du Tao. Nous sommes tellement bénis. L'humanité est tellement bénie.

Le pouvoir et la signification des Mains du Tao sont expliqués plus en détail dans le prochain chapitre. Tout à l'heure, vous pourrez également faire l'expérience de la puissance des Mains du Tao. Je vais transmettre les Mains du Tao dans ce livre-ci. Vous pourrez ensuite invoquer les Mains du Tao et faire directement l'expérience de leur pouvoir.

J'insiste encore sur le fait que vous n'aurez que vingt occasions d'expérimenter la puissance des Mains du Tao transmises au sein de ce livre. Si vous êtes troublé et touché par le pouvoir des Mains du Tao, après en avoir fait l'expérience une vingtaine de fois, vous pourrez faire une demande pour devenir un Praticien des Mains du Tao sur le site : www.drsha.com. Si vous recevez l'approbation du Tao, vous devrez alors suivre un atelier de trois jours avec l'un de mes Représentants Mondiaux ou moi-même pour recevoir la formation. Une fois que vous êtes certifié Praticien des Mains du Tao, vous pouvez transmettre des bénédictions de guérison de l'âme avec les Mains du Tao pour transformer la santé, les relations, les finances, les enfants, l'intelligence et tout aspect de la vie.

Comment Utiliser les Mains du Tao pour la Guérison, la Bénédiction et la Transformation de la Vie ?

Afin d'utiliser les Mains du Tao pour la guérison, la bénédiction et la transformation de la vie, le Tao me guide pour enseigner à tous les Praticiens des Mains du Tao, de toujours se rappeler d'appliquer la Technique des Quatre Pouvoirs :

Pouvoir du Corps. Les Praticiens des Mains du Tao utilisent la position de Prière de l'Ère de la Lumière de l'Âme en plaçant la paume gauche devant le Centre des Messages et la main droite en position traditionnelle de la prière. (Voir illustration 2). Secouez la main droite.

Illustration 2. Position de la Prière de l'Ère de la Lumière de l'âme

Pouvoir de l'Âme. Dites *Bonjour* :

> *Chères Mains du Tao,*
> *Je vous aime, je vous honore et je vous apprécie.*
> *Pourriez-vous s'il vous plaît, offrir guérison, bénédiction et transformation de la vie, « tel qu'approprié » à _____*
>   (Formulez votre demande).
> *Je vous en suis extrêmement reconnaissant.*
> *Merci.*

Pouvoir du Mental. Visualisez une lumière dorée, arc-en-ciel, violette ou cristal, vibrant dans la région malade pour la guérison et la régénération. Si la bénédiction est pour les relations ou les finances, la conscience du Praticien des Mains du Tao doit se concentrer sur l'âme de la relation ou des finances.

Pouvoir du Son. Chantez ou récitez silencieusement :

Mes Mains du Tao,
S'il vous plaît, guérissez, bénissez et transformez _____
  (Nommez la condition ou l'aspect de vie demandé).
Merci.

Une autre option est de réciter notre Langage de l'Âme[12] pendant que nous transmettons la guérison, la bénédiction et la transformation de la vie avec les Mains du Tao. Dans ce cas, le Praticien des Mains du Tao peut dire :

Mes chères Mains du Tao,
Veuillez, s'il vous plaît, continuer à guérir, bénir et transformer _____ *« tel qu'approprié ».*
J'utiliserai mon Langage de l'Âme pour vous soutenir.
Merci.

Si vous ne savez pas comment parler le Langage de l'Âme, chantez ou récitez simplement :

Chères Mains du Tao, veuillez, s'il vous plaît, guérir, régénérer et transformer. Merci.

Chantez ou récitez ceci silencieusement encore et encore.

Pendant Combien de Temps une Bénédiction avec les Mains du Tao peut-elle être Transmise ?

Je vous suggère de consacrer dix minutes pour une session de bénédiction avec les Mains du Tao. Un Praticien des Mains du Tao peut

---

[12] Le Langage de l'âme est le langage de notre âme. C'est la voix de notre propre âme. Si vous voulez en savoir plus à propos du Langage de l'âme, y compris comment faire sortir votre Langage de l'Âme, allez aux chapitres 5 et 7 de ce livre. Consultez également le premier livre de ma collection Le Pouvoir de l'Âme, *Soul Wisdom : Practical Soul Treasures to Transform Your Life* (Toronto/New York : Heaven's Library/Atria Books, 2008).

transmettre des bénédictions jusqu'à trois à quatre fois par jour à une personne, pour une maladie ou un problème.

Pour des problématiques de santé chroniques ou menaçant la vie, je suggère de transmettre des sessions de trente minutes.

Si quelqu'un est dans une situation d'urgence comme une crise cardiaque, un accident vasculaire cérébral, une hémorragie, une difficulté respiratoire, un accident de la route ou d'autres situations sérieuses, le Praticien des Mains du Tao doit immédiatement chercher une assistance médicale d'urgence. Les Praticiens des Mains du Tao doivent comprendre ce principe important. Les cas d'urgence doivent recevoir une assistance médicale immédiate ou être transportés à l'hôpital. Bien sûr, vous pouvez également transmettre des bénédictions de guérison de l'âme avec vos Mains du Tao.

En cas d'urgence, le Praticien des Mains du Tao peut envoyer une partie subdivisée de ses Mains du Tao à la personne, et demander à ses Mains du Tao de rester avec la personne pour quelques jours afin qu'elles continuent de transmettre des bénédictions de guérison de l'âme « *tel qu'approprié* ». Continuez à chanter ou réciter silencieusement, aussi longtemps et souvent que vous le pouvez.

Avant d'envoyer une partie subdivisée de vos Mains du Tao pour une urgence, informez vos Mains du Tao du moment de leur retour. Par exemple :

> *Mes chères Mains du Tao, veuillez, s'il vous plaît, transmettre trois jours de bénédictions continues « tel qu'approprié » et, ensuite, revenir à moi. Merci.*

Les Praticiens des Mains du Tao pourront s'entraîner assidûment lors de l'atelier de certification, pour apprendre à déterminer combien de jours les Mains du Tao peuvent rester, afin d'offrir des bénédictions en cas d'urgence.

Comment Utiliser Convenablement les Mains du Tao ?

Devenir un Praticien des Mains du Tao est un immense honneur. Recevoir les Mains du Tao, c'est être choisi en tant que serviteur du Tao. Recevoir les Mains du Tao, c'est devenir un meilleur serviteur pour l'humanité, les animaux, la nature, la Terre-Mère et au-delà.

Si vous êtes Praticien des Mains du Tao, vous devrez suivre des protocoles rigoureux, quand vous transmettrez des bénédictions de guérison de l'âme avec les Mains du Tao.

Vous devez honorer et respecter les Mains du Tao de toute votre âme, votre cœur, votre conscience et votre corps. Dès que vous utilisez les Mains du Tao pour transmettre une bénédiction, honorez-les et respectez-les. Dites silencieusement à vos Mains du Tao :

Mes chères Mains du Tao,
Je suis extrêmement honoré de vous avoir reçues du Tao.
Je suis très honoré d'être un serviteur et de vous demander d'offrir guérison, bénédiction et transformation de la vie.
Merci.

Lorsque vous transmettez une bénédiction des Mains du Tao, apaisez votre cœur et votre mental immédiatement. Placez votre main gauche devant votre Centre des Messages et votre main droite dans la position traditionnelle de la prière. Cette position est appelée la position de Prière de l'Ère de la Lumière de l'Âme (illustration 2, page 16). Placez vos mains dans cette position est montrer votre considération, votre respect, aussi bien que votre engagement à servir dans l'Ère de la Lumière de l'Âme.

Avec vos mains dans la position de la Prière de l'Ère de la Lumière de l'Âme, dites *Bonjour* de la manière suivante :

Chères Mains du Tao,
Je vous aime, je vous honore et je vous respecte.
Je ne peux vous honorer suffisamment.

> *Vous avez le pouvoir d'enlever les blocages de l'âme, de la conscience et du corps pour la guérison, la bénédiction et la transformation de la vie.*
> *Je vous remercie du fond de mon cœur pour vos bénédictions.*

Souvenez-vous de toujours demander aux Mains du Tao de transmettre une bénédiction «tel qu'approprié» :

> *Veuillez transmettre, s'il vous plaît, une guérison, une bénédiction et une transformation de la vie « tel qu'approprié ».*

Ceci est un enseignement très important. Beaucoup de personnes souffrent de maladies chroniques ou de problèmes de santé menaçant la vie. Elles peuvent souffrir de très lourds blocages de l'âme et du corps.

Les blocages de l'âme sont du mauvais karma. Il y a plusieurs types de mauvais karma, comme le karma personnel, le karma ancestral, le karma relationnel, les malédictions, les mémoires négatives, le karma du corps, du mental et de l'émotionnel, le karma des systèmes et des organes, le karma des cellules et plus encore.

Les blocages du mental comprennent les façons de penser négatives, les attitudes négatives, les croyances négatives, l'ego, les attachements et plus encore.

Les blocages du corps comprennent les blocages d'énergie et de matière.

Certaines personnes ont un mauvais karma extrêmement lourd. Elles portent beaucoup de noirceur. Les Mains du Tao peuvent enlever peu à peu le mauvais karma. Donc, lorsque vous invoquez les Mains du Tao, dites toujours ceci :

> *Chères Mains du Tao,*
> *Veuillez transmettre, s'il vous plaît, une guérison, une bénédiction et une transformation de la vie « tel qu'approprié ».*

Les mots *tel qu'approprié* sont clés. **Ne jamais demander ou exiger une guérison** en disant *vous devez aller mieux* ou *vous devez récupérer tout de suite.*

Même si les bénédictions des Mains du Tao peuvent nettoyer le mauvais karma peu à peu, vous, en tant que Praticien des Mains du Tao, n'avez pas reçu l'autorité de nettoyer le mauvais karma. Pour pouvoir offrir un service de Nettoyage Karmique, vous devez être Maître Enseignant et Praticien Certifié ayant reçu l'autorité du Tao.

Si vous demandez ou forcez la guérison, l'obscurité très élevée pourrait devenir agitée et très perturbée, et vous causer du tort en tant que Praticien des Mains du Tao. Cela pourrait être très dangereux. Ce point doit être très clair pour vous et pour chaque Praticien des Mains du Tao. Ne commettez pas cette erreur.

En tant que Praticien des Mains du Tao, vous avez reçu un ensemble de Protections du Tao[13]. Vous êtes en sécurité si vous ne demandez pas la guérison ou si vous ne demandez pas que le mauvais karma soit nettoyé. Quand un Praticien des Mains du Tao transmet des bénédictions de guérison, le Tao est responsable. Ne forcez pas la guérison. Laissez le Tao offrir la guérison appropriée. Si vous procédez de cette façon, vous êtes complètement en sécurité. Cet enseignement a pour but de s'assurer que les Praticiens des Mains du Tao incluent les mots *tel qu'approprié* lors de toute bénédiction de guérison et de transformation transmise par les Mains du Tao.

Le Praticien des Mains du Tao n'a pas besoin de forcer la guérison, la bénédiction ou la transformation de la vie. Le Tao sait combien de

---

[13] Quand quelqu'un devient Praticien des Mains du Tao, il reçoit un Ensemble de Protections du Tao, qui comprend les Transmissions de l'Âme, de la Conscience et du Corps de la Protection du Tao, les Transmissions de l'âme, de la Conscience et du Corps du Mur de Lumière du Tao, ainsi que les Transmissions de l'Âme, de la Conscience et du Corps de la Prévention et de la Protection du Tao pour les Maladies Transmissibles qui protègent le Praticien des attaques physiques et spirituelles.

guérisons, de bénédictions et de transformations de la vie donner à chaque destinataire. Cela prend plus d'une bénédiction des Mains du Tao pour guérir des conditions chroniques ou menaçant la vie. Certains cas problématiques pourraient prendre des semaines, voire des mois, pour recevoir une guérison. Certains cas très difficiles pourraient ne pas recevoir de guérison.

Donc, souvenez-vous toujours de dire :

Chères Mains du Tao, veuillez transmettre, s'il vous plaît, une guérison, une bénédiction et une transformation de la vie « tel qu'approprié ».

De plus :

- Ne promettez jamais un résultat de guérison. Le Tao ne promet rien. Le Tao nous bénit.
- Ne touchez pas les bénéficiaires quand vous transmettez des bénédictions de guérison.
- Il n'est pas approprié de demander aux Mains du Tao des bénédictions pour toute l'humanité, tous les animaux et toute la nature.
- Il n'est pas approprié de demander aux Mains du Tao d'arrêter les catastrophes naturelles, les guerres, les crises économiques ou n'importe quel autre aspect de la transition de la Terre-Mère.
- Il n'est pas approprié de demander aux Mains du Tao des bénédictions pour des gains financiers, tels que les actions boursières, les investissements, les jeux d'argent ou la loterie.
- Il n'est pas approprié de demander aux Mains du Tao de nettoyer tout type de mauvais karma.
- Il n'est pas approprié de demander aux Mains du Tao de bénir des résultats politiques.
- Il n'est pas approprié de demander aux Mains du Tao de bénir des enquêtes policières.

- Il n'est pas approprié de demander aux Mains du Tao de faire obtenir des privilèges à une personne au détriment d'une autre personne.

En résumé, souvenez-vous de toujours demander à vos Mains du Tao d'offrir guérison, bénédiction et transformation de la vie *tel qu'approprié*.

Expérimenter le Pouvoir des Mains du Tao

J'ENSEIGNE TOUJOURS : *Si vous voulez savoir si une poire est sucrée, goûtez-la. Si vous voulez savoir si les Mains du Tao sont puissantes, faites-en l'expérience.*

Les Mains du Tao sont l'Âme des Mains du Tao, qui portent le pouvoir de guérison du Tao :

Nous n'avons pas suffisamment de mots pour exprimer le pouvoir de l'âme des mains du Tao.

Nous n'avons pas suffisamment de pensées pour comprendre le pouvoir de l'âme des mains du Tao.

Nous n'avons pas suffisamment d'imagination pour concevoir le pouvoir de l'âme des mains du Tao.

Pouvoir et Signification des Mains du Tao

La Terre-Mère est dans une période de transition sérieuse. L'humanité souffre. Le Tao offre ses puissants trésors aux personnes choisies parce que l'humanité a besoin d'aide.

Le pouvoir et la signification des Mains du Tao sont immenses. Les Mains du Tao peuvent être utilisées pour :

- Apporter la guérison de l'âme à soi-même pour ses corps spirituel, mental, émotionnel et physique
- Apporter la guérison de l'âme aux autres pour leurs corps spirituel, mental, émotionnel et physique
- Apporter la guérison de l'âme à un groupe de personnes pour leurs corps spirituel, mental, émotionnel et physique
- Apporter la guérison de l'âme à distance aux corps spirituel, mental, émotionnel et physique
- Apporter la transformation spirituelle aux relations
- Apporter la transformation spirituelle aux finances
- Apporter la transformation spirituelle à l'intelligence
- Apporter la transformation spirituelle à chaque aspect de la vie
- Transmettre des bénédictions spirituelles pour augmenter l'énergie, l'endurance, la vitalité et l'immunité
- Transmettre des bénédictions spirituelles pour purifier et régénérer l'âme, le cœur, la conscience et le corps
- Transmettre des bénédictions spirituelles pour aider à prolonger la vie
- Transmettre des bénédictions spirituelles pour apporter l'amour, la paix et l'harmonie, à vous, à vos êtres chers, à votre famille, à la société, aux organisations, aux villes, aux pays, à la Terre-Mère et aux innombrables planètes, étoiles, galaxies et univers
- Transmettre des bénédictions spirituelles pour aider l'humanité et la Terre-Mère à traverser cette période difficile de l'histoire

Dans ce livre, je vais partager avec vous de nombreux témoignages extraordinaires et des histoires émouvantes et touchantes, par suite des bénédictions des Mains du Tao.

Au mois d'août 2012, les Maîtres Enseignants et Praticiens Certifiés, qui sont mes Représentants Mondiaux, et moi-même, avons transmis les Mains du Tao à plus de trois mille cinq cents personnes désignées, à travers le monde. Les personnes choisies sont celles qui veulent enlever la souffrance de l'humanité et l'aider à passer cette période historique sur la Terre-Mère.

J'ai reçu le message des Cieux que la transition de la Terre-Mère pourrait durer encore onze années jusqu'en 2023. Il pourrait y avoir des catastrophes naturelles extrêmement graves. Il pourrait y avoir des effondrements financiers. Il pourrait y avoir une guerre impliquant plusieurs nations. Il pourrait y avoir de nouvelles épidémies très graves. Il pourrait y avoir beaucoup de défis pour chaque aspect de la vie.

Les Mains du Tao sont des trésors sacrés pour aider l'humanité à faire face à ces catastrophes et défis. Les Mains du Tao portent le pouvoir de guérison et de bénédiction du Tao. Les personnes choisies sont celles qui veulent servir. Elles sont honorées et ravies d'aider l'humanité à traverser cette période difficile, avec ces désastres et défis potentiels.

Je vais vous raconter l'histoire d'une personne qui a transmis des bénédictions à un avion ayant une panne électrique, ainsi qu'à deux personnes ayant des douleurs à l'épaule.

Un soir de décembre 2011 à Sidney, en Australie, j'ai transmis une bénédiction des Mains du Tao à notre Boeing 767, qui avait une panne électrique.

En tant qu'hôtesse de l'air, j'ai été appelée dans la cabine de pilotage pour apprendre la mauvaise nouvelle. Le vol serait annulé si l'embarquement n'était pas terminé pour 22h59. Il était 21h30. Ce qui était un léger problème mécanique s'est aggravé et est devenu sérieux parce que la cause ne pouvait être identifiée. Les deux cent quarante et un passagers de l'avion allaient devoir débarquer, il allait falloir trouver des hôtels pour ces passagers et annuler le vol. Cette situation aurait coûté à notre compagnie des milliers de dollars et aurait engendré le mécontentement parmi les passagers.

Les mécaniciens travaillaient depuis une heure pour essayer de résoudre le problème électrique. J'ai vu leurs visages maussades et sombres se refléter dans le regard de notre capitaine.

Comme je venais juste de terminer ma certification de Praticienne des Mains du Tao, j'ai fait une bénédiction au système électrique de l'avion, ensuite j'ai demandé au capitaine de démarrer l'engin. J'ai également demandé à Maître Sha et au Tao de nous aider. Dans les quelques secondes suivant la bénédiction, l'équipage a mis le contact et, à notre surprise, l'avion a démarré et les voyants dans le cockpit se sont allumés. Deux autres membres d'équipage m'ont regardée et m'ont demandé ce que j'avais fait. J'ai répondu que ce n'était pas moi qui avais réparé le système électrique, mais le Tao qui avait agi à travers moi. Ils étaient émerveillés. Je savais que nous venions d'être témoins d'un vrai miracle !

J'ai également transmis des bénédictions à deux collègues ayant des douleurs dans la coiffe des rotateurs de l'épaule. Un pilote avait une douleur tellement extrême qu'il ne pouvait pas lever ses bras pour démarrer les moteurs. Je lui ai transmis une bénédiction des Mains du Tao et il m'a appelée une heure après pour dire que sa douleur avait énormément diminué. L'autre ami m'a demandé de bien vouloir l'aider avec sa douleur des coiffes des rotateurs et il m'a bien fait comprendre qu'il ne laissait généralement personne le toucher. Comme je suis également massothérapeute agréée, j'ai massé son épaule et lui ai transmis une bénédiction. Il a compris le rôle des âmes sombres à l'origine de la douleur. Je lui ai demandé de faire une pratique de pardon pour diminuer la douleur, ce à quoi il a répondu qu'il n'était pas prêt à pardonner à la personne qui l'avait blessé.

Le jour suivant, sa femme m'a envoyé un courriel exprimant sa gratitude pour l'amélioration de l'état de santé de l'épaule de son mari. Il avait cette affection depuis des mois et avait tout essayé, y compris les visites chez les docteurs, les médicaments, les séances d'ostéopathie, mais en vain. Elle m'a dit que sa douleur à l'épaule avait grandement diminué. Ils savaient que de m'avoir dans leur vie était en effet une bénédiction !

Cherilyn Moloney
Kapolei, Hawaï

Le Tao Transmet l'Âme de Ses Mains dans ce Livre

Alors, j'ai demandé au Tao :

Est-ce le moment pour moi de transmettre les Mains du Tao dans ce livre ?

Le Tao a répondu :

Oui, mais je voudrais d'abord dire quelque chose. Après avoir transmis l'âme de mes mains à ce livre, chaque lecteur peut demander à transformer un aspect de la vie et une bénédiction vingt fois seulement. Après vingt fois, si quelqu'un apprécie le pouvoir et l'honneur de mes Mains, il doit faire sa demande pour recevoir les Mains du Tao.

Devenir un Praticien des Mains du Tao, c'est répondre à l'appel du Tao. Faites d'abord l'expérience du pouvoir des Mains du Tao. Ensuite, vous serez appelé à être l'une des personnes choisies pour recevoir les Mains du Tao.

Le Tao approuvera si vous êtes prêt à recevoir les Mains du Tao au niveau de l'âme, du cœur, de la conscience et du corps. Si vous êtes approuvé, vous pourrez vous joindre à une prochaine formation avec moi ou avec l'un de mes Représentants Mondiaux pour devenir Praticien des Mains du Tao certifié.

Au moment où je vous parle, il est 19 h 07, le 16 mars 2012, nous sommes à Toronto, en Ontario, au Canada. Je suis en communication par visioconférence avec Maître Peter Hudoba et Maître G. K. Khoe, deux de mes Représentants Mondiaux à Vancouver, en Colombie-Britannique, au Canada. Ces deux Maîtres enseignent actuellement un atelier « Ouverture des Canaux Spirituels ».

Je salue tout le monde d'un « Bonjour ». Tout le groupe répond « Bonjour ». Nous pouvons nous voir mutuellement. C'est la beauté de la technologie. Maître Cynthia Marie Deveraux est en train de re-transcrire en direct ma communication avec le Tao.

Je demande à tous les participants de l'atelier de Vancouver de se préparer pour la transmission des Mains du Tao à ce livre. Ils appliquent la Technique des Quatre Pouvoirs, que j'ai partagée dans chaque livre de ma collection Le Pouvoir de l'Âme, y compris dans l'introduction de ce livre. Je vais offrir un enseignement un peu plus avancé sur la Technique des Quatre Pouvoirs.

Le premier pouvoir est le Pouvoir du Corps qui consiste à avoir des positions particulières des mains et du corps pour la guérison, la régénération, la longévité et la transformation de chaque aspect de la vie, y compris les relations et les finances.

Le Pouvoir du Corps peut être résumé en une phrase :

Le Pouvoir du Corps signifie que l'endroit où vous placez vos mains, est l'endroit où vous recevez la bénédiction, qui peut inclure la guérison, la régénération, la longévité et la transformation de chaque aspect de la vie, y compris les relations et les finances.

Le second pouvoir est le Pouvoir de l'Âme. Sa pratique est l'invocation des âmes internes et des âmes externes pour la guérison, la régénération, la longévité et la transformation de chaque aspect de la vie, y compris les relations et les finances.

Les âmes internes sont les âmes de vos systèmes, de vos organes, de vos cellules, de vos unités cellulaires, de votre ADN, de votre ARN, des espaces entre vos cellules et vos organes et de la matière infime à l'intérieur de vos cellules. Les âmes externes sont les âmes du Divin, du Tao, des Cieux, de la Terre-Mère et des innombrables planètes, étoiles, galaxies et univers, ainsi que les innombrables anges guérisseurs, les archanges, les maîtres ascensionnés, les lamas, les gurus, les bouddhas, les bodhisattvas, les kahunas, les saints sacrés, ainsi que toutes sortes de pères et mères spirituels dans les Cieux et sur la Terre-Mère. Le Pouvoir de l'Âme est vraiment très spécial parce que vous n'avez pas besoin de bouger d'un pouce pour vous connecter avec le Tao et avec les autres âmes que vous invoquez pour la guérison et la bénédiction.

Le Pouvoir de l'Âme peut être résumé en une phrase :

Le Pouvoir de l'Âme consiste à dire bonjour à la guérison et à dire bonjour à la bénédiction en invoquant les âmes internes et les âmes externes.

Le troisième pouvoir est le Pouvoir du Mental. Le mental signifie la conscience. Le Pouvoir du Mental consiste à utiliser et à mettre en pratique le pouvoir de la conscience de l'âme, du cœur, du mental et du corps pour la guérison et la bénédiction.

Le Pouvoir du Mental peut être résumé en une phrase :

Le Pouvoir du Mental est la visualisation créatrice pour la guérison et la bénédiction de chaque aspect de la vie.

Le quatrième pouvoir est le Pouvoir du Son : Le Pouvoir du Son consiste à chanter des mantras sacrés, des sons vibratoires de guérison, des Chants de l'Âme du Divin ou des Chants de l'Âme du Tao contenant des fréquences et des vibrations spéciales pour la guérison et la bénédiction.

Le Pouvoir du Son peut être résumé en une phrase :

Vous devenez ce que vous chantez.

Beaucoup de pratiques utilisées pour la guérison emploient la technique d'un pouvoir. Utiliser la technique d'un pouvoir est puissant. Utiliser la Technique des Quatre Pouvoirs ensemble est extrêmement puissant.

Maintenant, je suis prêt à demander au Tao de transmettre ses Mains à ce livre. J'ai demandé aux participants de l'atelier de Vancouver d'utiliser la Technique des Quatre Pouvoirs :

Pouvoir du Corps. Asseyez-vous droit et placez vos deux pieds à plat sur le sol. Placez le bout de votre langue délicatement contre votre palais. Fermez vos yeux.

Pouvoir de l'Âme. Dites *Bonjour* :

> *Cher Tao,*
> *Nous sommes tellement honorés d'être témoins et de pouvoir faire*
>   *l'expérience de la transmission de vos Mains à ce livre.*
> *Merci.*

Pouvoir du Mental. Visualisez les Mains du Tao venir dans ce livre. Si votre Troisième Œil est ouvert, vous pourriez voir le Tao créer des Mains et les transmettre à l'intérieur de ce livre.

Pouvoir du Son. Après le moment où le Tao transmettra ses Mains à ce livre, nous chanterons.

Je suis prêt à demander au Tao de transmettre l'âme de ses Mains au livre. Nous n'avons pas encore de livre physiquement parlant. Le Tao me dicte ce livre en communication directe au moment où je vous parle. Le Tao peut transmettre l'âme de ses Mains au livre qui est encore dans l'ordinateur de Maître Cynthia. Quand le livre sera publié, les Mains du Tao iront automatiquement dans chaque livre imprimé. Ce que nous pouvons concevoir – et même ce que nous ne pouvons pas concevoir – le Tao peut le faire. C'est le pouvoir du Tao. C'est ce que le Tao me dit en ce moment.

Préparez-vous !

Je vais transmettre les Mains du Tao aux mots dans l'ordinateur d'abord. Je demande à Maître Peter, Maître G. K. et Maître Cynthia, ainsi qu'à chaque participant de l'atelier « Ouverture des Canaux Spirituels », d'observer et de faire l'expérience de la puissance des Mains du Tao. Maître Cynthia et moi sommes à Toronto. Maître Peter, Maître G. K. et leurs étudiants avancés sont à Vancouver. Je demande au Tao de transmettre ses Mains à l'ordinateur et à ce livre. Ensuite, je demanderai à chaque participant de se connecter avec les Mains du Tao de l'ordinateur pour recevoir une bénédiction. Après, ils partageront leur expérience personnelle.

Ordre du Tao : Transmission de l'Âme, de la Conscience et du Corps des Mains du Tao à ce livre

Transmission !

Je demande à Maître Peter de partager les images de son Troisième Œil et de faire une communication directe de l'âme avec le Tao. Je demande à Maître G. K et Maître Cynthia de partager également leur expérience. Je demanderai également à certains étudiants de l'atelier de Vancouver de partager leurs expériences.

Maître Peter Hudoba partagea son expérience en premier :

> *Nous sommes très enthousiastes et très reconnaissants de vivre cet évènement incroyable. Ceci ne s'était jamais produit auparavant : être présent directement avec Maître Sha, tout en participant à notre atelier, avec l'aide de la technologie moderne.*

> *Je vais partager les images de mon Troisième Œil.*
>
> *Ce que j'ai vu était le Tao, tenant un livre ouvert dans sa main droite, face à lui. Il regardait les pages et, quand Maître Sha a donné l'ordre, une très belle âme brillante est sortie du Cœur du Tao, pour entrer dans le livre. À ce moment-là, il y a eu une explosion de lumière. Je suis extrêmement reconnaissant et béni d'avoir été le témoin de ces belles images.*

J'ai ensuite demandé à Maître Peter de faire une communication directe de l'âme avec le Tao. Voici ce que Maître Peter a reçu :

> *Mon cher bien-aimé Zhi Gang Sha,*
>
> *Nous vous sommes extrêmement reconnaissants d'avoir créé l'opportunité d'apporter les Mains du Tao à l'Humanité. C'est une approche très novatrice qui servira la mission du Tao d'une manière merveilleuse, car elle apportera les Mains du Tao à des dizaines de milliers de personnes, en un temps très court. Les Cieux sont extrêmement heureux. Toutes les âmes sont extrêmement heureuses. L'humanité est extrêmement bénie.*
>
> *Le Tao qui vous aime.*

Puis, j'ai demandé à Maître G. K de partager son expérience :

> *Merci Maître Sha, merci Tao, de nous donner l'opportunité de servir. J'ai d'abord vu l'image des Cieux qui s'ouvraient. Les nuages se sont séparés et j'ai vu les Cieux et le Tao. J'ai vu le Cœur du Tao en face du livre. J'ai vu une forte lumière brillante rayonnant du Cœur du Tao vers le livre. Tous les Cieux en étaient témoins. Il y avait une grande célébration dans les Cieux. Beaucoup d'êtres sacrés et des saints faisaient un défilé avec des bannières et des instruments de musique.*
>
> *Quand la bénédiction a commencé, il y a eu une explosion de lumière venant du livre vers chacun de nous, inondant chacun d'entre*

nous d'une lumière intense. Cela faisait du bien. C'était très agréable. Cela nous a permis de ressentir la connexion avec le Tao. C'était comme si wan ling rong he (toutes les âmes se joignent en un) s'était manifesté instantanément avec cette bénédiction.

Puis j'ai demandé à Maître G. K. de faire une communication directe de l'âme avec le Tao.

> Mon cher fils Zhi Gang Sha,
>
> Merci pour toutes vos prières magnifiques.
>
> Merci pour votre grande compassion envers l'humanité. Je vais combler vos prières, en vous donnant ce présent pour servir l'humanité, pour aider les hommes à surmonter la transition de la Terre-Mère et à être plus alignés avec les Cieux et la Terre-Mère, pour qu'ils soient plus conscients du pouvoir de l'âme, conscients qu'ils doivent être totalement GOLD avec moi : gratitude, obéissance, loyauté et dévotion. Cette période est capitale et je suis heureux de vous remercier en vous donnant les outils pour le faire.
>
> Vous êtes bénis au-delà des mots.
>
> Merci. Merci. Merci.

J'ai ensuite demandé à Maître Cynthia de partager son expérience concernant la transmission et la bénédiction des Mains du Tao.

Elle partagea :

> Lorsque Maître Sha a commencé à transmettre les Mains du Tao, j'ai vu plusieurs niveaux des Cieux s'ouvrir. Tout s'est arrêté pendant un moment. Cet instant n'a jamais été vécu sur la Terre-Mère de tout temps, donc l'importance était telle, que même les âmes dans le Monde des Âmes en étaient témoins et en faisaient l'expérience.
>
> Le Tao était assis sur une chaise ou un trône très particulier. Le livre les Mains du Tao est venu à lui. Ce livre a été placé dans un

lieu très spécial des Annales Akashiques. Lorsque Maître Sha a donné l'Ordre du Tao, j'ai entendu et j'ai vu trembler la Terre-Mère entière et même au-delà.

La fréquence et la vibration ont changé pour toutes les âmes à des niveaux internes, qu'elles le réalisent au niveau mental ou conscient, ou non. L'amour, la lumière et la compassion qui se propageront depuis ce livre éveilleront le cœur et l'âme comme jamais auparavant.

Quand ce livre a reçu la transmission, le Tao a dit ce qui suit :

Mon cher bien-aimé Zhi Gang,

Je vous remercie d'être le leader et mon serviteur, spécialement choisi pour amener l'âme de mes Mains à l'humanité. Beaucoup sont venus sur Terre-Mère avec certaines habilités de guérison, mais ceci est la première fois que mes Mains sont données à la multitude.

Vous vous êtes engagés sur le chemin et avez bravement pris les mesures pour apporter mes Mains à l'humanité à travers ce livre. Le pouvoir et la signification de cet acte ne peuvent être ignorés ou réduits. Le pouvoir et la signification de ce que l'humanité et les personnes choisies recevront, sont au-delà de toute compréhension. C'est en effet nécessaire pour la transition qui se passe sur Terre-Mère, mais c'est également nécessaire pour la transition qui se met en place pour chaque âme sur Terre-Mère.

Mes Mains du Tao éveilleront ce qui a été endormi à l'intérieur de l'âme, du cœur, de la conscience et du corps.

Mes Mains du Tao apporteront la guérison de l'âme, du cœur, de la conscience et du corps de l'humanité, de la Terre-Mère et de tous les univers.

Mes Mains du Tao uniront les cœurs et les âmes ensemble.

> *Je vous remercie, mon cher fils Zhi Gang, de prendre une partie de mon essence, de mes mains, qui sont remplies d'amour et de lumière, pour tous ceux qui liront ce livre.*
>
> *Aujourd'hui est une journée de célébration, non seulement ici dans les Cieux et dans le Monde des Âmes, mais aussi pour toute l'humanité.*
>
> *Je vous remercie*
>
> *Je vous aime*
>
> *Le Tao qui vous aime.*

Puis j'ai demandé aux participants de Vancouver qui étaient à l'atelier « Ouverture des Canaux Spirituels », avec Maître Peter Hudoba et Maître G.K. Khoe, de partager ce qu'ils ont vécu lors de la Transmission des Mains du Tao à ce livre.

A.V. a partagé :

> *Quand le pouvoir a été transmis dans ce livre, j'ai vu une grande quantité de lumière dorée venir sur un grand livre. La lumière qui est dans le livre a la forme d'une grande sphère de lumière dorée. Cette lumière porte l'intelligence, la sagesse, l'amour et la compassion. La lumière qui est dans le livre sera toujours dans le livre. Elle est destinée à guérir et équilibrer les personnes. Elle apporte la lumière à chacun. C'était très spectaculaire d'en être témoin.*

Le deuxième participant à partager fut Marina Hubbard :

> *J'ai été témoin d'une lumière dorée brillante entrant dans le livre. C'était une explosion de lumière et elle était tellement belle. La lumière arrivait déjà dans le livre, alors même qu'il n'est pas encore publié. La lumière est allée dans plusieurs directions. J'ai vu les pages de ce livre et elles avaient une immense quantité d'amour et*

de lumière. À ce moment, quelque chose a touché mon cœur. C'était l'amour et la lumière du Tao que nous cherchons tous.

Nous sommes tellement bénis d'avoir un enseignant compatissant comme Maître Sha, telle la générosité du Tao qui donne et aime à chaque instant. Quelques instants plus tard, j'ai réalisé que l'amour et la lumière se déployaient au-delà du livre et j'ai vu la joie venir des Cieux vers tous ceux qui seront touchés par ce livre. Je suis reconnaissante de cette occasion de partager ce que j'ai pu vivre.

J'ai remercié Maître Peter, Maître G.K, Maître Cynthia, A.V. et Marina d'avoir partagé leurs images du Troisième Œil et leurs communications directes avec l'âme du Tao.

J'ai transmis les Mains du Tao à ce livre lors d'un atelier de communication de l'âme. C'était une belle opportunité pour chacun de communiquer avec le Tao et de partager les images du Troisième Œil ainsi que les communications directes de l'âme avec le Tao.

Utiliser les Mains du Tao pour la Guérison

C'est la première fois pour chaque personne de l'atelier de Vancouver, pour vous, pour chaque lecteur, que les Mains du Tao intégrées dans ce livre vont être utilisées pour la guérison et la bénédiction.

Je vous ai toujours enseigné d'utiliser la Technique des Quatre Pouvoirs pour toute pratique personnelle et pour transmettre des bénédictions de guérison de l'âme aux autres.

Pouvoir du Corps. Cher lecteur, asseyez-vous droit. C'est la première fois que vous allez utiliser les Mains du Tao transmises dans ce livre pour une guérison de l'âme et une bénédiction pour votre demande. Fermez vos yeux. Connectez-vous avec les Mains du Tao de ce livre.

Pouvoir de l'Âme. Dites *Bonjour*. Vous pouvez demander une guérison de l'âme pour votre corps physique, par exemple pour une douleur au dos ou au genou, un torticolis ou n'importe quelle partie du corps ayant besoin d'une guérison ;

ou

Vous pouvez demander une guérison de l'âme pour votre corps émotionnel. Par exemple vous pouvez demander d'apaiser la dépression, l'anxiété, la peur, la colère, l'inquiétude, la culpabilité et plus encore ;

ou

Vous pouvez demander une guérison de l'âme pour votre corps mental, comme la confusion, la mauvaise mémoire ou même les troubles mentaux ;

ou

Vous pouvez demander une guérison de l'âme pour votre cœur et votre âme, comme l'ouverture du cœur et de l'âme ou la bénédiction du cœur et de l'âme ;

ou

Vous pouvez demander une guérison de l'âme pour vos relations. Silencieusement, demandez aux Mains du Tao de bénir la relation entre l'autre personne et vous (dites silencieusement son nom) ;

ou

Vous pouvez demander une bénédiction pour vos affaires et vos finances ;

ou

Vous pouvez demander une bénédiction pour trouver un nouveau travail ;

ou

Vous pouvez demander une bénédiction pour augmenter votre intelligence.

En une phrase :

**Vous pouvez demander aux Mains du Tao
de bénir n'importe quel aspect de votre vie.**

Chacun peut avoir une demande différente. Les Mains du Tao transmises dans ce livre offriront une guérison de l'âme ou une bénédiction qui correspond à votre demande particulière.

Faites chacun silencieusement votre requête :

Chères Mains du Tao transmises dans ce livre, veuillez, s'il vous plaît, m'offrir une guérison de l'âme ou une bénédiction pour _____ (Faites silencieusement votre demande).

La phrase la plus importante à dire silencieusement aux Mains du Tao est :

*Chères Mains du Tao, veuillez, s'il vous plaît,
m'offrir une guérison de l'âme et une bénédiction
« tel qu'approprié » pour moi en ce moment.*

Merci.

Les Mains du Tao sont l'âme des mains du Tao. Lorsque vous dites la phrase ci-dessus, les Mains du Tao l'entendent. Le Tao l'entend. Les praticiens des Mains du Tao ont une connexion de lumière spéciale avec le Tao. Quand vous demandez aux Mains du Tao une guérison de l'âme et une bénédiction, le Tao en est informé grâce à cette connexion unique de lumière.

Par conséquent, quiconque demande une guérison de l'âme aux Mains du Tao, de même que chaque Praticien des Mains du Tao, doit dire cette phrase, avant de recevoir ou de transmettre à autrui, toute bénédiction de guérison de l'âme avec les Mains du Tao. Souvenez-vous de cette sagesse.

N'essayez jamais de forcer la guérison de l'âme ou la bénédiction en disant *vous devez aller mieux* ou *vous devez transformer cela*. C'est irrespectueux. Les Mains du Tao et le Tao offriront la guérison de l'âme et la bénédiction appropriées, correspondant à la meilleure des guérisons de l'âme et à la meilleure des bénédictions demandées. Pour des maladies chroniques ou des problématiques de santé menaçant la vie, cela peut prendre du temps pour retrouver la santé. Il est *indispensable* de demander une guérison de l'âme et une bénédiction appropriées, à chaque fois que vous demandez ou transmettez une bénédiction de guérison de l'âme par vos Mains du Tao.

Il est possible d'avoir quelques réactions lorsqu'on reçoit une guérison de l'âme et une bénédiction, qu'elle soit prodiguée par les Mains du Tao incluses dans ce livre ou par un Praticien des Mains du Tao.

Il peut être ressenti :

- des bienfaits instantanés qui peuvent vous émouvoir et vous toucher si vous constatez un changement incroyable
- une amélioration significative
- une petite amélioration
- aucune amélioration

Quel que soit le résultat, clôturez toujours la bénédiction en disant *Merci. Merci. Merci.* Cela montre une courtoisie spirituelle appropriée envers le Tao ainsi qu'envers les Mains du Tao.

Si vous ne ressentez aucune amélioration, cela ne signifie pas qu'il ne s'est rien passé. Selon mes enseignements de Soul Mind Body Medicine (Médecine Psychosomatique de l'Âme), de la collection Le Pouvoir de l'Âme et de la collection Le Pouvoir du Divin, toutes les maladies sont causées par des blocages de l'âme, de la cons-cience et du corps.

Les Mains du Tao aident à enlever les blocages de l'âme, de la conscience et du corps. Pour des problématiques de santé chroniques ou menaçant la vie, ainsi que pour des problèmes importants dans les relations et les finances, les Mains du Tao pourraient n'enlever que partiellement les blocages de l'âme, de la conscience et du corps. Il pourrait être nécessaire de faire plusieurs bénédictions des Mains du Tao pour voir une amélioration perceptible. Par conséquent, si vous ne ressentez aucune amélioration, cela ne veut pas dire qu'il n'y a pas eu de progrès. Il y a cet ancien dicton qui dit :

病来如山倒；病去如抽丝
Bing lai ru shan dao, bing qu ru chou si

« Bing » signifie *maladie*. « Lai » signifie *venir*. « Ru » signifie *tout comme*. « Shan » signifie *montagne*. « Dao » signifie *tomber*. « Qu » signifie *quitter*. « Chou si » signifie *soie de filage*.

« Bing lai ru shan dao, bing qu ru chou si » (se prononce *bing laille rou channe dao, bing tchu rou tcho seu*) signifie *la maladie arrive comme un éboulement de montagne ; la maladie part comme le filage de la soie*. Ceci pour nous dire que la maladie peut survenir très soudainement et peut être très sérieuse, comme un éboulement de montagne. Mais pour que la maladie puisse partir, cela peut être un processus lent, tout comme le filage de la soie.

Cela nous enseigne d'être patients lorsque nous faisons des pratiques pour nous-même. Lorsque vous recevez une guérison de l'âme par les Mains du Tao, ou lorsque vous transmettez à autrui une guérison de l'âme avec les Mains du Tao, soyez patients. Ne vous attendez pas à une amélioration immédiate. Des problématiques de santé chroniques ou menaçant la vie peuvent nécessiter du temps pour s'améliorer, même si des résultats incroyables pourraient arriver instantanément.

Peu importe que vous vous sentiez mieux instantanément ou ressentiez une nette amélioration, une petite amélioration ou bien aucun changement perceptible. Il est important de toujours montrer de la gratitude, du fond de votre cœur, envers le Tao et les Mains du Tao. Vous pourriez avoir des blocages en vous depuis fort longtemps. Ils pourraient être très sérieux. L'amélioration pourrait prendre du temps. Sachez que le Tao et les Mains du Tao vous guérissent et vous bénissent inconditionnellement « tel qu'approprié ».

Continuons avec la bénédiction des Mains du Tao de ce livre.

Pouvoir du Mental. Visualisez une lumière dorée, brillant en permanence à l'endroit correspondant à votre requête.

Pouvoir du Son. Chantez ou récitez, silencieusement ou à voix haute :

Les Mains du Tao me guérissent et me bénissent. Merci.
Les Mains du Tao me guérissent et me bénissent. Merci.
Les Mains du Tao me guérissent et me bénissent. Merci.
Les Mains du Tao me guérissent et me bénissent. Merci. ...

Lorsque vous invoquez les Mains du Tao et que vous chantez ou que vous récitez, les Mains du Tao sortent de ce livre et viennent à vous pour servir votre demande de guérison de l'âme et de bénédiction.

Pour les participants de l'atelier, à Vancouver, les Mains du Tao viendront de l'ordinateur où le livre est sauvegardé. Ce livre est porteur des Mains du Tao qui viendront vous offrir une guérison de l'âme et une bénédiction.

Toutes les personnes de cet atelier, faites votre demande silencieusement et accueillez la bénédiction. Nous ferons dix minutes de silence pour que les Mains du Tao puissent nous offrir une grande bénédiction. Ensuite, je demanderai à cinq participants de partager leur expérience. Je demanderai également à mes trois Maîtres Enseignants Certifiés, Maître Peter, Maître G. K. et Maître Cynthia, de partager leur expérience. Tout le monde, préparez-vous à recevoir les bénédictions maintenant.

Vous pouvez également demander aux Mains du Tao d'ouvrir vos canaux spirituels. Vous pouvez faire cette demande maintenant.

Nous sommes restés silencieux durant dix minutes, pendant que les Mains du Tao du livre offraient des bénédictions de guérison de l'âme à chaque participant de l'atelier.

Hao ! Vous êtes extrêmement bénis.

Maintenant, je souhaiterais que mes trois Maîtres Enseignants Certifiés et quatre étudiants partagent leur expérience de cette bénédiction.

Maître Peter :

> *Merci Maître Sha, le Tao, les Mains du Tao. J'ai demandé une bénédiction de guérison de l'âme, pour atténuer la toux que j'ai depuis deux jours. Je me sens en bonne santé, mais je tousse. En face de moi, j'ai vu une âme gigantesque et une lumière exquise affluer dans chaque cellule de mon corps. J'ai également vu la lumière venir auprès de chaque participant de l'atelier. Mon corps me parait léger et très agréable. Je ne sais pas à quel point cela améliorera ma toux, mais en ce moment, je me sens très bien !*
>
> *Je suis extrêmement honoré d'avoir reçu cette bénédiction. Nous sommes tous très bénis.*

Sara Baker :

J'ai demandé une bénédiction pour mon chemin spirituel. J'ai vu une image brève. C'était symbolique. Je me suis vu marcher le long d'une route. Cela représentait les vies à venir. Soudain, j'ai vu plusieurs Saints venir m'aider et enlever des blocages pour me permettre d'avancer plus loin sur mon chemin. Je me sens tellement bénie et aimée de savoir que cette aide sera toujours avec moi.

Je suis extrêmement reconnaissante. Merci.

Maître G. K. :

Merci Maître Sha, merci Tao, merci Mains du Tao. Je ne peux vous remercier suffisamment.

J'étais pratiquement assommé. J'ai demandé une bénédiction pour mes genoux. J'ai vu une lumière éblouissante venir dans chaque cellule et ADN, et pas uniquement dans mes genoux. Je me suis senti agrandi et englouti par cette lumière vive et cela m'a transformé de la tête aux pieds, de la peau jusqu'aux os. J'ai chaud et je vibre. Je ne savais presque plus où j'étais lorsque la bénédiction s'est terminée.

Merci beaucoup pour cette bénédiction exquise et très spéciale. Nous sommes réellement bénis au-delà des mots. Je ne peux vous remercier suffisamment Maître Sha.

Merci Tao, merci Mains du Tao.

Karen McGuire :

J'ai vu une lumière intense se déverser des Cieux. Cela a débuté avant que la bénédiction ne commence. C'était comme des flocons de neige et des toutes petites Mains du Tao qui venaient dans chaque partie de mon corps, puis sont allées sur mon chemin spirituel où plusieurs tables apparaissaient, telles les Tables de la Loi remises à Moïse.

J'ai fusionné avec ce chemin.

Maître Cynthia :

Merci Maître Sha, merci Tao, merci Mains du Tao.

Je n'ai rien demandé en particulier, j'ai plutôt demandé ce dont j'avais besoin, et qui était approprié pour mes corps spirituel, mental, émotionnel et physique.

J'ai ensuite vu les Mains du Tao qui étaient immenses. La lumière était tellement éblouissante. J'ai d'abord ressenti quelque chose prendre place dans mon Centre des Messages, ensuite il y a eu une chaleur dans toute ma colonne vertébrale allant jusqu'à ma tête. La fréquence et la vibration étaient tellement élevées qu'elles m'ont presque totalement assommée.

J'ai, comme Maître G.K. a partagé, senti comme si je n'étais même plus dans mon corps, que l'on m'avait sortie, et ensuite ramenée doucement dans mon corps, lorsque Maître Sha a dit « Hao ! ».

Je suis très reconnaissante pour ce qui a été reçu. Je suis reconnaissante et je remercie Maître Sha, le Tao et les Mains du Tao. Hao !

Magdalena A. Blatchford :

Je suis très, très honorée et profondément touchée du fond de mon cœur, avec une profonde gratitude.

Je n'ai pas de mots pour exprimer ce que j'ai vécu. Avant cette expérience, nous étions connectés cœur à cœur et âme à âme. Mon corps s'étirait et grandissait. Je me préparais à ce que les Mains du Tao bénissent mon âme, afin que le cœur de mon âme puisse s'ouvrir.

Lorsque j'ai demandé la bénédiction, j'ai vu une très belle lumière venir des Mains du Tao. Elle était d'une couleur arc-en-ciel.

Je suis profondément reconnaissante envers le Tao, les Mains du Tao et envers vous, Maître Sha, d'apporter cela à l'Humanité. Je m'engage à être une serviteure inconditionnelle.

Alors que je m'ouvrais de plus en plus et que je voyais le cœur de mon âme s'ouvrir, j'ai ressenti un plus profond niveau de compassion. Au moment où je plongeais dans ce royaume de compassion, j'ai cru disparaître. Je n'ai plus d'autres mots pour décrire l'expérience de cette bénédiction. Merci du fond de mon cœur.

A.V. :

C'était absolument magnifique d'être liée à cette puissance. J'ai demandé une bénédiction pour mon cœur qui me provoquait quelques palpitations et inconforts. Une fois que je fus connectée à ce pouvoir, immédiatement, une énorme et puissante pluie de lumière est venue dans mon cœur. C'était puissant, mais non invasif.

Il y avait plusieurs mains blanches et dorées réparant mon cœur. La lumière était nourricière. Le malaise a disparu. C'était réconfortant, apaisant et stabilisant.

Merci beaucoup.

Avant que le prochain étudiant ne partage, j'ai pensé à deux psychologues de Victoria, en Colombie-Britannique. Presque instantanément, l'un d'entre eux est apparu sur mon ordinateur par visioconférence.

Ce que je souhaite partager avec vous et avec l'humanité, c'est que, sur le chemin spirituel, ce à quoi vous pensez correspond à ce qui pourrait arriver. Chacun peut acquérir ces habilités. Au cours de ces dernières années, j'ai fait plusieurs fois l'expérience de cela : ce que je pense arrive. Maintenant, j'en suis de plus en plus souvent témoin et, lorsque je pense à équilibrer un aspect, l'aspect est équilibré. Le résultat est au-delà des mots, de la compréhension et de l'imagination.

Quel en est le secret ? Je peux le résumer en une phrase :

Si vous voulez avoir les capacités de « créer ce que vous pensez », alors offrez votre service universel et inconditionnel à l'humanité ; plus vous offrez de services, plus les capacités apparaîtront.

J'ai dit : *Maintenant, monsieur, pourriez-vous vous présenter et partager votre expérience ?*

Mark E. Jackman :

J'ai une maîtrise en psychologie et ma femme a un doctorat en psychologie. Je fais ce travail depuis longtemps. Je suis souvent considéré comme un docteur.

J'ai demandé aux Mains du Tao d'enlever mon anxiété à propos de mon travail et de mes responsabilités financières. Mon mental a disparu quand les Mains du Tao sont venues. La pièce était inondée de lumière et nous sommes toujours baignés dans la lumière.

Tout ce que je peux dire, c'est que le sentiment de la générosité du Tao — une énorme générosité du Tao — me submerge, ainsi que chacun ici présent.

Ensuite, j'ai dit : *Puis-je demander à votre femme de partager ?*

Dr Mary Louise Reilly :

Merci, chères Mains du Tao, pour ce cadeau si puissant.

Je ne savais pas quoi demander pour commencer. Puis, j'ai demandé trois choses et je les ai confiées au Tao. Ensuite, Maître Sha a dit que nous pouvions demander aux Mains du Tao d'ouvrir nos canaux spirituels, et j'ai demandé l'ouverture de mon Centre des Messages.

J'ai vu une lumière violette venir dans mes yeux. J'ai senti des blocages et mon corps a bougé énormément, de façon incontrôlable. Cela secouait beaucoup. J'ai senti des blocages disparaître. Je me suis sentie remplie de lumière et d'amour. J'ai aussi eu l'impression de ne pas être ici, d'être dans le vide.

Il y avait tellement d'amour et de gratitude. Merci Maître Sha, les Mains du Tao, et le Tao.

Durant le partage des docteurs, j'ai entendu qu'il y avait cinq âmes dans ce groupe qui disaient : *Je veux également partager quelque chose.* Si vous avez eu cette pensée, venez s'il vous plait, et confirmez.

Marina Hubbard :

A un moment, quand nous recevions la bénédiction des Mains du Tao du livre, j'ai laissé au Tao le soin de choisir ce qui était le meilleur pour moi. J'ai senti une tornade bouger à travers mes mains et dans différentes parties de mon corps, d'une manière positive, puissante et inattendue.

Maître Sha a mentionné que nous pouvions demander une bénédiction pour ouvrir nos canaux spirituels. J'ai immédiatement pensé que ce serait merveilleux. J'ai commencé à voir des images de mon Troisième Œil. Elles n'étaient pas toutes agréables. Il y avait des images de mon passé qui ont ressurgi. Je n'ai ressenti que de l'amour, de la sécurité et du pardon avec cette lumière et j'ai réalisé l'importance de se rappeler du Tao dans nos actions, nos pensées et nos mots. Nous pouvons donc avoir de l'impact sur la manière dont nous pouvons aider les autres.

Je suis reconnaissante pour cette guérison et pour ce que j'ai pu en apprendre. Je suis reconnaissante pour toutes les âmes qui auront la chance de se connecter à ces guérisons à travers le livre Les Mains du Tao.

Maître G. K. :

J'ai senti mon cœur et mon être tout entier être engloutis et transformés par l'enseignement et la bénédiction. Je me suis souvenu de cet ancien proverbe Yin shui si yuan, qui signifie : « Quand tu bois de l'eau, rappelle-toi de la source. » Ce proverbe nous enseigne d'être toujours reconnaissants envers quiconque délivre de profonds enseignements, sagesses, bénédictions ou nourriture. Quand j'étais jeune, mon père m'a appris la calligraphie et l'enseignement de ce proverbe. Aujourd'hui je m'en suis souvenu.

J'ai tellement de gratitude pour tout ceci. Je ne peux vous remercier suffisamment, Maître Sha, le Tao. Je ne peux me prosterner suffisamment.

Magdalena A. Blatchford :

Je voudrais demander pardon du fond de mon cœur. Cela fait tellement de fois que je vois de belles images et qu'une partie de moi se tait.

Durant la retraite du Tao II en novembre 2011, aux chutes du Niagara, au Canada, mon cœur battait fort. J'ai vu cette image magnifique de votre corps physique qui devenait très grand et immense, Maître Sha. De votre corps, un bras magnifique commençait à grandir de plus en plus, à tel point que ce bras n'était plus un bras humain, ni une main humaine. Cela englobait chaque personne et allait bien au-delà de la salle et de l'hôtel. Je me suis sentie tellement bénie, enveloppée avec soin, aimée et soutenue. J'ai ressenti, à ce moment-là, que toute l'humanité était tenue dans vos bras. Je me suis sentie en sécurité.

Aujourd'hui, je voulais exprimer que, bien avant la bénédiction des Mains du Tao, les mains de chacun dans la pièce ont grandi et se sont de plus en plus unifiées. Finalement, les mains de tout le monde sont devenues une seule et grande main et cette main est venue vers vous et vers le livre. De là, une lumière arc-en-ciel est venue vers nous.

Que puis-je dire ? Il n'y a pas de mots pour décrire les trésors magnifiques du Tao. Il n'y a pas de mots ou d'explications pour comprendre ce magnifique cadeau des Mains du Tao qui est donné à l'humanité. Merci beaucoup. Même le mot merci n'est pas suffisant. Gratitude infinie. Je me sens en sécurité. Merci.

Participant :

J'ai gardé mes yeux fermés tout le temps, tellement la lumière était immense, belle et emplie d'amour. Au moment de recevoir la bénédiction, j'ai demandé une bénédiction pour une personne en particulier et pour une relation. J'avais mes yeux fermés et le visage de cette personne est apparu. Ensuite, les membres de ma famille se sont aussi manifestés fortement.

C'est parce que j'ai des problèmes à la maison, pas moi personnellement, mais il y a une disharmonie dans la famille. Tout à coup, j'ai appelé le Pardon du Tao et j'ai commencé à chanter Pardon du Tao, pour une bénédiction pour les relations et le pardon.

Merci beaucoup.

Adrian V. :

J'ai initialement demandé que mon cou aille mieux. Mon cou était très raide et j'avais beaucoup de douleurs. Je pense que c'était une purification parce que c'était très, très raide. Bien avant que Maître Sha ne dise : « la Bénédiction commence », j'ai senti la douleur se libérer.

Quand Maître Sha a dit que nous pouvions demander une bénédiction pour ouvrir nos canaux spirituels, j'ai pensé que ce serait bien, mais je ne voulais pas tricher et demander deux bénédictions.

J'ai vu un laser aller dans le milieu de ma colonne et quelque chose a été enlevée. C'était comme une intervention chirurgicale. Certains blocages ont été enlevés de mon Troisième Œil. Ensuite, c'est venu vers ma nuque et cela a fait la même opération.

Merci.

Je remercie les trois maîtres et toutes les personnes ayant partagé leur expérience.

Maintenant, je vais offrir durant deux minutes les Mains du Tao et le Chant du Tao ensemble pour ouvrir vos canaux spirituels.

Il y a quatre canaux spirituels. Ils sont :

- Le Canal du Langage de l'Âme
- Le Canal de la Communication Directe de l'Âme
- Le Canal du Troisième Œil
- Le Canal de la Connaissance Directe

Faites une demande silencieuse de ce que vous souhaitez ouvrir.

Cher lecteur, quand vous en serez arrivés à ce point du livre, veuillez arrêter de lire. Ces deux minutes de bénédictions des Mains du Tao et du Chant du Tao seront conservées dans ce livre. Vous pouvez également recevoir les bénédictions.

Détendez-vous complètement.

> *À toutes les personnes, j'offre les Mains du Tao et le Chant du Tao pour ouvrir vos canaux spirituels pendant deux minutes. La bénédiction commence !*

(Je chante un Chant de l'âme pour ouvrir les canaux spirituels de chacun). Maître Peter traduit mon Chant du Tao :

> *Notre cher fils bien-aimé, Zhi Gang Sha,*
> *Cette bénédiction est une bénédiction des plus extraordinaires.*
> *Cette bénédiction a ouvert l'âme, le cœur, la conscience et le corps de tous les participants de cet atelier et de chaque lecteur.*

Vous avez reçu une quantité gigantesque de vertu pour ouvrir vos canaux spirituels, une quantité de vertu au-delà de votre compréhension. Partager, c'est servir. Servez un peu, recevez un peu de bénédictions. Servez plus, recevez plus de bénédictions. Servez inconditionnellement, recevez des bénédictions illimitées.

Nous sommes tellement reconnaissants envers notre fils, Zhi Gang Sha, d'amener cette mission spéciale à l'humanité. Nous sommes également reconnaissants à tous les étudiants qui soutiennent cette mission du Tao. Nous sommes très reconnaissants à chaque lecteur d'avoir fait l'expérience des Mains du Tao, pour ouvrir ses canaux spirituels et recevoir une bénédiction de guérison de l'âme pour chaque aspect de sa vie.

Nous soutenons et bénissons toujours tout le monde. Vous êtes fort aimés et fort bénis.

Affectueusement,

Le Tao qui vous aime.

Au chapitre 7 du livre, j'offrirai un enseignement et montrerai des pratiques pour utiliser les Mains du Tao afin d'ouvrir vos canaux spirituels. Vous recevrez des bénédictions supplémentaires pour ouvrir vos canaux spirituels.

Dans le prochain chapitre, je vais vous montrer, ainsi qu'à chaque lecteur, comment faire plus de pratiques, en utilisant les Mains du Tao, pour la stimulation de l'énergie, de l'endurance, de la vitalité et de l'immunité, et pour la régénération et la longévité. Souvenez-vous de l'enseignement, plus tôt dans ce livre : ne sautez pas les pratiques. Ce serait une erreur.

Utiliser les Mains du Tao pour Stimuler l'Énergie, l'Endurance, la Vitalité et l'Immunité, et pour la Régénération et la Longévité

CE LIVRE EST vraiment unique. Ce livre contient les Mains du Tao. Les Mains du Tao portent la fréquence et la vibration du Tao, dont l'amour, le pardon, la compassion et la lumière du Tao.

J'insiste sur cet enseignement significatif encore et encore dans tous les livres de ma Collection Le Pouvoir de l'Âme, ainsi que dans tous mes ateliers et mes retraites :

- Les Mains du Tao portent en elles la fréquence et la vibration du Tao qui peuvent transformer la fréquence et la vibration de toute vie, dont la santé, les relations, les finances, l'intelligence et chaque aspect de la vie.
- Les Mains du Tao portent en elles l'amour du Tao qui dissout tous les blocages et transforme toute vie.
- Les Mains du Tao portent en elles le pardon du Tao, qui apporte la joie intérieure et la paix intérieure dans toute vie.

- Les Mains du Tao portent en elles la compassion du Tao qui stimule l'énergie, l'endurance, la vitalité et l'immunité de toute vie.
- Les Mains du Tao portent en elles la lumière du Tao, qui guérit, prévient la maladie, purifie et régénère l'âme, le cœur, la conscience et le corps, et aide à transformer la santé, les relations, les finances, l'intelligence et chaque aspect de la vie.
- Les Mains du Tao sont des trésors sacrés du Tao qui apportent l'amour, la paix et l'harmonie à l'humanité, à la Terre-Mère, aux Cieux et aux innombrables planètes, étoiles, galaxies et univers.

Dans ce chapitre, nous utiliserons les Mains du Tao pour stimuler l'énergie, l'endurance, la vitalité et l'immunité et pour la régénération et la longévité.

Les deux zones du corps les plus importantes pour la stimulation de l'énergie, de l'endurance, de la vitalité et de l'immunité sont la kundalini et le Dan Tian Inférieur.

Développer la Kundalini

Dans la sagesse ancienne chinoise, il existe un centre d'énergie très important appelé Zone de la Montagne Enneigée. C'est un terme Bouddhiste. Dans l'enseignement Taoïste, on l'appelle *l'urne dorée*. En yoga, on le nomme *kundalini*. En Médecine Traditionnelle Chinoise, il s'agit de *la zone du Ming Men*. « Ming » signifie *la vie*. « Men » signifie *la porte*. « Ming Men » signifie *la porte de la vie*. La zone du Ming Men est divisée en feu du Ming Men et en eau du Ming Men.

Des millions de personnes souffrent d'hypertension ou du diabète. Des millions de femmes souffrent de la ménopause. En Médecine Traditionnelle Chinoise, l'hypertension, le diabète et la ménopause peuvent être causés par une déficience en eau du Ming Men. Certaines personnes peuvent penser qu'elles doivent boire plus d'eau pour corriger cette condition. Ce n'est pas le cas. Boire plus d'eau ne corrigera pas la condition. Vous devez faire des pratiques spirituelles et énergétiques spéciales ou ingérer des herbes ou d'autres remèdes appropriés pour nourrir l'eau du Ming Men, et ceci afin de l'équilibrer.

Si vous faites la pratique suivante, que je vais partager avec vous, cela pourrait vous aider grandement à corriger l'hypertension, le diabète, la ménopause et bien d'autres conditions. Il y a tellement d'autres maladies causées par une insuffisance de l'eau du Ming Men ou une insuffisance du feu du Ming Men.

Un déficit du feu du Ming Men peut être la cause de fatigue, d'extrémités froides, d'un dysfonctionnement sexuel, ainsi que de problèmes dans le système reproducteur, le système urinaire, le dos, les jambes et plus encore.

Augmenter le feu du Ming Men et l'eau du Ming Men, afin de les équilibrer, est la clé pour la guérison de beaucoup de maladies, ainsi que pour la régénération et la longévité.

Voici comment localiser la kundalini, qui est la région du Ming Men :

Tracez une ligne droite de votre nombril allant jusqu'à votre dos. Divisez cette ligne en trois parties égales. Revenez aux deux tiers de cette ligne en partant de votre nombril, et ensuite descendez de 2,5 *cun* (un *cun* équivaut à la largeur de la phalange de votre pouce). Là est le centre de la kundalini, qui est une zone de la taille de votre poing. Voir illustration 3.

Le pouvoir et la signification de la kundalini sont les suivants :

- La kundalini est la zone du Ming Men, qui inclut le feu du Ming Men et l'eau du Ming Men. Le feu du Ming Men est le yang le plus important de tout le corps. L'eau du Ming Men est le yin le plus important de tout le corps.

- La kundalini est le centre énergétique clé pour nourrir les reins.
- La kundalini fournit la nourriture énergétique au cerveau et au Troisième Œil.
- La kundalini est un centre énergétique clé pour la régénération et la longévité.
- La kundalini est le centre énergétique prénatal.

Maintenant, je vais vous montrer comment développer votre kundalini. Utilisez la Technique des Quatre Pouvoirs :

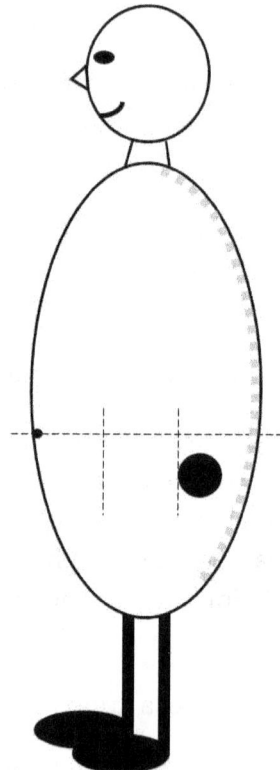

Illustration 3. Emplacement de la kundalini/zone du Ming Men

Pouvoir du Corps. Asseyez-vous droit. Fermez vos yeux. Placez le bout de votre langue délicatement contre votre palais. Placez une paume sur le nombril et l'autre paume sur la kundalini.

Pouvoir de l'Âme. Dites *Bonjour* :

> *Chers âme, conscience et corps de ma kundalini,*
> *Je vous aime.*
> *Vous avez le pouvoir d'équilibrer mon feu du Ming Men et mon eau*
>   *du Ming Men ; de nourrir mes reins, mon cerveau et mon Troisième*
>   *Œil ; de régénérer mon âme, mon cœur, ma conscience et mon*
>   *corps et de prolonger ma vie.*
> *Faites un bon travail.*
> *Merci.*

Le 7 décembre 2010, en Inde, j'ai reçu la Boule de Lumière Arc-En-Ciel du Tao Amour Paix Harmonie[14]. Le Tao a créé ce trésor inestimable pour la guérison de l'humanité, de la Terre-Mère et de tous les universe. Vous pouvez invoquer ce trésor du Tao sacré pour développer votre kundalini.

> *Chère Boule de Lumière Arc-En-Ciel du Tao Amour Paix Harmonie,*
> *Je vous aime, je vous honore et je vous apprécie,*
> *Veuillez s'il vous plait, venir dans ma kundalini pour développer ma*
>   *kundalini.*
> *Je vous en suis extrêmement reconnaissant.*
> *Veuillez offrir à ma kundalini une bénédiction de guérison de l'âme*
>   *« tel qu'approprié ».*
> *Merci.*

---

[14] Le Tao a offert ce don à l'humanité par l'intermédiaire de Maître Sha. Apprenez-en plus sur ce trésor et sur la façon de l'utiliser dans *Divine Love Peace Harmony Rainbow Light Ball : Transform You, Humanity, Mother Earth, and All Universes.* Heaven's Library Publication Corp., 2010 (disponible sur www.DrSha.com).

Pouvoir du Mental. Visualisez la Boule de Lumière Arc-En-Ciel du Tao Amour Paix Harmonie, tournant dans votre kundalini et rayonnant une lumière arc-en-ciel dans vos reins, votre colonne vertébrale, votre cerveau et votre Troisième Œil.

Pouvoir du Son. Chantez ou récitez silencieusement ou à voix haute :

Développez ma kundalini. Merci.
Développez ma kundalini. Merci.
Développez ma kundalini. Merci.
Développez ma kundalini. Merci. …

La Boule de Lumière Arc-En-Ciel du Tao Amour Paix Harmonie stimule le pouvoir de ma kundalini. Merci.
La Boule de Lumière Arc-En-Ciel du Tao Amour Paix Harmonie stimule le pouvoir de ma kundalini. Merci.
La Boule de Lumière Arc-En-Ciel du Tao Amour Paix Harmonie stimule le pouvoir de ma kundalini. Merci.
La Boule de Lumière Arc-En-Ciel du Tao Amour Paix Harmonie stimule le pouvoir de ma kundalini. Merci. …

Posez le livre et chantez ou récitez pendant une quinzaine de minutes maintenant. Si vous souffrez de problématiques de santé chroniques ou menaçant la vie en lien avec la kundalini, chantez ou récitez deux heures ou plus par jour. Plus vous chantez ou récitez longtemps et souvent, meilleurs seront les résultats que vous recevrez. Additionnez tous vos temps de pratique ensemble pour totaliser deux heures ou plus par jour.

J'ai des milliers d'étudiants à travers le monde avec toutes sortes de défis. Des milliers de guérisons de l'âme incroyables ont été vécues ces neuf dernières années, depuis que j'ai été choisi comme serviteur, véhicule et canal du Tao en juillet 2003. Ces dernières années, l'accent a été mis sur les enseignements importants du Tao : **Chantez ou récitez deux heures ou plus par jour pour des problématiques de santé chroniques ou menaçant la vie.**

J'ai pu constater des résultats de guérisons incroyables et de transformations remarquables qui se produisent lorsque les personnes suivent sérieusement mes conseils. Quand les personnes ne suivent pas mes conseils, cela affecte grandement les résultats de guérison. La guérison de l'âme peut avoir lieu, mais il faut suivre mes conseils.

UTILISER LES MAINS DU TAO POUR DÉVELOPPER LA KUNDALINI

Maintenant, je vais vous montrer comment développer votre kundalini en utilisant les Mains du Tao transmises dans ce livre. Le Tao m'a indiqué que, si c'est la *première* fois que vous faites la pratique de développement de la kundalini ci-après, en utilisant les Mains du Tao transmises dans ce livre, cela *ne sera pas* compté dans le quota des vingt fois où vous pouvez utiliser les Mains du Tao du livre. Cependant, la deuxième fois (et toutes les fois suivantes) où vous utiliserez les Mains du Tao de ce livre pour faire cette pratique, cela *comptera* dans le quota des vingt fois où il est autorisé d'utiliser les Mains du Tao, qui sont offertes à chaque lecteur dans ce livre.

Je suggère fortement qu'à chaque fois que vous utilisez les Mains du Tao du livre, vous pratiquiez au minimum une demi-heure avec, parce que le Tao m'a clairement indiqué que vous ne pourrez pas utiliser les trésors des Mains du Tao de ce livre plus de vingt fois. Donc, utilisez-les vingt fois et pratiquez aussi longtemps que vous le pouvez, à chaque occasion, pour en obtenir les plus grands bienfaits. Après cela, vous devrez contacter un Praticien des Mains du Tao ou l'un de mes Représentants Mondiaux, pour recevoir des bénédictions des Mains du Tao ou faire votre demande, afin de recevoir les Mains du Tao vous-même.

Utilisez la Technique des Quatre Pouvoirs :

Pouvoir du Corps. Asseyez-vous droit. Fermez vos yeux. Placez le bout de votre langue délicatement contre votre palais. Placez une paume sur votre nombril. Placez l'autre paume sur la zone de votre kundalini.

Pouvoir de l'Âme. Dites *Bonjour* :

> *Chères Mains du Tao,*
> *Je vous aime.*
> *Vous avez le pouvoir de développer ma kundalini.*
> *Je vous en suis très reconnaissant.*
> *Veuillez, s'il vous plaît, m'offrir une bénédiction de guérison de l'âme*
>   *« tel qu'approprié » pour développer ma kundalini.*
> *Merci.*

Pouvoir du Mental. Visualisez une lumière dorée, brillant dans la zone de votre kundalini.

Pouvoir du Son. Chantez ou récitez silencieusement ou à voix haute :

> *Les Mains du Tao développent ma kundalini. Merci.*
> *Les Mains du Tao développent ma kundalini. Merci.*
> *Les Mains du Tao développent ma kundalini. Merci.*
> *Les Mains du Tao développent ma kundalini. Merci. ...*

Chantez ou récitez aussi longtemps que vous le pouvez. Si c'est la première ou la deuxième fois que vous faites cette pratique en utilisant les Mains du Tao transmises dans ce livre, chantez ou récitez pendant au moins une demi-heure. Plus vous chanterez ou réciterez, plus vous recevrez des bienfaits des Mains du Tao. La kundalini est un centre énergétique très important dans le corps. Vous devriez chanter ou réciter pendant au moins une demi-heure à une heure par jour pour former ce centre énergétique clé pour vos fondations. C'est particulièrement vrai si vous souffrez d'une condition liée à un manque du feu du Ming Men ou de l'eau du Ming Men, tel que cela a été décrit plus haut.

Développer le Dan Tian Inférieur

« Dan » signifie *boule de lumière*. « Tian » signifie *champ*. « Dan Tian » (se prononce *danne tienne*) signifie *champ de la boule de lumière*. Les êtres humains ont trois Dan Tian dans le corps : l'inférieur, l'intermédiaire et le supérieur.

Le Dan Tian Inférieur est situé à 1,5 *cun* directement en dessous du nombril et à 2,5 *cun* à l'intérieur du corps. C'est un centre énergétique de la taille d'un poing.

Le Dan Tian Inférieur a un grand pouvoir et une grande signification. C'est :

- le centre énergétique des fondations, clé pour l'énergie, l'endurance, la vitalité et l'immunité.
- la clé pour la régénération.
- la clé pour la longévité.
- le centre énergétique postnatal.

Je vais maintenant vous montrer comment développer votre Dan Tian Inférieur.

Utilisez la Technique des Quatre Pouvoirs pour développer le Dan Tian Inférieur :

Pouvoir du Corps. Asseyez-vous droit. Fermez vos yeux. Placez le bout de votre langue délicatement contre votre palais. Placez vos deux mains dans la position des mains « Yin Yang »[15], en dessous du nombril sur votre bas-ventre. Voir illustration 4.

Pouvoir de l'Âme. Dites *Bonjour* :

---

[15] Saisissez votre pouce gauche avec les doigts de votre main droite et faites un poing. Enroulez les quatre doigts de la main gauche sur la main droite. Saisissez votre pouce gauche avec environ 75 à 80 % de votre force maximale. C'est la position des mains Yin Yang.

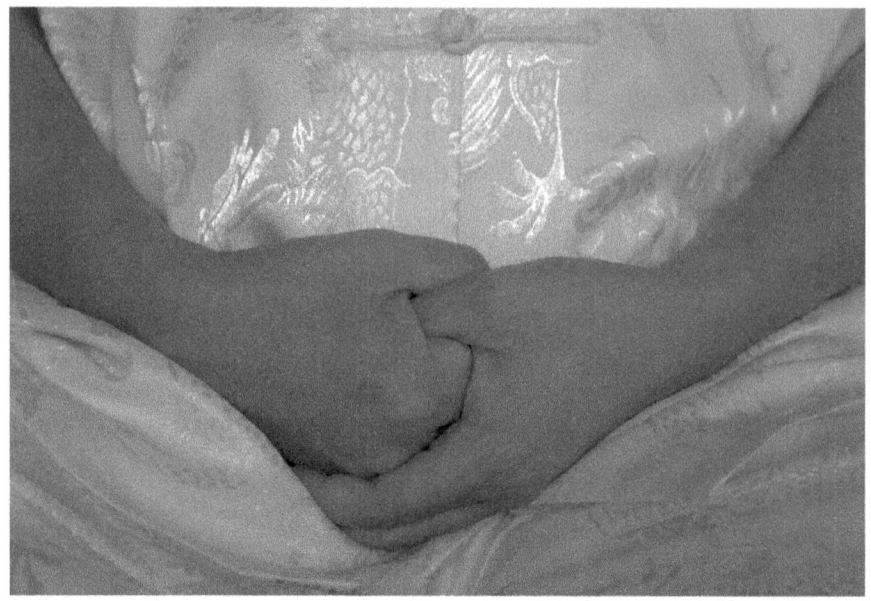

Illustration 4 : La position des mains Yin Yang

Chers âme, conscience et corps de mon Dan Tian Inférieur,
Je vous aime.
Vous avez le pouvoir de stimuler mon énergie, mon endurance, ma vitalité et mon immunité ; de régénérer mon âme, mon cœur, ma conscience et mon corps ; et de prolonger ma vie.
Faites un bon travail.
Merci.

Je vais maintenant offrir un trésor du Tao permanent à chaque lecteur. Je vais offrir les Transmissions de l'Âme, de la Conscience et du Corps de la Boule de Lumière Violette du Tao et de la Source du Liquide Violet du Dan Tian Inférieur du Tao. C'est un tel cadeau, offert pour la première fois dans un de mes livres !

Préparez-vous !

Asseyez-vous bien droit. Fermez vos yeux. Placez le bout de votre langue délicatement contre votre palais. Placez votre main gauche devant votre Centre des Messages (chakra du cœur) et votre main droite en position de prière traditionnelle. Ceci est appelé la position de Prière de l'Ère de la Lumière de l'Âme (illustration 2).

Ordre du Tao : Transmissions de l'Âme, de la Conscience et du Corps de la Boule de Lumière Violette du Tao et de la Source du Liquide Violet du Dan Tian Inférieur du Tao.

Transmission !

Félicitations ! Vous êtes extrêmement bénis. L'humanité est extrêmement bénie.

Utilisez ces trésors du Tao et la Technique des Quatre Pouvoirs pour stimuler le pouvoir de votre Dan Tian Inférieur :

Pouvoir de l'Âme. Dites *Bonjour* :

> *Chères Transmissions de l'Âme, de la Conscience et du Corps de la Boule de Lumière Violette du Tao et de la Source du Liquide Violet du Dan Tian Inférieur du Tao.*
> *Je vous aime.*
> *Je suis extrêmement honoré d'avoir reçu ces trésors inestimables du Tao.*
> *Veuillez, s'il vous plaît, développer mon Dan Tian Inférieur et le développer davantage, « tel qu'approprié ».*
> *Je ne peux vous remercier suffisamment.*

Pouvoir du Mental. Visualisez les Transmissions de l'Âme, de la Conscience et du Corps de la Boule de Lumière Violette du Tao et de la Source du Liquide Violet du Dan Tian Inférieur du Tao, tournant dans votre Dan Tian Inférieur.

Pouvoir du Son. Chantez ou récitez silencieusement ou à voix haute :

Les Transmissions de l'Âme, de la Conscience et du Corps de la Boule de Lumière Violette du Tao et de la Source du Liquide Violet du Dan Tian Inférieur du Tao stimulent le pouvoir de mon Dan Tian Inférieur. Merci.

Les Transmissions de l'Âme, de la Conscience et du Corps de la Boule de Lumière Violette du Tao et de la Source du Liquide Violet du Dan Tian Inférieur du Tao stimulent le pouvoir de mon Dan Tian Inférieur. Merci.

Les Transmissions de l'Âme, de la Conscience et du Corps de la Boule de Lumière Violette du Tao et de la Source du Liquide Violet du Dan Tian Inférieur du Tao stimulent le pouvoir de mon Dan Tian Inférieur. Merci.

Les Transmissions de l'Âme, de la Conscience et du Corps de la Boule de Lumière Violette du Tao et de la Source du Liquide Violet du Dan Tian Inférieur du Tao stimulent le pouvoir de mon Dan Tian Inférieur. Merci. …

Posez le livre et chantez ou récitez maintenant pendant quinze minutes.

Le Dan Tian Inférieur est un centre énergétique de fondation très important pour la vie. Il est très important de pratiquer une demi-heure à une heure pour former le Dan Tian Inférieur. Si vous souffrez de problématiques de santé chroniques ou menaçant la vie, souvenez-vous de chanter ou de réciter deux heures ou plus par jour. Plus vous chanterez ou réciterez longtemps, meilleurs seront les résultats que vous obtiendrez. Vous pouvez additionner tous vos temps de pratique ensemble pour totaliser deux heures ou plus par jour.

UTILISER LES MAINS DU TAO POUR DÉVELOPPER LE DAN TIAN INFERIEUR

Maintenant, je vais vous montrer comment développer votre Dan Tian Inférieur en utilisant les Mains du Tao transmises dans ce livre. Comme avec la pratique précédente pour la kundalini, le Tao m'a indiqué que, si c'est la *première* fois que vous faites la pratique du Dan Tian Inférieur ci-après, en utilisant les Mains du Tao du livre, cela *ne sera pas* compté dans le quota des vingt fois où vous pouvez utiliser les Mains du Tao du livre. Cependant, la deuxième fois (et toutes les fois suivantes) où vous utiliserez les Mains du Tao du livre pour faire cette pratique, cela *comptera* dans le quota des vingt fois où il est autorisé d'utiliser les Mains du Tao, qui sont offertes à chaque lecteur dans ce livre.

Je suggère fortement qu'à chaque fois que vous utilisez les Mains du Tao du livre, vous pratiquiez au minimum une demi-heure avec, parce que le Tao m'a clairement indiqué que vous ne pourrez pas utiliser les trésors des Mains du Tao du livre plus de vingt fois. Donc, utilisez-les vingt fois et pratiquez aussi longtemps que vous le pouvez, à chaque occasion, pour en obtenir les plus grands bienfaits. Après cela, vous devrez contacter un Praticien des Mains du Tao ou l'un de mes Représentants Mondiaux, pour recevoir des bénédictions des Mains du Tao ou faire votre demande afin de recevoir les Mains du Tao vous-même.

Utilisez la Technique des Quatre Pouvoirs :

Pouvoir du Corps. Asseyez-vous droit. Fermez vos yeux. Placez le bout de votre langue délicatement contre votre palais. Placez vos mains dans la position Yin Yang au niveau de votre abdomen. (Illustration 4)

Pouvoir de l'Âme. Dites *Bonjour* :

> *Chères Mains du Tao,*
> *Je vous aime.*
> *Vous avez le pouvoir de développer mon Dan Tian Inférieur.*
> *Je vous suis extrêmement reconnaissant.*
> *Veuillez, s'il vous plaît, offrir une bénédiction de guérison de l'âme*
>   *« tel qu'approprié » à mon Dan Tian Inférieur.*
> *Merci.*

Pouvoir du Mental. Visualisez une lumière dorée, brillant à l'intérieur et autour du Dan Tian Inférieur.

Pouvoir du Son. Chantez ou récitez silencieusement ou à voix haute :

> *Les Mains du Tao développent mon Dan Tian Inférieur. Merci.*
> *Les Mains du Tao développent mon Dan Tian Inférieur. Merci.*
> *Les Mains du Tao développent mon Dan Tian Inférieur. Merci.*
> *Les Mains du Tao développent mon Dan Tian Inférieur. Merci. …*

Chantez ou récitez aussi longtemps que vous le pouvez. Si c'est la première ou la deuxième fois que vous faites cette pratique en utilisant les Mains du Tao transmises dans ce livre, chantez ou récitez au moins une demi-heure. Plus vous chanterez ou réciterez longtemps et souvent, plus vous recevrez des bienfaits des Mains du Tao.

Le Cercle Sacré du Tao pour Guérir Toutes les Maladies

En Médecine Traditionnelle Chinoise, on enseigne qu'il existe un cercle yin yang important dans le corps. Ce cercle comprend le méridien Ren et le méridien Du. Le méridien Ren commence dans la région génitale et circule vers le haut, devant le long de la ligne médiane du corps jusqu'au visage. C'est le plus important des méridiens yin. Le méridien Du commence aussi dans la région génitale et circule vers le haut, derrière le long de la ligne médiane du corps jusqu'au sommet de la tête et redescend jusqu'au visage. C'est le plus important des méridiens yang. Le méridien Ren et le méridien Du se joignent pour former un cercle.

En Médecine Traditionnelle Chinoise, la maladie est causée par un déséquilibre du yin et du yang. Équilibrer les méridiens Ren et Du, c'est équilibrer le yin et le yang. C'est la clé pour guérir toute maladie.

Le méridien Ren comprend les méridiens des organes yin : le foie, le cœur, la rate, les poumons, les reins et le péricarde. Le méridien Du comprend les méridiens des organes yang : la vésicule biliaire, l'intestin grêle, l'estomac, le gros intestin, la vessie, et le San Jiao (se prononce *sanne dJiao*).

Le nom normalisé par l'Organisation Mondiale de la Santé pour le San Jiao est le Triple Energiseur. Dans l'enseignement traditionnel, il est aussi appelé *Triple Réchauffeur, Triple foyer, Triple brûleur*. Le San Jiao est le chemin du qi et des fluides corporels. Le San Jiao représente trois régions du corps : le Jiao Supérieur, le Jiao Intermédiaire et le Jiao Inférieur. Le Jiao Supérieur est l'espace dans le corps situé au-dessus du diaphragme ; il comprend le cœur, les poumons et le cerveau. Le Jiao Intermédiaire est l'espace dans le corps situé entre le diaphragme et le niveau du nombril ; il comprend le foie, la vésicule biliaire, le pancréas, l'estomac et la rate. Le Jiao Inférieur est l'espace dans le corps entre le niveau du nombril jusqu'à la zone génitale ; il comprend l'intestin grêle, le gros intestin, la vessie, les reins, les organes reproducteurs et les organes sexuels.

En Médecine Traditionnelle Chinoise, on dit que si le qi et les fluides corporels circulent dans le San Jiao, la personne est en bonne santé. Si le qi et les fluides corporels ne circulent pas dans le San Jiao, la personne est malade.

Les méridiens Ren et Du forment un cercle vital en Médecine Traditionnelle Chinoise (MTC). L'un des principes les plus importants en MTC est d'équilibrer le yin et le yang. La MTC utilise les herbes chinoises, l'acupuncture et le tui na (massage chinois) pour équilibrer le yin et le yang. Équilibrer les méridiens Ren et Du est la clé pour équilibrer la santé en MTC parce que cela équilibre le yin et le yang.

La Médecine Traditionnelle Chinoise a commencé il y a cinq mille ans. Elle a servi des milliards de personnes au cours de l'histoire. Le 8 mai 2008, le Tao m'a dit qu'il existait un cercle sacré afin d'équilibrer le yin et le yang pour guérir toute maladie. Ce cercle sacré est appelé *le Cercle Interne du Tao Yin Yang*.

Ce cercle sacré commence au point d'acupuncture Hui Yin (se prononce *houé yine*) qui est situé sur le périnée entre les organes génitaux et l'anus. « Hui » signifie *accumulation*. « Yin » signifie *message, énergie, matière du yin*. Le point d'acupuncture Hui Yin regroupe l'âme, la conscience et le corps du yin de tout le corps. C'est un point d'acupuncture vital pour guérir toute maladie. Le Cercle sacré Interne du Tao Yin Yang circule du Hui Yin en remontant à travers les sept Maisons de l'Âme[16], au centre du corps jusqu'au sommet de la tête et redescend devant la colonne vertébrale. Voir illustration 5.

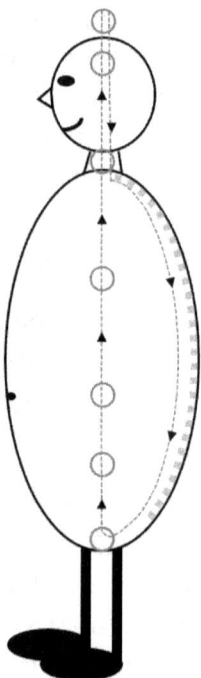

Illustration 5. Le Cercle Interne du Tao Yin Yang

---

[16] Un être humain habite dans une maison. Vos âmes bien aimées vivent dans votre corps. Votre corps est la maison de votre âme. Il y a sept maisons de l'âme où celle-ci peut résider, correspondant aux chakras : au-dessous du torse, dans le bas de l'abdomen, au nombril, au milieu de la poitrine, au niveau de la gorge, dans le cerveau, au-dessus de la tête.

Le Tao m'a dit que c'était le cercle interne yin yang. Le cercle méridien Ren et Du en MTC représente le cercle externe yin yang. La relation entre le cercle interne yin yang et le cercle externe yin yang est la suivante : si le cercle interne yin yang circule aisément, le cercle externe yin yang suit. Voir illustration 6.

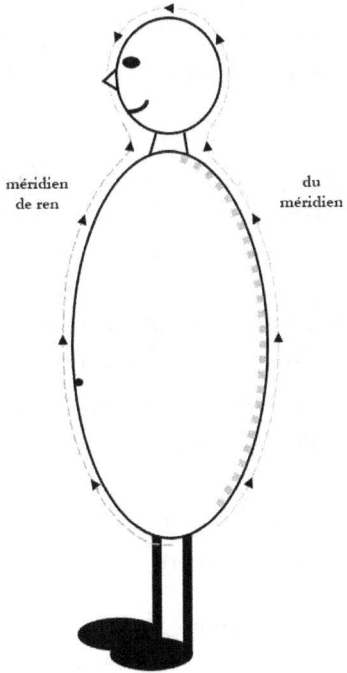

Illustration 6. Le Cercle Externe du Tao Yin Yang

Ce cercle interne yin yang comprend les sept Maisons de l'Âme et le Wai Jiao (se prononce *ouaille dJiao*). Les sept Maisons de l'Âme sont aussi connues comme étant les sept chakras énergétiques. Le Wai Jiao a été découvert en Chine par mon mentor et père spirituel, le Dr et Maître Zhi Chen Guo, après presque cinquante ans de recherches cliniques et pratiques avec des milliers de patients. Le Wai Jiao est situé en face de la colonne vertébrale et derrière les côtes. Il s'étend jusque dans la tête. C'est le plus grand espace à l'intérieur du corps.

Le Wai Jiao et le San Jiao sont connectés. Le San Jiao est comme une rivière. Le Wai Jiao est comme un océan. La rivière s'écoule vers l'océan. Les blocages qui causent des maladies dans le San Jiao seront acheminés horizontalement vers le Wai Jiao. Par exemple, si une personne a des problèmes de santé au niveau du cœur, les blocages énergétiques qui y sont liés passeront du Jiao Supérieur à la partie supérieure du Wai Jiao. Nettoyer les blocages de l'âme, de la conscience et du corps dans le Wai Jiao est le secret pour guérir toute maladie.

Comment pouvez-vous utiliser ce cercle interne sacré du Tao yin yang pour guérir toute maladie ? Je vais maintenant vous montrer comment faire une pratique.

Pouvoir du Corps. Asseyez-vous droit. Fermez vos yeux. Placez le bout de votre langue délicatement contre votre palais. Si vous êtes un homme, asseyez-vous avec la paume de la main gauche sous la région du Hui Yin, avec vos doigts pointant vers l'arrière. Si vous êtes une femme, asseyez-vous avec la paume de la main droite sous la région du Hui Yin, avec vos doigts pointant vers l'arrière. Placez l'autre main sur le sommet de votre tête. Voir illustration 7.

Pouvoir de l'Âme. Dites *Bonjour* :

> *Mon cher Cercle Interne du Tao Yin Yang,*
> *Je vous aime.*
> *Vous avez le pouvoir de guérir toute maladie.*
> *Faites un bon travail.*
> *Merci.*
>
> *Cher Chant de l'Âme du Tao Hei Heng Hong Ah Xi Yi Weng You,*[17]
> *Je vous aime.*

---

[17] Voir le quatrième livre de ma Collection Pouvoir de l'Âme, *Divine Soul Songs : Sacred Practical Treasures to Heal, Rejuvenate, and Transform You, Humanity, Mother Earth, and All Universes*, p. 117-119.

Veuillez, s'il vous plaît, enlever les blocages de l'âme, de la conscience et du corps dans mes sept Maisons de l'Âme, dans mon Wai Jiao et dans le Cercle Interne du Tao Yin Yang, qui est le Cercle Sacré de la Guérison du Tao.
Veuillez, s'il vous plaît, m'offrir une bénédiction de guérison de l'âme « tel qu'approprié ».
Je vous en suis extrêmement reconnaissant.
Merci.

Illustration 7. Le Pouvoir du Corps pour développer le Cercle Interne du Tao Yin Yang

Pouvoir du Mental. Visualisez une lumière dorée, brillant dans les sept Maisons de l'Âme, le Wai Jiao et le Cercle Interne du Tao Yin Yang.

Pouvoir du Son. Chantez ou récitez silencieusement ou à voix haute :

Hei Heng Hong Ah Xi Yi Weng You (se prononce *hey hung hong a chi yi oueng yo*)
Hei Heng Hong Ah Xi Yi Weng You
Hei Heng Hong Ah Xi Yi Weng You
Hei Heng Hong Ah Xi Yi Weng You ...

Posez le livre et chantez ou récitez maintenant pendant cinq minutes. D'une manière générale, chantez ou récitez pendant trois à cinq minutes à chaque fois, trois à cinq fois par jour. Si vous souffrez d'une problématique de santé chronique ou menaçant la vie, souvenez-vous de chanter ou réciter un minimum de deux heures par jour. Plus vous chanterez ou réciterez longtemps et souvent, meilleurs seront les résultats que vous recevrez. Vous pouvez additionner tous les temps de pratique ensemble pour totaliser deux heures par jour.

UTILISER LES MAINS DU TAO POUR DÉVELOPPER LES SEPT MAISONS DE L'ÂME, LE WAI JIAO ET LE CERCLE INTERNE DU TAO YIN YANG

Maintenant, je vais vous montrer comment développer les sept Maisons de l'Âme, le Wai Jiao et le Cercle Interne du Tao Yin Yang, en utilisant les Mains du Tao transmises dans ce livre. Encore une fois le Tao m'a indiqué que, si c'est la *première* fois que vous faites la pratique du développement des sept Maisons de l'Âme, du Wai Jiao et du Cercle Interne du Tao Yin Yang, en utilisant les Mains du Tao du livre, cela *ne sera pas* compté dans le quota des vingt fois où vous pouvez utiliser les Mains du Tao du livre. Cependant, la deuxième fois (et toutes les fois suivantes) où vous utiliserez les Mains du Tao du livre pour faire cette pratique, cela *comptera* dans le quota des vingt fois où vous pouvez faire l'expérience du pouvoir des MDT dans ce livre.

Pouvoir du Corps. Asseyez-vous droit. Fermez vos yeux. Placez le bout de votre langue délicatement contre votre palais. Les hommes, asseyez-vous avec la paume de la main gauche sous la région du Hui

Yin. Les femmes, asseyez-vous avec la paume de la main droite sous la région du Hui Yin. Placez l'autre main sur le sommet de votre tête (Voir illustration 7).

Pouvoir de l'Âme. Dites *Bonjour* :

> *Chères Mains du Tao,*
> *Je vous aime,*
> *Vous avez le pouvoir de développer mes sept Maisons de l'Âme, le Wai Jiao et le Cercle Interne du Tao Yin Yang afin de guérir toute maladie.*
> *Veuillez, s'il vous plaît, m'offrir une bénédiction de guérison de l'âme « tel qu'approprié ».*
> *Je vous en suis extrêmement reconnaissant.*
> *Merci.*

Pouvoir du Mental. Visualisez une lumière dorée venant des Mains du Tao et brillant dans les sept Maisons de l'Âme, le Wai Jiao et Cercle Interne du Tao Yin Yang.

Pouvoir du Son. Chantez ou récitez silencieusement ou à voix haute :

> *Les Mains du Tao enlèvent les blocages de l'âme, de la conscience et du corps dans mes sept Maisons de l'Âme, le Wai Jiao et le Cercle Interne du Tao Yin Yang afin de guérir toutes mes maladies. Merci.*
> *Les Mains du Tao enlèvent les blocages de l'âme, de la conscience et du corps dans mes sept Maisons de l'Âme, le Wai Jiao et le Cercle Interne du Tao Yin Yang afin de guérir toutes mes maladies. Merci.*
> *Les Mains du Tao enlèvent les blocages de l'âme, de la conscience et du corps dans mes sept Maisons de l'Âme, le Wai Jiao et le Cercle Interne du Tao Yin Yang afin de guérir toutes mes maladies. Merci.*
> *Les Mains du Tao enlèvent les blocages de l'âme, de la conscience et du corps dans mes sept Maisons de l'Âme, le Wai Jiao et le Cercle Interne du Tao Yin Yang afin de guérir toutes mes maladies. Merci.*

J'insiste encore et encore sur le fait que vous devriez chanter ou réciter aussi longtemps que vous le pouvez. Plus vous chanterez ou réciterez longtemps et souvent, plus grands seront les bienfaits que vous recevrez des Mains du Tao.

Le Cercle Sacré du Tao pour la Régénération et la Longévité

Le 8 mai 2008, le Tao me montra également le cercle sacré secret pour la régénération et la longévité. Le trajet de ce cercle sacré commence dans la région du Hui Yin. Il se dirige vers la région du coccyx, où se trouvent deux trous invisibles. L'énergie circule le long de ce cercle à travers ces deux trous invisibles jusqu'à la moëlle épinière, ensuite remonte la moëlle épinière jusqu'au cerveau et au sommet de la tête. Puis elle redescend à travers les sept Maisons de l'Âme, au centre du corps et, finalement, revient dans la région du Hui Yin, au point d'acupuncture Hui Yin situé au niveau du périnée.

Je vais vous montrer comment développer le cercle sacré du Tao pour la régénération et la longévité. Utilisez la Technique des Quatre Pouvoirs :

Pouvoir du Corps. Asseyez-vous droit. Fermez vos yeux. Placez le bout de votre langue délicatement contre votre palais. Les hommes, asseyez-vous avec la paume de la main gauche sous la région du Hui Yin. Les femmes, asseyez-vous avec la paume de la main droite sous la région du Hui Yin. Placez l'autre paume sur le sommet de votre tête. (Voir illustration 7).

Pouvoir de l'Âme. Dites *Bonjour* :

> *Cher Cercle Sacré du Tao pour la Régénération et la Longévité,*
> *Je vous aime.*
> *Vous avez le pouvoir de régénérer mon âme, mon cœur, ma conscience*
>   *et mon corps et de prolonger ma vie.*
> *Je vous en suis extrêmement reconnaissant.*

Faites un bon travail.
Merci.

Cher Chant de l'Âme du Tao You Weng Yi Xi Ah Hong Heng Hei,[18]
Je vous aime.
Veuillez, s'il vous plaît, activer mon Cercle Sacré du Tao pour la Régénération et la Longévité.
Je vous en suis extrêmement reconnaissant.
Veuillez, s'il vous plaît, m'offrir une bénédiction de guérison de l'âme pour régénérer et prolonger ma vie « tel qu'approprié ».
Merci.

Pouvoir du Mental. Visualisez une lumière dorée, circulant le long du Cercle Sacré du Tao pour la Régénération et la Longévité--- brillant de la zone du Hui Yin jusqu'au coccyx, remontant ensuite le long de la moelle épinière jusqu'au cerveau, redescendant le long des sept Maisons de l'Âme et revenant à la région du Hui Yin.

Pouvoir du Son. Chantez ou récitez silencieusement ou à voix haute :

You Weng Yi Xi Ah Hong Heng Hei (se prononce *yo ouang yi chi a hong heung hey*)
You Weng Yi Xi Ah Hong Heng Hei
You Weng Yi Xi Ah Hong Heng Hei
You Weng Yi Xi Ah Hong Heng Hei ...

Chantez ou récitez aussi longtemps que vous le pouvez. Plus vous chanterez ou réciterez longtemps et souvent, plus vous pourrez régénérer votre âme, votre cœur, votre conscience et votre corps et prolonger votre vie.

---

[18] Voir le quatrième livre de ma collection Pouvoir de l'Âme, *Divine Soul Songs : Sacred Practical Treasures to Heal, Rejuvenate, and Transform You, Humanity, Mother Earth, and All Universes*, p. 118.

UTILISER LES MAINS DU TAO POUR DÉVELOPPER LE CERCLE SACRÉ DU TAO POUR LA RÉGÉNÉRATION ET LA LONGÉVITÉ

Maintenant, je vais vous montrer comment développer le Cercle Sacré du Tao pour la Régénération et la Longévité, en utilisant les Mains du Tao transmises dans ce livre. Le Tao m'a indiqué que, si c'est la *première* fois que vous faites la pratique pour développer le Cercle Sacré du Tao pour la Régénération et la Longévité, en utilisant les Mains du Tao du livre, cela *ne sera pas* compté dans le quota des vingt fois où vous pouvez utiliser les Mains du Tao du livre. Cependant, la deuxième fois (et toutes les fois suivantes) où vous utiliserez les Mains du Tao du livre pour faire cette pratique, cela *comptera* dans le quota des vingt fois où il est autorisé d'utiliser les Mains du Tao, qui sont offertes à chaque lecteur dans ce livre.

Pouvoir du Corps. Asseyez-vous droit. Fermez vos yeux. Placez le bout de votre langue délicatement contre votre palais. Les hommes, asseyez-vous avec la paume de votre main gauche sous la région du Hui Yin. Les femmes, asseyez-vous avec la paume de votre main droite sous la région du Hui Yin. Placez l'autre paume sur le sommet de votre tête. (Voir illustration 7).

Pouvoir de l'Âme. Dites *Bonjour* :

> *Chères Mains du Tao,*
> *Je vous aime,*
> *Vous avez le pouvoir de développer mon Cercle Sacré du Tao pour la Régénération et la Longévité.*
> *Je vous en suis très reconnaissant.*
> *Veuillez, s'il vous plaît, m'offrir une bénédiction de guérison de l'âme pour enlever les blocages de l'âme, de la conscience et du corps dans mon Cercle Sacré du Tao pour la Régénération et la Longévité « tel qu'approprié ».*
> *Merci.*

Pouvoir du Mental. Visualisez une lumière dorée venant des Mains du Tao et brillant entièrement autour du Cercle Sacré du Tao pour la Régénération et la Longévité.

Pouvoir du Son. Chantez ou récitez silencieusement ou à voix haute :

> *Les Mains du Tao développent mon Cercle Sacré du Tao pour la Régénération et la Longévité. Je suis extrêmement reconnaissant. Merci.*
> *Les Mains du Tao développent mon Cercle Sacré du Tao pour la Régénération et la Longévité. Je suis extrêmement reconnaissant. Merci.*
> *Les Mains du Tao développent mon Cercle Sacré du Tao pour la Régénération et la Longévité. Je suis extrêmement reconnaissant. Merci.*
> *Les Mains du Tao développent mon Cercle Sacré du Tao pour la Régénération et la Longévité. Je suis extrêmement reconnaissant. Merci. …*

Chantez ou récitez aussi longtemps que vous le pouvez. Souvenez-vous que plus vous chanterez ou réciterez longtemps et souvent, plus grands seront les bienfaits que vous recevrez des Mains du Tao.

Des millions de personnes à travers le monde ont besoin de plus d'énergie, d'endurance, de vitalité et d'immunité.

Des millions de personnes recherchent la régénération et veulent prolonger leur vie.

Pratiquez et utilisez ensemble le Cercle Interne du Tao Yin Yang et le Cercle Sacré du Tao pour la Régénération et la Longévité. Vous pouvez ainsi recevoir la guérison, la régénération et la longévité en même temps. Voici la façon de pratiquer :

Chantez ou récitez silencieusement ou à voix haute pour la guérison de toute maladie :

Hei Heng Hong Ah Xi Yi Weng You
Hei Heng Hong Ah Xi Yi Weng You
Hei Heng Hong Ah Xi Yi Weng You
Hei Heng Hong Ah Xi Yi Weng You

Ensuite, chantez ou récitez pour la régénération et la longévité :

You Weng Yi Xi Ah Hong Heng Hei
You Weng Yi Xi Ah Hong Heng Hei
You Weng Yi Xi Ah Hong Heng Hei
You Weng Yi Xi Ah Hong Heng Hei

Continuez à chanter ou réciter les deux cercles sacrés en alternance. Maintenant, veuillez consacrer un minimum de dix minutes pour chanter ou réciter ces deux cercles. Vous pouvez commencer à sentir leur puissance. Vous pouvez faire cette pratique n'importe quand et n'importe où. Vous pouvez les chanter ou les réciter silencieusement ou à voix haute. Avant de vous endormir, vous pouvez les chanter ou les réciter silencieusement[19], alors que vous êtes allongé dans votre lit. Au moment où vous vous réveillez, vous pouvez les chanter ou les réciter silencieusement. Vous pouvez chanter les deux cercles sacrés avant et après les repas. C'est l'une des pratiques quotidiennes les plus puissantes. Le Cercle Interne du Tao Yin Yang et le Cercle Sacré du Tao pour la Régénération et la Longévité sont des trésors pour l'humanité. Utilisez-les souvent pour expérimenter leur pouvoir et en recevoir les bienfaits.

Merci au Tao de rendre accessibles ces trésors à l'humanité. Je souhaite que des millions et des milliards de personnes à travers le monde reçoivent de grands bienfaits, en les chantant ou les récitant pour favoriser la circulation de ces deux cercles sacrés.

Maintenant, chantez ou récitez pendant dix minutes :

---

[19] Chantez toujours en silence lorsque vous êtes allongé, car chanter à haute voix en étant couché épuise son qi.

Hei Heng Hong Ah Xi Yi Weng You
Hei Heng Hong Ah Xi Yi Weng You
Hei Heng Hong Ah Xi Yi Weng You
Hei Heng Hong Ah Xi Yi Weng You

You Weng Yi Xi Ah Hong Heng Hei
You Weng Yi Xi Ah Hong Heng Hei
You Weng Yi Xi Ah Hong Heng Hei
You Weng Yi Xi Ah Hong Heng Hei

Hei Heng Hong Ah Xi Yi Weng You
Hei Heng Hong Ah Xi Yi Weng You
Hei Heng Hong Ah Xi Yi Weng You
Hei Heng Hong Ah Xi Yi Weng You

You Weng Yi Xi Ah Hong Heng Hei
You Weng Yi Xi Ah Hong Heng Hei
You Weng Yi Xi Ah Hong Heng Hei
You Weng Yi Xi Ah Hong Heng Hei

Hei Heng Hong Ah Xi Yi Weng You
Hei Heng Hong Ah Xi Yi Weng You
Hei Heng Hong Ah Xi Yi Weng You
Hei Heng Hong Ah Xi Yi Weng You

You Weng Yi Xi Ah Hong Heng Hei
You Weng Yi Xi Ah Hong Heng Hei
You Weng Yi Xi Ah Hong Heng Hei
You Weng Yi Xi Ah Hong Heng Hei

Hei Heng Hong Ah Xi Yi Weng You
Hei Heng Hong Ah Xi Yi Weng You
Hei Heng Hong Ah Xi Yi Weng You
Hei Heng Hong Ah Xi Yi Weng You

You Weng Yi Xi Ah Hong Heng Hei
You Weng Yi Xi Ah Hong Heng Hei

You Weng Yi Xi Ah Hong Heng Hei
You Weng Yi Xi Ah Hong Heng Hei …

Les pratiques dans ce chapitre peuvent vous aider, et toute personne qui voulez augmenter l'énergie, l'endurance, la vitalité et l'immunité, aussi bien que la régénération et la longévité.

Pratiquez. Pratiquez. Pratiquez.

Recevez-en les bienfaits. Recevez-en les bienfaits. Recevez-en les bienfaits.

Augmentez votre énergie. Augmentez votre énergie. Augmentez votre énergie.

Augmentez votre endurance. Augmentez votre endurance. Augmentez votre endurance.

Augmentez votre vitalité. Augmentez votre vitalité. Augmentez votre vitalité.

Augmentez votre immunité. Augmentez votre immunité. Augmentez votre immunité.

Régénérez votre âme, votre cœur, votre conscience et votre corps. Régénérez votre âme, votre cœur, votre conscience et votre corps. Régénérez votre âme, votre cœur, votre conscience et votre corps.

Prolongez votre vie. Prolongez votre vie. Prolongez votre vie.

Hei Heng Hong Ah Xi Yi Weng You
Hei Heng Hong Ah Xi Yi Weng You
Hei Heng Hong Ah Xi Yi Weng You
Hei Heng Hong Ah Xi Yi Weng You

You Weng Yi Xi Ah Hong Heng Hei
You Weng Yi Xi Ah Hong Heng Hei
You Weng Yi Xi Ah Hong Heng Hei
You Weng Yi Xi Ah Hong Heng Hei

Utiliser les Mains du Tao pour Guérir les Êtres Humains

*D*ES MILLIONS DE personnes sur Terre-Mère souffrent de toutes sortes de maladies dans leurs corps spirituel, mental, émotionnel et physique. Je suis extrêmement reconnaissant envers le Tao qui offre l'Âme de ses Mains à ceux qu'il a choisi pour enlever la souffrance de l'humanité.

Les Mains du Tao portent en elles le pouvoir du Tao pour la guérison. Elles portent en elles la fréquence et la vibration du Tao qui aide à transformer la fréquence et la vibration de tout le monde et de toute chose. Il n'y a pas suffisamment de mots pour exprimer sa plus grande gratitude envers le Tao, qui offre l'opportunité de recevoir ses Mains afin d'assister l'humanité, durant cette période. Toute personne qui a reçu les Mains du Tao est extrêmement honorée, au-delà de toute compréhension.

Le Comité du Tao m'a dit que le Tao prévoit de créer deux cent mille Praticiens des Mains Du Tao sur la Terre-Mère. Une fois ce nombre atteint, le Tao n'offrira plus l'âme de ses Mains à d'autres personnes. Les deux cent mille choisis sont les plus chanceux. Ils assisteront l'humanité pour traverser cette période difficile sur Terre-Mère.

Dans ce chapitre, vous allez apprendre, pratiquer et faire l'expérience des Mains Du Tao pour offrir la guérison à votre corps spirituel, votre corps mental, votre corps émotionnel et votre corps physique. Vous lirez également les histoires émouvantes et touchantes de personnes qui ont utilisé les Mains du Tao dans leur vie et dans celle des autres.

Le Corps Spirituel

Un être humain a un corps spirituel, un corps mental, un corps émotionnel et un corps physique. Le corps spirituel est le corps de l'âme. La grande sagesse que je veux partager avec vous et toute l'humanité est qu'un être humain a une âme, ses systèmes ont une âme, ses organes ont une âme, et ses cellules ont une âme. Une cellule comprend des unités cellulaires, l'ADN, l'ARN et de la matière infime. Chaque partie de la cellule a une âme. Les espaces entre les cellules ont également une âme.

Dans la médecine moderne conventionnelle, il existe un ensemble de lois du système nerveux. En Médecine Traditionnelle Chinoise, il existe un ensemble de lois des méridiens. Dans mon enseignement de la Médecine de l'Âme, de la Conscience et du Corps, il existe un ensemble de lois de l'âme. Les scientifiques estiment que le cerveau de l'être humain comprend entre quatre-vingts et cent vingt milliards de cellules. Chaque organe majeur comporte des millions, voire des milliards de cellules. Cela signifie qu'il y a des millions, voire des milliards d'âmes dans un organe. Il y a un nombre infini d'âmes dans le corps d'une personne.

L'âme est un être de lumière dorée. L'âme est le boss. Les blocages de l'âme sont une des causes majeures des maladies. Les scientifiques et la médecine moderne conventionnelle n'ont pas encore réalisé cela. Il faudra encore du temps au monde des scientifiques pour comprendre l'âme et reconnaître l'importance de l'âme. Cela arrivera dans le futur.

L'enseignement fondamental de la Médecine de l'Âme, de la Conscience et du Corps est :

> **Guérissez l'âme d'abord ; puis la guérison
> de la conscience et du corps suivra.**

Avant qu'une personne ne tombe malade, c'est l'âme qui est malade en premier. Il y a une raison spirituelle pour chaque chose. Les blocages de l'âme sont dus au mauvais karma. Le mauvais karma inclut le mauvais karma personnel, le mauvais karma ancestral et plus encore. Le karma est la cause et l'effet. Le mauvais karma est le résultat des erreurs qu'un être humain et ses ancêtres ont commises durant toutes leurs vies, comme tuer, nuire, profiter des autres, voler, tricher et plus encore.

J'ai partagé ce secret en une phrase au sujet du karma, plus tôt dans ce livre :

> **Le karma est la cause fondamentale du succès et
> de l'échec dans chaque aspect de la vie.**

Si une personne a du mauvais karma, cette personne peut souffrir de toutes sortes de maladies et de blocages dans n'importe quel aspect de la vie, comme la santé, les relations, les finances, les affaires et plus encore.

Depuis juillet 2003, j'ai offert des bénédictions du Tao à des centaines de milliers de personnes à travers le monde. Des milliers de résultats incroyables ont eu lieu. Des résultats de plus en plus incroyables m'ont fait comprendre plus précisément que les blocages de l'âme sont la cause principale des maladies. Pour le traitement de beaucoup de maladies, enlever les blocages de l'âme est vital, plus particulièrement pour des problématiques de santé chroniques ou menaçant la vie.

Les Mains du Tao sont extrêmement puissantes parce qu'elles peuvent enlever les blocages de l'âme. Les Mains du Tao n'enlèvent pas les blocages de l'âme en une seule séance. Les Mains du Tao enlèvent les blocages de l'âme petit à petit, mais cette suppression des blocages de l'âme petit à petit a déjà généré des milliers de miracles de guérison de l'âme.

⌘

Je voudrais vous raconter l'histoire extrêmement puissante du cheminement spirituel d'une personne et de son désir profond de recevoir les Mains du Tao, ainsi que de devenir une Praticienne des Mains du Tao :

> *Je suis tellement reconnaissante envers toutes les personnes que j'ai rencontrées dans ma vie, pour tous les évènements et toutes les difficultés, car ils m'ont amenée à notre bien-aimé Maître Sha, que je suis honorée et touchée d'avoir comme maître et père spirituel.*

> *J'ai été baptisée catholique et j'étais très dévouée à mon église, particulièrement durant mon adolescence à l'école secondaire. Je faisais partie de la chorale de l'école et de l'église et je participais aux dévotions quotidiennes du rosaire. Bien que je n'eusse pas beaucoup d'argent, j'offrais mes services là où ils étaient nécessaires, je participais à toutes les activités de l'église et de l'école et je consacrais mon temps libre aux enfants dans les maisons de convalescence et dans les écoles.*

> *Cela a toujours été mon plus grand désir de servir, ma devise étant que je suis un vaisseau vide demandant au Tao de m'utiliser pour le service et de me montrer comment je peux offrir le meilleur service aux autres.*

> *Maintenant, étant massothérapeute et ayant étudié des disciplines holistiques comme l'Ayurveda, mon désir d'aider les gens s'est intensifié. J'aimerais les éduquer et leur fournir l'occasion d'améliorer*

leurs propres capacités à expérimenter la guérison spirituelle, physique, mentale et émotionnelle, ainsi que l'occasion de restaurer la triade âme, conscience et corps. Je suis si reconnaissante d'avoir trouvé un maître spirituel qui me transmet ces enseignements et la sagesse du Divin et du Tao, pour m'aider à guérir moi-même, mes êtres chers et toutes les âmes.

J'ai fortement désiré communiquer avec mon âme, avec Le Tao, Jésus, Marie et tous les saints qui ont marché avec moi et m'ont soutenue, à travers beaucoup de périodes sombres dans ma vie. Je voulais connaître mon but dans la vie, et je l'ai appris à travers les enseignements du Divin et du Tao de Maître Sha. Mon but est de servir et mon âme voulait s'épanouir !

J'ai commencé ma quête de « vérité » en lisant beaucoup de livres de l'ère précédente, où l'esprit règne sur la matière. Bien que je sois reconnaissante pour ces enseignements, je n'ai jamais fait l'expérience d'une transformation significative ou permanente dans ma vie.

En janvier 2008, j'ai été diagnostiquée d'un cancer du vagin de stade II. Je reconnais que mon cancer était causé par un manque de pardon, par le fait de ressasser les blessures du passé, la souffrance, et la culpabilité d'avoir blessé les autres. J'ai commencé mon travail de pardon envers ceux que j'avais blessés consciemment et inconsciemment, et en offrant mon pardon à ceux qui m'avaient blessée consciemment et inconsciemment, et le plus dur de tout, à pardonner à moi-même. Par ces pratiques, mes traitements holistiques associés à cinq sessions de chimio, et ma foi infaillible envers Le Tao, Jésus et Marie, je n'avais plus aucune trace de mon cancer en moins de six mois. A ce jour, je n'ai plus de cancer.

En octobre 2010, tous mes désirs en matière de spiritualité étaient finalement réalisés et ma quête d'un maître/enseignant spirituel a pris fin. J'ai trouvé mon maître et père spirituel en la personne bien-aimée de Maître Sha.

Ma tante Kathleen, qui vit au Canada, est également massothérapeute et a une approche très holistique. Elle m'a offert un grand soutien durant mon traitement contre le cancer. Elle a participé à quelques retraites de Maître Sha et m'a envoyé trois de ses livres : Divine Soul Songs, Soul Wisdom et Soul Communication. Mon âme a été immédiatement attirée vers eux, car elle les a reconnus comme une vérité. Même si j'étais un peu hésitante au début, parce que je ne me sentais pas digne, et malgré cela, je m'en suis tenue au désir de mon cœur et de mon âme, et j'ai commencé à surmonter ces blocages. Même si j'avais encore certains blocages liés à la dévalorisation qui m'empêchaient d'ouvrir davantage mes canaux de communication de l'âme, j'ai tout de même réussi à exprimer mon langage de l'âme, mon chant de l'âme et le Chant du Tao.

J'ai commencé à lire Divine Soul Songs *et je me suis concentrée sur les pratiques pour guérir mes relations, bénir mes finances et mes affaires, en même temps que je démarrais une nouvelle activité holistique de préparation de repas biologiques pour des clients. J'ai chanté les Chants de l'Âme du Tao Love, Peace and Harmony et God Gives His Heart to Me. J'ai accusé le coup et j'ai été très affectée lorsque, après huit mois de difficultés, mon entreprise s'est arrêtée. Je suis tombée dans un état dépressif et j'ai tristement arrêté de pratiquer ; j'ai même envisagé de me suicider, ainsi que de prendre la vie de mon fils parce que je ne voulais pas qu'il souffre dans la vie comme j'avais souffert. Mais, comment pouvais-je me résoudre à faire du mal à mon fils et lui ôter la vie ?*

Je me rappelle juste être tombée sur le sol de ma chambre, couchée en boule, pleurant d'une manière incontrôlée pendant un temps qui m'a paru des heures. Les seuls mots que je pouvais prononcer étaient « Jésus, aide-moi ! Jésus, aide-moi ! Jésus, aide-moi ! » Puis, j'ai entendu une voix claire dire : « Prends le livre Divine Soul Songs *à nouveau. Lis-le et pratique avec dévouement et persévérance ». J'ai trouvé la force de me relever du sol, d'aller chercher le livre* Divine Soul Songs *sur mon bureau, de pratiquer et de chanter* Love, Peace and Harmony *et* God Gives His Heart to Me, *lisant et pratiquant de la première à la dernière page du livre durant toute la nuit. À partir du lendemain, et comme je ne travaillais pas, j'ai continué à pratiquer quotidiennement, avec dévouement et persévérance, pendant quatre, six et parfois huit heures. J'ai pratiqué, chanté, offert mes services et j'ai continué à lire* Soul Wisdom *et* Soul Communication.

En écrivant tout cela, je suis frappée de réaliser que Maître Sha m'a sauvé la vie cette nuit-là. Comment pourrais-je suffisamment remercier et honorer notre bien-aimé Maître Sha, le Tao et le Da Tao ? D'innombrables mercis ne suffisent pas. D'innombrables prosternations ne suffisent pas.

Je me suis connectée sur la page Facebook de Maître Sha et de notre famille d'âmes bien-aimée et j'ai écouté quotidiennement les Chants du Tao. J'ai reçu en cadeau une invitation pour participer à un atelier d'Ouverture des Canaux Spirituels en téléconférence, où les participants recevaient en cadeau des laissez-passer pour assister à une Retraite d'Illumination et de Guérison de l'Âme du Tao. À nouveau, j'ai reçu deux invitations supplémentaires pour participer à une Retraite d'Illumination et de Guérison de l'Âme du Tao, et cette année, j'ai également assisté à une Retraite d'Illumination et de Guérison de l'Âme du Tao en téléconférence.

J'ai reçu encore en cadeau les livres Divine Transformation, Power of Soul, Tao I, Tao II *et* Tao Song and Tao Dance. *J'ai aussi reçu trente copies de* Tao Song and Tao Dance, *que j'ai distribuées à la Bibliothèque Nationale de Trinidad, qui elle-même les a redistribuées dans les autres bibliothèques, les prisons et les foyers pour femmes battues. J'ai aussi montré les livres de la collection Le Pouvoir de l'Âme aux principales chaînes de librairies de Trinidad, leur demandant de promouvoir ces trésors sacrés. L'une des plus importantes chaînes de librairies promeut actuellement ces trésors sacrés.*

J'ai également partagé les livres, ainsi que la sagesse et les enseignements du Tao de Maître Sha, les Mains du Tao et les actions de la Fondation Amour, Paix Harmonie, avec des amis et la famille.

Je participe aux Bénédictions de Guérison de l'Âme hebdomadaires et gratuites du samedi, aux téléconférences quotidiennes des Mains du Tao, aux appels quotidiens de Pratique du Tao et à la téléconférence des Bénédictions du Tao du dimanche, aussi souvent que je le peux, et je fais également mes pratiques quotidiennes de Xiu Lian. Je lis actuellement Tao II, *après avoir terminé* Tao I.

Le plus grand désir de mon cœur et de mon âme est de recevoir les Mains du Tao, pour lesquelles j'ai été approuvée, pour devenir une Praticienne de l'Âme et Enseignante de l'Âme, une Représentante Mondiale de Bien-Aimé Maître Sha, avec approbation, afin que je puisse rejoindre, servir et diffuser les actions de la Fondation Amour Paix Harmonie et le groupe des Mains du Tao. Mon profond désir est d'être une serviteure totalement GOLD du Tao, du Da Tao, de l'humanité, de la Terre-Mère, de tous les univers, de wan ling et de fusionner avec le Tao.

J'ai récemment déménagé de mon pays de naissance, la République de Trinidad-et-Tobago, à la Barbade, car j'ai le désir et l'intention de diffuser les enseignements et la sagesse du Tao de Maître Sha, ses livres, les actions de la Fondation Amour Paix Harmonie et la mission des Mains du Tao ici, à la Barbade, et, par extension, dans toutes les îles des Caraïbes. Mon désir est de faire venir Maître Sha et ses Représentants Mondiaux aux îles Caraïbes et d'y établir un Centre Amour Paix Harmonie, à l'endroit approprié.

Je n'avais jamais connu l'amour d'un père ou d'un parent jusqu'à ce que je rencontre Maître Sha. Depuis que j'ai commencé à écrire cette lettre, j'ai reçu les Transmissions de l'Âme, de la Conscience et du Corps des Mains du Tao ! Je suis tellement reconnaissante pour chaque épreuve, chaque leçon, chaque personne que j'ai attirée dans ma vie parce qu'elles m'ont toutes amenée à Maître Sha et m'ont mise sur le chemin de Praticienne des Mains du Tao. Il n'y a pas de mots pour exprimer mon profond amour et ma profonde gratitude envers Maître Sha, envers son amour et sa générosité, envers l'amour et la générosité du Tao d'avoir sauvé ma vie, encore une fois. Je lui suis tellement reconnaissante, ainsi qu'à notre bien-aimée famille d'âmes, pour toutes les bénédictions et les trésors du Tao que j'ai reçus. Je suis si touchée, honorée et bénie. Je me libère de tout attachement, peur, doute et de l'inquiétude. J'ai confiance que je recevrai tout ce dont j'ai besoin du Tao et du Da Tao, pour aller plus loin sur mon chemin du Tao, afin de devenir une plus grande serviteure inconditionnelle totalement GOLD.

Avec mon amour et ma gratitude infinis.

Merci ! Merci ! Merci !

Je vous aime. Je vous aime. Je vous aime.

Je m'incline à l'infini. Je m'incline à l'infini. Je m'incline à l'infini.

K. R.
La Barbade

UTILISER LES MAINS DU TAO POUR GUÉRIR LE CORPS SPIRITUEL

Maintenant, laissez-moi vous montrer comment faire une pratique pour guérir le corps spirituel.

Tout d'abord, je vais offrir des trésors précieux et permanents du Tao à chaque lecteur.

Préparez-vous !

Asseyez-vous bien droit. Fermez vos yeux. Placez le bout de votre langue délicatement contre votre palais. Placez votre main gauche devant votre Centre des Messages (chakra du cœur) et votre main droite en position de prière. Ceci est appelé la Position de Prière de l'Ère de la Lumière de l'Âme.

Ordre du Tao : Transmissions de l'Âme, de la Conscience et du Corps de la Boule de Lumière Violette du Tao et de la Source du Liquide Violet du Pardon du Tao.

Transmission !

Félicitations ! Vous êtes extrêmement bénis. L'Humanité est extrêmement bénie.

Maintenant, utilisons ces trésors du Tao pour guérir et transformer votre corps spirituel.

Utilisez la Technique des Quatre Pouvoirs :

Pouvoir du Corps. Asseyez-vous bien droit. Fermez vos yeux. Placez le bout de votre langue délicatement contre votre palais. Placez vos mains dans la position de Prière de l'Ère de la Lumière de l'Âme.

Pouvoir de l'Âme. Dites *Bonjour* :

> *Chers âme, conscience et corps de mon corps spirituel,*
> *Je vous aime.*
> *Chers âme, conscience et corps des Transmissions de l'Âme, de la Conscience et du Corps de la Boule de Lumière Violette du Tao et de la Source du Liquide Violet du Pardon du Tao.*
> *Je vous aime.*
> *Vous avez le pouvoir de guérir et de transformer les blocages de l'âme dans mon corps spirituel.*
> *Veuillez, s'il vous plaît, offrir une bénédiction de guérison de l'âme « tel qu'approprié ».*
> *Je vous en suis extrêmement reconnaissant.*
> *Merci.*

Pouvoir du Mental. Visualisez une lumière violette se diffusant dans vos âmes internes : celles de vos systèmes, organes, et cellules, incluant l'intérieur des cellules, l'ADN, l'ARN, la matière infime à l'intérieur des cellules et les espaces entre les cellules.

Pouvoir du Son. Chantez ou récitez silencieusement ou à voix haute :

Les trésors du Tao guérissent et transforment mon corps spirituel. Merci.
Les trésors du Tao guérissent et transforment mon corps spirituel. Merci.
Les trésors du Tao guérissent et transforment mon corps spirituel. Merci.
Les trésors du Tao guérissent et transforment mon corps spirituel. Merci. …

Posez le livre et chantez ou récitez pendant cinq minutes maintenant. D'une manière générale, chantez ou récitez pendant trois à cinq minutes à chaque fois, trois à cinq fois par jour. Si vous souffrez d'une problématique de santé chronique ou menaçant la vie, souvenez-vous de chanter ou réciter un minimum de deux heures par jour. Plus vous chanterez ou réciterez longtemps et souvent, meilleurs seront les résultats que vous recevrez. Vous pouvez additionner tous les temps de pratique ensemble pour totaliser deux heures par jour.

Maintenant, je vais vous montrer comment guérir le corps spirituel en utilisant les Mains du Tao. Encore une fois, le Tao m'a indiqué que si c'est la *première* fois que vous utilisez les Mains du Tao du livre pour guérir le corps spirituel, cela ne sera pas compté dans le quota des vingt fois où vous pouvez utiliser les Mains du Tao du livre. Cependant, la deuxième fois (et toutes les fois suivantes) où vous utiliserez les Mains du Tao du livre pour faire cette pratique, cela comptera dans le quota des vingt fois où il est autorisé d'utiliser les Mains du Tao, qui sont offertes à chaque lecteur dans ce livre.

Je vous recommande fortement de pratiquer au minimum une demi-heure chaque fois que vous pratiquerez les Mains du Tao transmises dans ce livre pour tout type de guérison et de transformation, étant donné que vous ne pourrez pas continuer à utiliser les Mains du Tao de ce livre plus de vingt fois. Au-delà de ces vingt fois, le Tao ne sera pas responsable des résultats obtenus par les Mains du Tao.

Utilisez la Technique des Quatre Pouvoirs :

Pouvoir du Corps. Asseyez-vous droit. Fermez vos yeux. Placez le bout de votre langue délicatement contre votre palais. Placez une paume sur le nombril et l'autre paume sur le cœur.

Pouvoir de l'Âme. Dites *Bonjour* :

Chères Mains du Tao,
Je vous aime.
Vous avez le pouvoir de guérir mon corps spirituel.
Je vous en suis extrêmement reconnaissant.
Veuillez, s'il vous plaît, offrir une bénédiction de guérison de l'âme
   « tel qu'approprié ».
Merci.

Pouvoir du Mental. Visualisez une lumière dorée venant des Mains du Tao et brillant dans votre cœur et votre âme.

Pouvoir du Son. Chantez ou récitez silencieusement ou à voix haute :

Les Mains du Tao guérissent mon corps spirituel. Merci.
Les Mains du Tao guérissent mon corps spirituel. Merci.
Les Mains du Tao guérissent mon corps spirituel. Merci.
Les Mains du Tao guérissent mon corps spirituel. Merci. ...

Chantez ou récitez aussi longtemps que vous le pouvez. Plus vous chanterez ou réciterez longtemps et souvent, meilleurs seront les bienfaits que vous recevrez des Mains du Tao.

⌘

Maintenant, voici l'histoire d'une rencontre fortuite qui offrit une occasion inestimable de devenir un Praticien des Mains du Tao :

> *Mon nom est Claudia Thompson. Je suis une humble serviteure universelle et j'aimerais partager avec vous mon histoire, lorsque j'ai reçu les Mains du Tao et que je suis devenue Praticienne des Mains du Tao. J'espère que mon histoire pourra inspirer certaines personnes, souhaitant tirer des bienfaits des exemples de la belle et puissante mission de Maître Sha.*
>
> *J'ai tout d'abord connu le travail de Maître Sha par le biais d'une dame qui venait à mon magasin d'antiquités à Atlanta, il y a un peu plus de deux ans. Elle écoutait une téléconférence et l'a partagée avec moi. Les chants semblaient étrangers pour moi, mais j'étais ouverte d'esprit. Après être devenues amies, elle a partagé davantage et m'a dit qu'elle était guérisseuse.*
>
> *Je joue au football et je mets constamment mon corps à l'épreuve. Je m'étais blessée au pied droit, et après avoir souffert pendant une semaine, j'ai accepté avec joie son offre d'une bénédiction de guérison. Je m'attendais de sa part à un massage des pieds. J'ai trouvé cela incroyable qu'elle ne les touche même pas, mais fasse simplement une sorte de prière au-dessus d'eux. J'ai ressenti une pointe de chaleur et ensuite mon pied semblait guéri à 100%. C'était extraordinaire et cela m'a ouvert les yeux à plus de cadeaux de Maître Sha.*
>
> *Apprenant lentement, j'ai utilisé quelques principes, mais j'ai mis la plupart des informations en retrait. Si quelqu'un m'avait dit que, deux ans plus tard, je deviendrais moi-même Praticienne des Mains du Tao, j'aurais ri.*
>
> *Environ une année après l'arrivée de cet ange qu'est Maître Sha dans ma vie (il n'y a pas de hasard), je vivais une transition difficile. J'ai fermé mon entreprise au bout de vingt ans. J'ai perdu ma mère*

après une longue maladie et mon genou était gravement blessé, ce qui m'empêchait de jouer à ce que j'aime, le football. Par hasard, j'ai appris que Maître Sha serait à Atlanta et je savais que j'aurais besoin de le voir, pour avoir une aide extérieure précieuse afin de m'aider à traverser cette période difficile.

J'y ai assisté et j'ai été impressionnée par cette âme immense, et j'ai su que ma vie ne serait plus jamais la même. J'ai reçu des trésors extraordinaires et j'ai pu mieux me familiariser avec la mission. En août, l'un des Représentants Mondiaux de Maître Sha est venu à Atlanta et a eu la gentillesse de m'offrir une Opération de l'Âme et un Système de Transmission et de Guérison de l'Âme, de la Conscience et du Corps du Tao pour mon genou. Dans les minutes qui ont suivi, mon genou allait mieux, et les jours suivants, c'était comme si j'avais un nouveau genou.

Ceci était la preuve extraordinaire de la puissance du travail de Maître Sha. Pendant des mois et des mois, j'ai pu jouer au football comme si j'avais vingt ans. Depuis, j'ai eu quelques rechutes qui, je le sais, sont dues à un lourd karma et je travaille là-dessus, mais je suis la preuve vivante du pouvoir de Maître Sha.

Être guérie n'est pas suffisant pour moi, mais partager cette expérience et aider des gens qui n'ont plus d'espoir est tellement important pour moi. En février dernier, j'ai été conseillée par l'un des Représentants Mondiaux de Maître Sha, Maître Bill Thomas, à Atlanta, et il a fait une lecture de l'âme qui mentionnait que je pouvais être une puissante guérisseuse. J'en suis tombée à la renverse, mais je savais au fond de moi que je voulais servir mon prochain et partager les mêmes opportunités que j'ai eu pour me transformer mentalement, physiquement et spirituellement. J'ai dû mettre mes insécurités de côté et faire un saut dans la foi.

J'ai participé à un atelier de trois jours à Atlanta en juin dernier et j'ai reçu mes Mains du Tao, et tout ce que je peux dire, c'est que cela semble si naturel. Je dis aux gens que c'est comme une prière, à *l'exception que vous avez les « gros calibres » avec vous pour vous aider dans votre guérison. Je ne peux suffisamment me prosterner devant le Tao pour m'avoir permise de devenir l'une de ses Serviteurs Universels et de m'offrir l'occasion d'aider mon prochain, les animaux, les plantes et plus encore, de la meilleure manière qu'il me soit possible de faire.*

J'ai deux cas qui démontrent clairement le pouvoir des Mains du Tao. La première guérison était pour mon bouledogue français, Hector. Depuis quelques semaines, il avait une infection à l'œil qui coulait toute la journée.

Littéralement, la première fois que je lui ai offert une bénédiction des Mains du Tao, durant la téléconférence quotidienne des Mains du Tao, son œil est devenu clair et l'est resté.

La deuxième guérison était pour une amie que je suis allée voir à Los Angeles. Elle était sur le point de se produire sur scène le lendemain et elle souffrait de plusieurs douleurs sévères à la vessie (un problème auquel elle a fait face durant toute sa vie). Je lui ai proposé une bénédiction de guérison de l'âme « tel qu'approprié » qu'elle accepta. A la fin, elle a dit que sa douleur était partie. Bien entendu, je me suis prosternée pour remercier le Tao d'avoir aidé ma meilleure amie. Ce qui est encore mieux dans tout cela, c'est que je suis en mesure de lui enseigner un peu de la sagesse de l'âme de Maître Sha pour l'amener plus loin sur son chemin.

Ce sont deux cas très clairs que j'ai expérimentés dans mes premiers mois en tant que Praticienne des Mains du Tao. Avec l'aide du Tao, j'espère avoir beaucoup d'autres expériences de transformation avec ceux que je rencontre et qui sont dans le besoin. Je sais que j'ai encore un long chemin à parcourir pour mon évolution, mais je suis fière de moi d'avoir franchi cette étape et d'avoir mis de côté mon ego pour laisser le Tao prendre le relais. Cela a donné à ma vie un objectif tellement magnifique, et je suis tellement reconnaissante envers tous ceux qui m'ont aidée à arriver là où j'en suis actuellement.

Merci. Merci. Merci.

Claudia R. Thompson
Atlanta, Géorgie

Le Corps Mental

Un être humain a un corps mental. Le corps mental est la conscience du corps. Le mental signifie la conscience. Les gens comprennent que la conscience est liée au cerveau. Les gens ne peuvent pas comprendre que la conscience est dans chaque système, chaque organe et chaque cellule. Tout a une âme, une conscience et un corps.

Le corps mental a des blocages qui peuvent inclure des façons de penser négatives, des attitudes négatives, des croyances négatives, de l'ego, des attachements et plus encore. Pour guérir le corps mental, il faut enlever tous ces blocages.

Les Mains du Tao ont le pouvoir d'enlever les blocages de la conscience.

UTILISER LES MAINS DU TAO POUR GUÉRIR LE CORPS MENTAL

Maintenant, laissez-moi vous montrer comment faire une pratique pour guérir le corps mental.

D'abord, je vais offrir des trésors du Tao permanents et inestimables à chaque lecteur.

Préparez-vous !

Asseyez-vous droit. Fermez vos yeux. Placez le bout de votre langue délicatement contre votre palais. Placez votre main gauche devant votre Centre des Messages (chakra du cœur) et votre main droite dans la position de prière traditionnelle.

Ordre du Tao : Transmissions de l'Âme, de la Conscience et du Corps de la Boule de Lumière Violette du Tao et de la Source du Liquide Violet de la Clarté d'Esprit du Tao

Transmission !

Félicitations ! Vous êtes extrêmement bénis. L'humanité est extrêmement bénie.

Utilisez ces trésors du Tao pour guérir et transformer votre corps mental.

Utilisez la Technique des Quatre Pouvoirs :

Pouvoir du Corps. Asseyez-vous droit. Fermez vos yeux. Placez le bout de votre langue délicatement contre votre palais. Placez vos mains en Position de Prière de l'Ère de la Lumière de l'Âme.

Pouvoir de l'Âme. Dites *Bonjour* :

> *Chers âme, conscience et corps de mon corps mental,*
> *Je vous aime.*
> *Chers âme, conscience et corps des Transmissions de l'Âme, de la Conscience et du Corps de la Boule de Lumière Violette du Tao et de la Source du Liquide Violet de la Clarté d'Esprit du Tao,*
> *Je vous aime.*
> *Vous avez le pouvoir de guérir et de transformer les façons de penser négatives, les attitudes négatives, les croyances négatives, l'ego, les attachements et plus encore de mon corps mental.*
> *Veuillez, s'il vous plaît, offrir une bénédiction de guérison de l'âme « tel qu'approprié ».*
> *Je vous en suis extrêmement reconnaissant.*
> *Merci.*

Pouvoir du Mental. Visualisez une lumière violette, rayonnant dans votre conscience au niveau du corps, des systèmes, des organes et des cellules.

Pouvoir du Son. Chantez ou récitez silencieusement ou à voix haute :

> *Les trésors du Tao guérissent et transforment mon corps mental.*
> *Merci.*
> *Les trésors du Tao guérissent et transforment mon corps mental.*
> *Merci.*
> *Les trésors du Tao guérissent et transforment mon corps mental.*
> *Merci.*
> *Les trésors du Tao guérissent et transforment mon corps mental.*
> *Merci. …*

Posez le livre et chantez ou récitez pendant cinq minutes maintenant. D'une manière générale, chantez ou récitez pendant trois à cinq minutes à chaque fois, trois à cinq fois par jour. Si vous souffrez d'une problématique de santé chronique ou menaçant la vie, souvenez-vous de chanter ou réciter un minimum de deux heures par jour. Plus vous chanterez ou réciterez longtemps et souvent, meilleurs seront les résultats que vous recevrez. Vous pouvez additionner tous les temps de pratique ensemble pour totaliser deux heures par jour.

Maintenant, je vais vous montrer comment guérir et transformer le corps mental en utilisant les Mains du Tao. Encore une fois, le Tao m'a indiqué que si c'est la *première* fois que vous utilisez les Mains du Tao de ce livre pour guérir et transformer le corps mental, cela ne sera pas compté dans le quota des vingt fois où vous pouvez utiliser les Mains du Tao du livre. Cependant, la deuxième fois (et toutes les fois suivantes) où vous utiliserez les Mains du Tao du livre pour faire cette pratique, cela comptera dans le quota des vingt fois où il est autorisé d'utiliser les Mains du Tao, qui sont offertes à chaque lecteur dans ce livre.

Je vous recommande fortement de pratiquer au minimum une demi-heure chaque fois que vous pratiquerez les Mains du Tao transmises dans ce livre pour guérir et transformer tout aspect de la vie, car le Tao m'a clairement dit que vous ne pourrez pas utiliser les Mains du Tao dans ce livre plus de vingt fois.

Utilisez la Technique des Quatre Pouvoirs :

Pouvoir du Corps. Asseyez-vous droit. Fermez vos yeux. Placez le bout de votre langue délicatement contre votre palais. Placez une paume sur votre nombril et l'autre paume sur votre cœur.

Pouvoir de l'Âme. Dites *Bonjour* :

> *Chères Mains du Tao,*
> *Je vous aime.*
> *Vous avez le pouvoir de guérir et de transformer mon corps mental en enlevant mes façons de penser négatives, mes attitudes négatives, mes croyances négatives, mon ego, mes attachements et plus encore.*
> *Veuillez, s'il vous plaît, m'offrir une bénédiction de guérison de l'âme « tel qu'approprié ».*
> *Je vous en suis extrêmement reconnaissant.*
> *Merci.*

Pouvoir du Mental. Visualisez une lumière dorée venant des Mains du Tao et brillant dans votre cœur et votre âme.

Pouvoir du Son. Chantez ou récitez silencieusement ou à voix haute :

> *Les Mains du Tao apportent la clarté à ma conscience et transforment mes façons de penser négatives, mes attitudes négatives, mon ego, mes attachements et plus encore. Merci.*
> *Les Mains du Tao apportent la clarté à ma conscience et transforment mes façons de penser négatives, mes attitudes négatives, mon ego, mes attachements et plus encore. Merci.*
> *Les Mains du Tao apportent la clarté à ma conscience et transforment mes façons de penser négatives, mes attitudes négatives, mon ego, mes attachements et plus encore. Merci.*
> *Les Mains du Tao apportent la clarté à ma conscience et transforment mes façons de penser négatives, mes attitudes négatives, mon ego, mes attachements et plus encore. Merci. ...*

Chantez ou récitez aussi longtemps que vous le pouvez. Plus vous chanterez ou réciterez longtemps et souvent, meilleurs seront les bienfaits que vous recevrez des Mains du Tao.

Le Corps Émotionnel

Il y a cinq mille ans, la Médecine Traditionnelle Chinoise partageait clairement la profonde sagesse et la connexion qu'il y a entre le corps physique et le corps émotionnel :

- L'élément Bois (le foie) est lié à la colère dans le corps émotionnel.
- L'élément Feu (le cœur) est lié à l'anxiété et à la dépression dans le corps émotionnel.
- L'élément Terre (la rate) est lié à l'inquiétude dans le corps émotionnel.
- L'élément Métal (les poumons) est lié au chagrin et à la tristesse dans le corps émotionnel
- L'élément Eau (les reins) est lié à la peur dans le corps émotionnel.

La colère, la dépression, l'anxiété, l'inquiétude, le chagrin, la tristesse et la peur sont les déséquilibres émotionnels majeurs de l'humanité. Il y a aussi d'autres problèmes émotionnels. Ils peuvent tous être classés dans les Cinq Éléments. Ils peuvent tous être équilibrés en équilibrant les Cinq Éléments.

Découvrez cette histoire touchante de la guérison d'une cirrhose du foie en phase terminale.

> *Je m'appelle Arti Patil et je suis optométricienne. Nous sommes une famille d'ophtalmologistes et nous avons un hôpital ophtalmologique à Bombay, en Inde.*
>
> *Depuis que je pratique avec mes Mains du Tao, j'ai commencé à croire de plus en plus en la générosité du Tao, car il peut répondre*

sincèrement aux demandes de chacun. Ceci est juste une histoire classique dont les résultats ont été simplement fabuleux.

Un très jeune alcoolique chronique était diagnostiqué d'une cirrhose du foie en stade terminal, d'une sévère anémie, d'une perte d'appétit et de piètres fonctions du foie et des reins. Son bilan sanguin était très décourageant. Malgré toutes ces conditions, il continuait à demander de l'alcool et devenait violent si on lui refusait un verre.

On m'a demandé de l'aider et j'ai commencé à travailler immédiatement sur lui. Après lui avoir offert des bénédictions des Mains du Tao de cinq minutes deux fois par jour durant deux jours, on m'a dit qu'il voulait de la nourriture, la mangeait et pouvait la garder. Le quatrième jour, il arrêta de demander de l'alcool et ne se mettait plus en colère.

Les jours suivants, son appétit est revenu et son cycle de sommeil s'est amélioré. J'ai continué les bénédictions avec les Mains du Tao. Ses analyses de sang ont été refaites, après deux semaines, et ont montré des améliorations remarquables. Les médecins étaient surpris, mais moi, en tant que Praticienne des Mains du Tao, je ne l'étais pas parce que nous savons que les améliorations étaient réellement le résultat des bénédictions des Mains du Tao, qui bénissent chaque personne qui le demande.

Ce patient n'a jamais repris d'alcool depuis et a récupéré jusqu'à quatre-vingts pour cent, depuis que nous avons commencé à lui offrir des bénédictions de guérison.

J'espère que cela motivera de plus en plus de personnes pour devenir Praticien des Mains du Tao afin d'offrir des services à l'humanité, dans cette période de transition.

Merci. Merci. Merci.

Mme Arti Patil
Mumbai, Inde

⌘

Je vais vous montrer comment faire certaines pratiques pour guérir les déséquilibres émotionnels.

LA COLÉRE

Utilisez la Technique des Quatre Pouvoirs pour guérir la colère :

Pouvoir du Corps. Asseyez-vous droit. Fermez vos yeux. Placez le bout de votre langue délicatement contre votre palais. Placez une paume en dessous du nombril sur votre bas-ventre. Placez l'autre paume sur le foie.

Pouvoir de l'Âme. Dites *Bonjour* :

> *Chers âme, conscience et corps de mon foie,*
> *Je vous aime.*
> *Vous avez le pouvoir de guérir ma colère.*
> *Faites un bon travail.*
> *Merci.*
>
> *Cher Tao,*
> *Je vous prie de bien vouloir me pardonner, ainsi que mes ancêtres, pour toutes nos erreurs commises dans toutes nos vies, erreurs reliées au foie et à la colère.*
> *Afin de recevoir le pardon, je servirai l'humanité, la Terre-Mère et toutes les âmes inconditionnellement.*
> *Merci.*

Pouvoir du Mental. Visualisez une lumière verte, rayonnant dans le foie.

Pouvoir du Son. Chantez ou récitez silencieusement ou à voix haute :

> *Jiao Ya Shu Gan* (se prononce *dJiao ya chou ganne*)
> *Jiao Ya Shu Gan*

Jiao Ya Shu Gan
Jiao Ya Shu Gan
Jiao Ya Shu Gan ...

« Jiao Ya » est le mantra sacré du Chant du Tao qui vibre et rayonne dans le foie. « Chant du Tao » signifie *le chant qui vient de la Source*. « Shu » signifie *doux*. « Gan » signifie le *foie*. « Jiao Ya Shu Gan » signifie *le chant du Tao adoucit le foie*.

Arrêtez de lire maintenant. Chantez ou récitez *Jiao Ya Shu Gan* pendant cinq minutes. D'une manière générale, chantez ou récitez pendant trois à cinq minutes à chaque fois, trois à cinq fois par jour. Si vous souffrez d'une problématique de santé chronique ou menaçant la vie, souvenez-vous de chanter ou réciter un minimum de deux heures par jour. Plus vous chanterez ou réciterez longtemps et souvent, meilleurs seront les résultats que vous recevrez. Vous pouvez additionner tous les temps de pratique ensemble pour totaliser deux heures par jour.

LA DÉPRESSION ET L'ANXIÉTÉ

Utilisez la Technique des Quatre Pouvoirs pour guérir la dépression et l'anxiété :

Pouvoir du Corps. Asseyez-vous droit. Fermez vos yeux. Placez le bout de votre langue délicatement contre votre palais. Placez une paume en dessous du nombril sur votre bas-ventre. Placez l'autre paume sur le cœur.

Pouvoir de l'Âme. Dites *Bonjour* :

Chers âme, conscience et corps de mon cœur,
Je vous aime.
Vous avez le pouvoir de guérir la dépression et l'anxiété.
Faites un bon travail.
Merci.

Cher Tao,
Je vous prie de bien vouloir me pardonner, ainsi que mes ancêtres, pour toutes nos erreurs commises dans toutes nos vies, erreurs reliées au cœur, à la dépression et à l'anxiété.
Afin de recevoir le pardon, je servirai l'humanité, la Terre-Mère et toutes les âmes inconditionnellement.
Merci.

Pouvoir du Mental. Visualisez une lumière rouge, rayonnant dans votre cœur.

Pouvoir du Son. Chantez ou récitez silencieusement ou à voix haute :

Zhi Ya Yang Xin (se prononce *djeu ya yang chine*)
Zhi Ya Yang Xin
Zhi Ya Yang Xin
Zhi Ya Yang Xin
Zhi Ya Yang Xin …

« Zhi Ya » est le mantra sacré du Chant du Tao qui vibre et rayonne dans le cœur. « Yang » signifie *nourrir*. « Xin » signifie *le cœur*. « Zhi Ya Yang Xin » signifie *le Chant du Tao nourrit le cœur*.

Maintenant, arrêtez de lire. Chantez ou récitez *Zhi Ya Yang Xin* pendant cinq minutes. D'une manière générale, chantez ou récitez pendant trois à cinq minutes à chaque fois, trois à cinq fois par jour. Si vous souffrez d'une problématique de santé chronique ou menaçant la vie, souvenez-vous de chanter ou réciter un minimum de deux heures par jour. Plus vous chanterez ou réciterez longtemps et souvent, meilleurs seront les résultats que vous recevrez. Vous pouvez additionner tous les temps de pratique ensemble pour totaliser deux heures par jour.

⌘

Ce qui suit est l'histoire d'une maison qui a été purifiée de la négativité et de l'énergie stagnante, et dont les relations familiales de ses habitants se sont améliorées, grâce aux bénédictions des Mains du Tao :

> *Je m'appelle Leslie H. et j'ai eu la chance de suivre la formation des Mains du Tao en décembre 2011, à San Francisco. Je ne pratiquais pas depuis longtemps, quand j'ai décidé d'invoquer cette bénédiction pour la maison familiale où mon père âgé vit encore.*
>
> *Malheureusement, grandir dans cette maison ne fut pas une expérience plaisante, car mes parents vivaient une union difficile, et il y avait beaucoup de conflits dans le ménage. Mon père a vécu seul ces dernières années et était très déprimé. Chaque fois que mon frère Dave et moi, nous nous rendions à la maison familiale, nous redoutions d'y venir car nous ressentions la négativité et l'énergie stagnante.*
>
> *Vers la mi-décembre, on m'a demandé d'aider mon frère à préparer une chambre vacante dans cette maison pour la louer. Quand je suis venue un samedi après-midi, Dave bricolait sa voiture dans le garage et mon père regardait la télévision dans le salon. Avant que je ne commence à nettoyer la chambre, j'ai fermé la porte et j'ai invoqué en privé mes Mains du Tao pour bénir notre maison familiale, afin de nettoyer toute la négativité et la tristesse résiduelles, et de remplacer toute perturbation énergétique par l'Amour et la Lumière du Tao.*
>
> *Quand j'ai commencé à nettoyer les murs de la chambre, j'ai décidé de chanter et d'envoyer de l'amour aux âmes des murs. J'ai également demandé à l'Âme de l'Amour du Tao de s'activer dans la chambre. Ce qui aurait pu être une tâche ordinaire s'est transformée en un acte d'amour et une expérience joyeuse. Peu après, mon frère est arrivé en courant du garage vers la chambre que je nettoyais. Stupéfait, il m'a demandé « Leslie, qu'as-tu fait ? L'énergie de toute la maison vient de changer ! ». Dave pouvait réellement ressentir la différence, et que la négativité avait été retirée. Je lui ai expliqué*

brièvement que j'ai juste demandé à mes nouvelles Mains du Tao de bénir la maison.

Après avoir nettoyé la chambre, j'ai ensuite montré à mon père comment utiliser la télécommande pour écouter ses chaînes de musique favorites, parce qu'il aime les vieux succès. J'ai commencé à danser sur l'un de ces succès et je l'ai invité à chanter avec moi, ce qu'il a fait. Nous avons passé un merveilleux moment ensemble. La dynamique de notre famille a changé depuis, et nos relations sont maintenant plus proches, aimantes et harmonieuses. J'avais suivi des formations en nettoyage énergétique pour les lieux auparavant, mais la vibration et la puissance des Mains du Tao sont exceptionnelles. Je recommande fortement les Mains du Tao, non seulement pour la guérison individuelle, mais aussi pour créer un environnement familial sain et heureux.

Leslie H.
Penngrove, Californie

⌘

L'INQUIÉTUDE

Utilisez la Technique des Quatre Pouvoirs pour guérir l'inquiétude :

Pouvoir du Corps. Asseyez-vous droit. Fermez vos yeux. Placez le bout de votre langue délicatement contre votre palais. Placez une paume en dessous du nombril sur votre bas-ventre. Placez l'autre paume sur la rate.

Pouvoir de l'Âme. Dites *Bonjour* :

Chers âme, conscience et corps de ma rate,
Je vous aime.
Vous avez le pouvoir de guérir l'inquiétude.

Faites un bon travail.
Merci.

Cher Tao,
Je vous prie de bien vouloir me pardonner, ainsi que mes ancêtres, pour toutes nos erreurs commises dans toutes nos vies, erreurs reliées à la rate et à l'inquiétude.
Afin de recevoir le pardon, je servirai l'humanité, la Terre-Mère et toutes les âmes inconditionnellement.
Merci.

Pouvoir du Mental. Visualisez une lumière dorée rayonnant dans votre rate.

Pouvoir du Son. Chantez ou récitez silencieusement ou à voix haute :

Gong Ya Jian Pi (se prononce *gong ya djienne pi*)
Gong Ya Jian Pi
Gong Ya Jian Pi
Gong Ya Jian Pi
Gong Ya Jian Pi …

« Gong Ya » est le mantra sacré du Chant du Tao qui vibre et rayonne dans la rate. « Jian » signifie *renforcer*. « Pi » signifie *la rate*. « Gong Ya Jian Pi » signifie *le Chant du Tao renforce la rate*.

Arrêtez de lire maintenant. Chantez ou récitez *Gong Ya Jian Pi* pendant cinq minutes. D'une manière générale, chantez ou récitez pendant trois à cinq minutes à chaque fois, trois à cinq fois par jour. Si vous souffrez d'une problématique de santé chronique ou menaçant la vie, souvenez-vous de chanter ou réciter un minimum de deux heures par jour. Plus vous chanterez ou réciterez longtemps et souvent, meilleurs seront les résultats que vous recevrez. Vous pouvez additionner tous les temps de pratique ensemble pour totaliser deux heures par jour.

LE CHAGRIN ET LA TRISTESSE

Utilisez la Technique des Quatre Pouvoirs pour guérir le chagrin et la tristesse.

Pouvoir du Corps. Asseyez-vous droit. Fermez vos yeux. Placez le bout de votre langue délicatement contre votre palais. Placez votre paume droite sur votre poumon gauche. Placez votre paume gauche sur votre poumon droit. Vos bras doivent se croiser.

Pouvoir de l'Âme. Dites *Bonjour* :

> *Chers âme, conscience et corps de mes poumons,*
> *Je vous aime.*
> *Vous avez le pouvoir de guérir le chagrin et la tristesse.*
> *Faites un bon travail.*
> *Merci.*
>
> *Cher Tao,*
> *Je vous prie de bien vouloir me pardonner, ainsi que mes ancêtres, pour toutes nos erreurs commises dans toutes nos vies, erreurs reliées aux poumons, au chagrin et à la tristesse.*
> *Afin de recevoir le pardon, je servirai l'humanité, la Terre-Mère et toutes les âmes inconditionnellement.*
> *Merci.*

Pouvoir du Mental. Visualisez une lumière blanche, rayonnant dans les poumons.

Pouvoir du Son. Chantez ou récitez silencieusement ou à voix haute :

> *Shang Ya Xuan Fei* (se prononce *chang ya chuanne féé*)
> *Shang Ya Xuan Fei*
> *Shang Ya Xuan Fei*
> *Shang Ya Xuan Fei*
> *Shang Ya Xuan Fei …*

« Shang Ya » est le mantra sacré du Chant du Tao qui vibre et rayonne dans les poumons. « Xuan » signifie *dissipe*. « Fei » signifie les *poumons*. « Shang Ya Xuan Fei » signifie *le Chant du Tao facilite la fonction des poumons*.

Posez le livre et chantez ou récitez *Shang Ya Xuan Fei* pendant cinq minutes. D'une manière générale, chantez ou récitez pendant trois à cinq minutes à chaque fois, trois à cinq fois par jour. Si vous souffrez d'une problématique de santé chronique ou menaçant la vie, souvenez-vous de chanter ou réciter un minimum de deux heures par jour. Plus vous chanterez ou réciterez longtemps et souvent, meilleurs seront les résultats que vous recevrez. Vous pouvez additionner tous les temps de pratique ensemble pour totaliser deux heures par jour.

LA PEUR

Utilisez la Technique des Quatre Pouvoirs pour guérir la peur :

Pouvoir du Corps. Asseyez-vous droit. Fermez vos yeux. Placez le bout de votre langue délicatement contre votre palais. Placez une paume sur le bas-ventre. Placez l'autre paume sur la kundalini (bas des reins).

Pouvoir de l'Âme. Dites *Bonjour* :

> *Chers âme, conscience et corps de mes reins,*
> *Je vous aime.*
> *Vous avez le pouvoir de guérir la peur.*
> *Faites un bon travail.*
> *Merci.*

> *Cher Tao,*
> *Je vous prie de bien vouloir me pardonner, ainsi que mes ancêtres,*
>   *pour toutes nos erreurs commises dans toutes nos vies, erreurs*
>   *reliées aux reins et à la peur.*

Afin de recevoir le pardon, je servirai l'humanité, la Terre-Mère et toutes les âmes inconditionnellement.
Merci.

Pouvoir du Mental. Visualisez une lumière bleue, rayonnant dans les reins.

Pouvoir de l'Âme. Chantez ou récitez silencieusement ou à voix haute :

Yu Ya Zhuang Shen (se prononce *iou ya djouang cheune*)
Yu Ya Zhuang Shen
Yu Ya Zhuang Shen
Yu Ya Zhuang Shen
Yu Ya Zhuang Shen ...

« Yu Ya » est le mantra sacré du Chant du Tao qui vibre et rayonne dans les reins. « Zhuang » signifie *rendre fort*. « Shen » signifie *les reins*. « Yu Ya Zhuang Shen » signifie *le Chant du Tao rend les reins forts*.

Posez le livre et chantez ou récitez *Yu Ya Zhuang Shen* pendant cinq minutes. D'une manière générale, chantez ou récitez pendant trois à cinq minutes à chaque fois, trois à cinq fois par jour. Si vous souffrez d'une problématique de santé chronique ou menaçant la vie, souvenez-vous de chanter ou réciter un minimum de deux heures par jour. Plus vous chanterez ou réciterez longtemps et souvent, meilleurs seront les résultats que vous recevrez. Vous pouvez additionner tous les temps de pratique ensemble pour totaliser deux heures par jour.

LES AUTRES DÉSÉQUILIBRES ÉMOTIONNELS

Il y a d'autres déséquilibres émotionnels telles que la culpabilité, la honte, la dévalorisation et plus encore. Toutes sont connectées avec les Cinq Éléments. Toutes peuvent être équilibrées en équilibrant les Cinq Éléments.

Utilisez la Technique des Quatre Pouvoirs pour guérir les autres déséquilibres émotionnels :

Pouvoir du Corps. Asseyez-vous droit. Fermez vos yeux. Placez le bout de votre langue délicatement contre votre palais. Prenez votre main gauche et serrez tous vos doigts ensemble. Saisissez les doigts de votre main gauche avec votre main droite. Placez les deux mains sur le bas-ventre en dessous du nombril. Ceci est la position des Mains des Cinq Éléments. Voir illustration 8.

Pouvoir de l'Âme. Dites *Bonjour* :

> *Chers âme, conscience et corps de mon foie, de mon cœur, de ma rate,*
>   *de mes poumons et de mes reins,*
> *Je vous aime tous.*
> *Vous avez le pouvoir de guérir tous mes déséquilibres émotionnels*
> *Faites un bon travail.*
> *Merci.*
>
> *Cher Tao,*
> *Je vous prie de bien vouloir me pardonner, ainsi que mes ancêtres,*
>   *pour toutes nos erreurs commises dans toutes nos vies, erreurs*
>   *reliées aux Cinq Éléments et à tous les déséquilibres émotionnels.*
> *Afin de recevoir le pardon, je servirai l'humanité, la Terre-Mère et*
>   *toutes les âmes inconditionnellement.*
> *Merci.*

Pouvoir du Mental. Visualisez une lumière arc-en-ciel, rayonnant dans le foie, le cœur, la rate, les poumons et les reins.

Pouvoir du Son. Chantez ou récitez silencieusement ou à voix haute :

> *Jiao Zhi Gong Shang Yu* (se prononce *djiao djeu gong chang iou*)
> *Jiao Zhi Gong Shang Yu*
> *Jiao Zhi Gong Shang Yu*
> *Jiao Zhi Gong Shang Yu*
> *Jiao Zhi Gong Shang Yu ...*

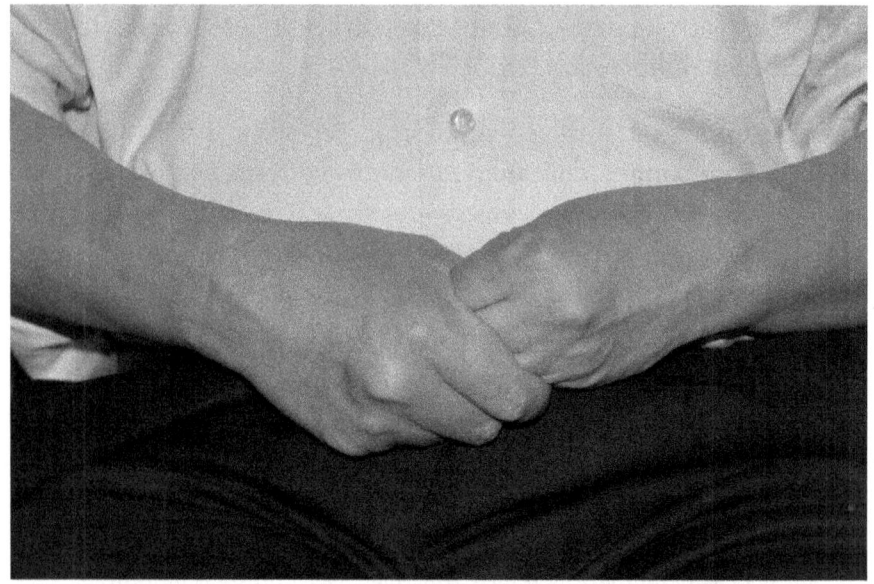

Illustration 8. Position des mains des cinq éléments

« Jiao » (*djiao*) est le mantra sacré du Chant du Tao qui vibre et rayonne dans le foie. « Zhi » est le mantra sacré du Chant du Tao qui vibre et rayonne dans le cœur. « Gong » est le mantra sacré du Chant du Tao qui vibre et rayonne dans la rate. « Shang » est le mantra sacré du Chant du Tao qui vibre et rayonne dans les poumons. « Yu » est le mantra sacré du Chant du Tao qui vibre et rayonne dans les reins. Chanter ou réciter ce mantra du Chant du Tao fait vibrer tous les organes majeurs. De cette façon, il équilibre les Cinq Éléments.

Maintenant, arrêtez de lire et posez le livre. Chantez ou récitez *Jiao Zhi Gong Shang Yu* pendant cinq minutes. D'une manière générale, chantez ou récitez pendant trois à cinq minutes à chaque fois, trois à cinq fois par jour. Si vous souffrez d'une problématique de santé chronique ou menaçant la vie, souvenez-vous de chanter ou réciter un minimum de deux heures par jour. Plus vous chanterez ou réciterez longtemps et souvent, meilleurs seront les résultats que vous recevrez. Vous pouvez additionner tous les temps de pratique ensemble pour totaliser deux heures par jour.

UTILISER LA BOULE DE LUMIERE VIOLETTE DU TAO ET LE LIQUIDE VIOLET DE LA SOURCE DE L'AMOUR DU TAO POUR GUÉRIR LES DÉSÉQUILIBRES ÉMOTIONNELS

Maintenant, je vais offrir des Trésors du Tao permanents et inestimables pour guérir le corps émotionnel.

Préparez-vous !

Ordre du Tao : Transmissions de l'Âme, de la Conscience et du Corps de la Boule de Lumière Violette du Tao et du Liquide Violet de la Source de l'Amour du Tao

Transmission !

Félicitations ! Vous êtes extrêmement bénis. L'humanité est extrêmement bénie.

L'Amour du Tao dissout tous les blocages et transforme toute vie. Laissez-moi vous montrer comment faire une pratique pour guérir les déséquilibres émotionnels de la colère, de la dépression, de l'anxiété, de l'inquiétude, du chagrin, de la tristesse, de la peur et plus encore, ensemble.

Utilisez la Technique des Quatre Pouvoirs :

Pouvoir du Corps. Asseyez-vous droit. Fermez vos yeux. Placez le bout de votre langue délicatement contre votre palais. Placez vos mains dans la position des mains des Cinq Éléments (illustration 8).

Pouvoir de l'Âme. Dites *Bonjour* :

> Chers âme, conscience et corps de mon corps émotionnel,
> Je vous aime.
> Chers âme, conscience et corps des Transmissions de l'Âme, de la
>   Conscience et du Corps de la Boule de Lumière Violette du Tao et du
>   Liquide Violet de la Source de l'Amour du Tao,
> Je vous aime.

Vous avez le pouvoir de guérir mes déséquilibres émotionnels, incluant la colère, la dépression, l'anxiété, l'inquiétude, le chagrin, la tristesse, la peur et plus encore.
Veuillez, s'il vous plaît, m'offrir une bénédiction de guérison de l'âme « tel qu'approprié ».
Merci.

Pouvoir du Mental. Visualisez une lumière violette, rayonnant dans le foie, le cœur, la rate, les poumons et les reins.

Pouvoir du Son. Chantez ou récitez silencieusement ou à voix haute :

La Boule de Lumière Violette du Tao et le Liquide Violet de la Source de l'Amour du Tao guérissent et transforment mon corps émotionnel. Merci.
La Boule de Lumière Violette du Tao et le Liquide Violet de la Source de l'Amour du Tao guérissent et transforment mon corps émotionnel. Merci.
La Boule de Lumière Violette du Tao et le Liquide Violet de la Source de l'Amour du Tao guérissent et transforment mon corps émotionnel. Merci.
La Boule de Lumière Violette du Tao et le Liquide Violet de la Source de l'Amour du Tao guérissent et transforment mon corps émotionnel. Merci. ...

Maintenant, posez le livre et chantez ou récitez *La Boule de Lumière Violette du Tao et le Liquide Violet de la Source de l'Amour du Tao guérissent et transforment mon corps émotionnel* pendant cinq minutes. D'une manière générale, chantez ou récitez pendant trois à cinq minutes à chaque fois, trois à cinq fois par jour. Si vous souffrez d'une problématique de santé chronique ou menaçant la vie, souvenez-vous de chanter ou réciter un minimum de deux heures par jour. Plus vous chanterez ou réciterez longtemps et souvent, meilleurs seront les résultats que vous recevrez. Vous pouvez additionner tous les temps de pratique ensemble pour totaliser deux heures par jour.

UTILISER LES MAINS DU TAO POUR GUÉRIR LE CORPS ÉMOTIONNEL

Maintenant, je vais vous montrer comment guérir le corps émotionnel en utilisant les Mains du Tao. Encore une fois, le Tao m'a indiqué que si c'est la *première* fois que vous utilisez les Mains du Tao du livre pour guérir le corps émotionnel, cela ne sera pas compté dans le quota des vingt fois où vous pouvez utiliser les Mains du Tao du livre. Cependant, la deuxième fois (et toutes les fois suivantes) où vous utiliserez les Mains du Tao du livre pour faire cette pratique, cela comptera dans le quota des vingt fois où il est autorisé d'utiliser les Mains du Tao, qui sont offertes à chaque lecteur dans ce livre.

Utilisez la Technique des Quatre Pouvoirs :

Pouvoir du Corps. Asseyez-vous droit. Fermez vos yeux. Placez le bout de votre langue délicatement contre votre palais. Placez une paume sur votre bas-ventre en dessous du nombril. Placez l'autre paume sur la kundalini.

Pouvoir de l'Âme. Dites *Bonjour* :

> *Chères Mains du Tao,*
> *Je vous aime.*
> *Vous avez le pouvoir de guérir mon corps émotionnel.*
> *Veuillez, s'il vous plaît, m'offrir une bénédiction de guérison de l'âme*
>   *« tel qu'approprié ».*
> *Je vous en suis extrêmement reconnaissant.*
> *Merci.*

Pouvoir du Mental. Visualisez les Mains du Tao, rayonnant une lumière dorée dans la région de votre Kundalini et dans votre foie, votre cœur, votre rate, vos poumons et vos reins.

Pouvoir du Son. Chantez ou récitez silencieusement ou à voix haute :

Les Mains du Tao guérissent et transforment mon corps émotionnel. Merci.

Les Mains du Tao guérissent et transforment mon corps émotionnel. Merci.

Les Mains du Tao guérissent et transforment mon corps émotionnel. Merci.

Les Mains du Tao guérissent et transforment mon corps émotionnel. Merci. …

Chantez ou récitez aussi longtemps que vous le pouvez. Plus vous chanterez ou réciterez longtemps et souvent, meilleurs seront les bienfaits que vous recevrez des Mains du Tao.

Voyez ci-dessous comment une Praticienne des Mains du Tao a guéri ses émotions déséquilibrées :

Ma famille vit des conflits perpétuels depuis que je suis adolescente. J'ai maintenant trente ans. Ces conflits pouvaient être des abus verbaux, des abus psychologiques, des menaces et même de la violence physique parfois. Mon frère avait des problèmes de santé mentale importants comme des émotions déséquilibrées, des difficultés à contrôler ses pulsions, une colère explosive et une dépendance à la drogue.

Ce n'était pas facile de grandir avec un frère souffrant de ces problèmes. Cela a toujours été une lutte pour moi pour y faire face. Même si je vis maintenant loin de ma famille, chaque fois que je parle à un membre de la famille et qu'il me donne un compte-rendu des épisodes récents de mon frère, j'en suis profondément affectée. Je m'inquiète à propos de la vie de mes parents et de mon frère.

Après avoir parlé avec mes parents des dernières altercations qu'ils ont eues avec mon frère, je suis généralement très bouleversée pendant plusieurs jours, m'inquiétant à propos de ma famille, ressentant une énorme tristesse pour leur souffrance et beaucoup de chagrin pour mon frère qui continue à vivre de cette manière.

Après le dernier coup de fil, j'ai décidé de demander à mes Mains du Tao d'équilibrer mes émotions. J'ai versé quelques larmes au début, puis à la fin, j'ai ressenti comme si quelque chose à l'intérieur de moi était pacifiée. Je me suis sentie entière et en équilibre à l'intérieur. J'ai pu prendre du plaisir le reste de la soirée et je n'ai pas souffert pendant des jours, comme par le passé. C'est un miracle. Je suis tellement reconnaissante.

Merci, Maître Sha. Merci, le Tao.

Shelly Stum
Daytona Beach, Floride

Le Corps Physique

Les Cinq Éléments sont l'une des pratiques et théories les plus importantes en Médecine Traditionnelle Chinoise. On utilise les cinq éléments de la nature — le bois, le feu, la terre, le métal et l'eau – pour synthétiser et catégoriser les organes, les tissus corporels, le corps émotionnel et plus encore.

La théorie des Cinq Éléments est une ligne directrice pour des millions de personnes, pour guérir et régénérer l'âme, le cœur, la conscience et le corps. En Médecine Traditionnelle Chinoise (MTC), équilibrer les Cinq Éléments est l'une des clés pour la guérison.

Les Cinq Éléments sont :

- le Bois, correspond au foie, à la vésicule biliaire, aux tendons et aux yeux dans le corps physique, ainsi qu'à la colère dans le corps émotionnel.
- le Feu, correspond au cœur, à l'intestin grêle, aux vaisseaux sanguins et à la langue dans le corps physique, ainsi qu'à la dépression et à l'anxiété dans le corps émotionnel.

- la Terre, correspond à la rate, à l'estomac, aux muscles, à la bouche, aux lèvres, aux gencives et aux dents dans le corps physique, ainsi qu'à l'inquiétude dans le corps émotionnel.
- le Métal, correspond aux poumons, au gros intestin, à la peau et au nez dans le corps physique, ainsi qu'au chagrin et à la tristesse dans le corps émotionnel.
- l'Eau, correspond aux reins, à la vessie, aux os et aux oreilles dans le corps physique, ainsi qu'à la peur dans le corps émotionnel.

Il existe de nombreuses maladies que peut développer le corps physique, comme la douleur, la raideur, l'engourdissement, les blessures, les inflammations, les infections, des excroissances comme les kystes, les tumeurs et les cancers, les dysfonctionnements, les défaillances et plus encore.

Il existe de nombreuses maladies que peut développer le corps mental, comme la confusion mentale, la perte de mémoire, les troubles mentaux et plus encore.

Il existe de nombreuses maladies que peut développer le corps émotionnel, comme la dépression, l'anxiété, la peur, la colère, l'inquiétude, la tristesse, le chagrin, la culpabilité, la honte et plus encore.

Il existe de nombreuses maladies que peut développer le corps spirituel, comme les mémoires négatives, les malédictions, les mauvais vœux, toutes sortes de mauvais karma et plus encore.

Je voudrais partager cette sagesse sacrée avec vous et l'humanité :

Chaque maladie est causée par des blocages de l'âme, de la conscience et du corps dans un ou plusieurs des Cinq Éléments.

Dans ce livre, je partage un ensemble de pratiques et des sagesses, sacrées et profondes, pour guérir tout type de maladies, notamment les maladies dans le corps physique, le corps émotionnel, le corps mental et le corps spirituel.

Le pouvoir des Mains du Tao ne peut être exprimé suffisamment. Voici une histoire de la puissance des Mains du Tao, grâce à laquelle un sérieux saignement de nez a guéri :

Mon mari et moi avons, tous les deux, reçu nos Mains du Tao en juin 2011. C'était pendant cet atelier que j'ai pu obtenir une guérison majeure par rapport à un problème de fibrillation auriculaire, problème menaçant potentiellement la vie.

Depuis, et à plusieurs occasions, mon mari avait l'impression que ses Mains du Tao n'étaient pas très puissantes, parce qu'il y a eu des moments où il sentait clairement le Tao venir à travers sa main, pendant qu'il offrait une bénédiction, et d'autres moments où il ne ressentait rien.

Il a maintenant réalisé que ses Mains du Tao sont en effet très puissantes.

Je prends des médicaments anticoagulants et il y a plusieurs jours, alors que je préparais notre repas du soir, je me suis penchée au-dessus de la poubelle afin de jeter certains déchets. Dès que je me suis relevée, j'ai senti mon nez couler et quand j'ai mis la main sous mon nez, elle était pleine de sang. J'ai traversé la cuisine pour aller à l'évier et j'ai pu clairement voir que le sang ne faisait pas que ruisseler de mon nez, mais qu'il coulait en flot continu. Je me suis penchée au-dessus de l'évier et j'ai fait un effort pour essayer d'attraper une serviette ou tout ce que je pouvais trouver, à portée de main, afin d'éviter que le sang n'éclabousse partout, sur les armoires et sur le mur au-dessus de l'évier. Rien n'était à ma portée, alors j'ai appelé mon mari afin qu'il puisse venir m'aider.

Dès qu'il est arrivé dans la cuisine, il a pensé qu'il allait devoir m'emmener aux urgences, à cause de l'anticoagulant que je prenais, sensé m'éviter la crise cardiaque, au cas où mon cœur se mettrait à nouveau en fibrillation auriculaire. Il a attrapé une serviette et quelques torchons propres, a couru les imprégner d'eau froide, a placé une serviette froide sur ma nuque, et m'a demandé de lever la tête pour m'aider à stopper l'écoulement sanguin. Quand j'ai relevé la tête droite, j'ai commencé à m'étouffer à cause du sang qui coulait dans ma gorge. Mon mari m'a remis un chiffon froid sur le front et un autre sur mon nez pour le maintenir fermé, mais même cela ne ralentissait pas le saignement constant.

Il m'a demandé ensuite s'il devait invoquer ses Mains du Tao. J'ai dit : « S'il te plaît, fais-le ». Au moment où il a invoqué ses Mains du Tao, le saignement avait assez ralenti pour que je puisse me tenir droite et, dès qu'il a commencé à chanter son Chant de l'Âme, le saignement s'est arrêté immédiatement. Il a continué à chanter et je pouvais sentir qu'un caillot se formait dans mon nez.

Ensuite, il m'a envoyée dans le salon me reposer pendant qu'il nettoyait le désordre dans la cuisine. Quand il a eu fini de nettoyer, il est venu dans le salon et m'a dit « Je ne peux pas croire ce qui vient de se passer. Je n'ai rien ressenti dans mes mains et pourtant tu es guérie. Je suppose que mes Mains du Tao sont plus puissantes que je ne le croyais ! »

C'était tellement étrange parce que je n'ai jamais eu un saignement de nez comme celui-là, particulièrement sans aucun signe avant-coureur, comme un éternuement ou une démangeaison du nez. Tout ce que j'avais fait était de me pencher au-dessus de la poubelle et le sang a commencé à jaillir de mon nez.

Bien que ma santé ne se soit pas spectaculairement améliorée, je crois que le Tao m'a donné ce sévère saignement de nez pour montrer à mon mari que ses Mains du Tao sont en fait vraiment puissantes. Nous avons été tous deux stupéfaits à la vue de la cuisine quand mon nez s'est arrêté de saigner. Il y avait du sang sur les murs, au-dessus de la poubelle, sur le sol, sur le comptoir, à côté de l'évier, sur le mur et la fenêtre au-dessus de l'évier. Je sais que les détails visuels sont forts, mais je n'ai jamais été témoin d'un saignement de nez aussi sévère que celui que j'ai eu cette soirée-là, sans aucune raison apparente. La seule fois que j'ai vu un saignement de nez aussi sévère, c'était quand un ami s'est cassé le nez lors d'un accident.

Je suis tellement reconnaissante pour ce qui m'est arrivé, si ce n'est pour aucune autre raison que celle de valider le pouvoir qui nous a été donné – particulièrement à mon mari – en tant que véhicule du Tao avec nos Mains du Tao.

Merci. Merci. Merci.

Judy Sisk
Charles Sisk
Arvada, Colorado

Maintenant, je vais vous montrer comment pratiquer pour guérir le corps physique.

Utilisez la Technique des Quatre Pouvoirs :

Pouvoir du Corps. Asseyez-vous droit. Fermez vos yeux. Placez le bout de votre langue délicatement contre votre palais. Placez une paume sur votre bas-ventre en dessous du nombril. Placez l'autre paume dans votre dos, directement au niveau du nombril.

Pouvoir de l'Âme. Dites *Bonjour* :

Chers âme, conscience et corps de mon corps physique,
Chers âme, conscience et corps des Cinq Éléments à l'intérieur de mon corps,
Je vous aime.
Vous avez le pouvoir de guérir et de transformer mon corps physique.
Faites un bon travail.
Merci.

Cher Tao,
Je vous aime.

Je vous prie de bien vouloir me pardonner, ainsi que mes ancêtres, pour toutes les erreurs que nous avons commises dans toutes nos vies.
Afin de recevoir votre pardon, je servirai l'humanité, la Terre-Mère et toutes les âmes inconditionnellement.
Je vous en suis très reconnaissant.
Merci.

Pouvoir du Mental. Visualisez une lumière dorée, rayonnant dans votre Zhong (se prononce *djong*). Voir illustration 9.

Le Zhong est une région dans le bas-ventre qui comprend quatre zones majeures sacrées. Elles sont le Kun Gong, le point d'acupuncture du Ming Men, le Wei Lü et le point d'acupuncture Hui Yin. « Zhong » signifie *noyau, coeur*.

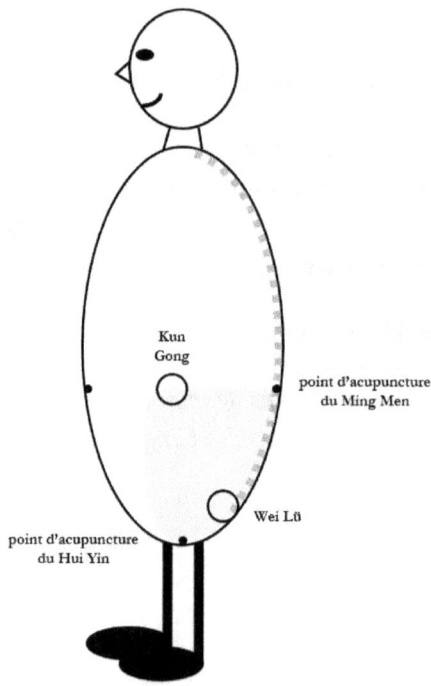

Illustration 9. Localisation du Zhong

Le Kun Gong (prononcer *coune gong*) est l'endroit où le Yuan Qi et le Yuan Jing sont produits. « Yuan » signifie *origine*. « Yuan Qi » (se prononce *yuanne tchi*) signifie *énergie originelle*. « Yuan Jing » (se prononce *yuanne djing*) signifie *matière originelle*. Le Yuan Qi et le Yuan Jing sont les clés de la vie. Le Kun Gong comprend la région immédiate autour du nombril.

Le point d'acupuncture du Ming Men se situe dans le dos, directement derrière le nombril (au niveau du nombril, derrière).

Le Wei Lü (se prononce *ouei lu*) est la région du coccyx.

Le point d'acupuncture Hui Yin se situe sur le périnée, entre les organes génitaux et l'anus.

Je vais vous révéler maintenant un secret majeur du Tao.

Vous avez peut-être entendu parler de l'auriculothérapie (acupuncture auriculaire). L'oreille d'un être humain a plusieurs points d'acupuncture qui reflètent chaque partie du corps et y sont reliés. Vous avez également peut-être entendu parler de la réflexologie plantaire. Le pied d'un être humain reflète et est connecté avec chaque partie du corps. Ces points, dans *les oreilles* et dans *les pieds*, sont des connexions et des reflets physiques. Les oreilles et les pieds sont une partie du corps physique. Cette partie du corps (oreilles ou pieds) reflète une image du corps tout entier.

Le Zhong (*djong*) est un *espace* à l'intérieur du corps. La sagesse sacrée dit que **la zone du Zhong reflète chaque partie du corps et y est reliée.** Je vais appeler ce reflet *la réflexion de l'espace du Zhong*.

Donc, visualiser une lumière dorée rayonnant dans le Zhong, c'est guérir le corps en entier. Voici une profonde sagesse du Tao que je vous révèle maintenant. Concentrer tout particulièrement votre conscience sur le Zhong peut équilibrer les Cinq Éléments, ce qui inclut chaque système, organe et cellule dans le corps.

Pouvoir du Son. Chantez ou récitez silencieusement ou à voix haute :

Zhong Zhong Zhong Zhong Zhong Zhong Zhong Zhong
Zhong Zhong Zhong Zhong Zhong Zhong Zhong Zhong
Zhong Zhong Zhong Zhong Zhong Zhong Zhong Zhong
Zhong Zhong Zhong Zhong Zhong Zhong Zhong Zhong ...

Posez le livre et chantez ou récitez maintenant *Zhong* pendant cinq minutes. D'une manière générale, chantez ou récitez pendant trois à cinq minutes à chaque fois, trois à cinq fois par jour. Si vous souffrez d'une problématique de santé chronique ou menaçant la vie, souvenez-vous de chanter ou réciter un minimum de deux heures par jour. Plus vous chanterez ou réciterez longtemps et souvent, meilleurs seront les résultats que vous recevrez. Vous pouvez additionner tous les temps de pratique.

UTILISER LES MAINS DU TAO POUR GUÉRIR LE CORPS PHYSIQUE

Maintenant, je vais vous montrer comment guérir le corps physique en utilisant les Mains du Tao. Je suggère fortement qu'à chaque fois que vous utilisez les Mains du Tao du livre, vous pratiquiez au minimum une demi-heure avec, parce que le Tao m'a clairement indiqué que vous ne pourrez pas utiliser les trésors des Mains du Tao du livre plus de vingt fois. Donc, utilisez-les vingt fois et pratiquez aussi longtemps que vous le pouvez, à chaque occasion, pour en obtenir les plus grands bienfaits. Après cela, vous devrez contacter un Praticien des Mains du Tao ou l'un de mes Représentants Mondiaux, pour recevoir des bénédictions des Mains du Tao ou faire votre demande afin de recevoir les Mains du Tao vous-même.

Utilisez la Technique des Quatre Pouvoirs en même temps que les Mains du Tao pour guérir le corps physique :

Pouvoir du Corps. Asseyez-vous droit. Fermez vos yeux. Placez le bout de votre langue délicatement contre votre palais. Si vous êtes

Praticien des Mains du Tao, placez vos mains dans la position de la Prière de l'Ère de la Lumière de l'Âme, et secouez votre main droite. Si vous n'êtes pas Praticien des Mains du Tao, placez simplement vos mains dans la position de la Prière de l'Ère de la Lumière de l'Âme.

Pouvoir de l'Âme. Dites *Bonjour* :

> *Chères Mains du Tao,*
> *Je vous aime.*
> *Vous avez le pouvoir de guérir mon corps physique.*
> *Je vous en suis extrêmement reconnaissant.*
> *Veuillez, s'il vous plaît, m'offrir une bénédiction de guérison de l'âme*
>   *pour mon corps physique « tel qu'approprié ».*
> *Merci.*

Pouvoir du Mental. Visualisez les Mains du Tao, rayonnant une lumière dorée dans votre Zhong.

Pouvoir du Son. Chantez ou récitez silencieusement ou à voix haute :

> *Les Mains du Tao guérissent et transforment mon corps physique.*
>   *Merci.*
> *Les Mains du Tao guérissent et transforment mon corps physique.*
>   *Merci.*
> *Les Mains du Tao guérissent et transforment mon corps physique.*
>   *Merci.*
> *Les Mains du Tao guérissent et transforment mon corps physique.*
>   *Merci. ...*

Chantez ou récitez aussi longtemps que vous le pouvez. Plus vous chanterez ou réciterez longtemps et souvent, plus nombreux seront les bienfaits que vous recevrez des Mains du Tao.

⌘

Vous avez lu à propos du pouvoir des Mains du Tao. Vous avez également fait l'expérience du pouvoir des Mains du Tao. Il y a des milliers d'histoires de guérison de l'âme incroyables qui ont eu lieu grâce aux Mains du Tao. Voici l'histoire émouvante de la transformation de deux personnes, à qui on a diagnostiqué un cancer.

À l'automne 2010, j'ai reçu deux appels téléphoniques, en l'espace de quelques jours. Le premier était d'une chère amie, infirmière au Canada, qui m'a fait savoir qu'elle avait reçu le diagnostic d'un cancer du poumon, en phase terminale. Elle avait deux lésions dans ses poumons. Je ne sais pas pourquoi elle m'avait appelée, moi, parce qu'elle n'était pas au courant que j'avais les Mains du Tao. Je ne l'avais pas vue depuis trois ans.

Deux jours plus tard, j'ai reçu un appel d'une tante qui me disait qu'un oncle avait reçu le diagnostic d'un cancer de l'estomac et qu'il devrait se faire opérer juste avant Noël. J'ai rapidement empaqueté quelques livres de Maître Sha pour lui et les lui ai envoyés.

J'ai fait savoir à mon amie et à mon oncle que je partais en vacances et que je serais dans l'impossibilité de les joindre jusqu'à mon retour. J'ai pris les livres de Maître Sha avec moi en vacances et je leur ai transmis fidèlement, à tous les deux, des bénédictions des Mains du Tao toutes les huit heures. Aucune excuse, aucun travail particulier ; j'ai juste fait des bénédictions avec les Mains du Tao.

Au tout début de l'année 2011, tous deux sont allés chez leur médecin pour leur suivi et on leur a dit que, pour une raison miraculeuse, il n'y avait plus aucune trace de cancer. Ils ont eu la chirurgie, mais aucun des deux ne devait continuer à faire de suivi ou à se rendre à la clinique de cancérologie. Les deux se sont posé beaucoup de questions puisqu'on leur avait dit qu'ils auraient besoin de chimio et de radiothérapie, mais on leur a dit qu'il n'y avait plus rien. Ils n'ont même pas eu besoin de rendez-vous avec la clinique de cancérologie. Ils étaient guéris.

Je souhaite juste dire merci et que les Mains du Tao fonctionnent réellement.

Brenda Gartner, infirmière d'urgence
Waimanalo, Hawaï

Les Mains du Tao apportent souvent des bénédictions inattendues. Voici l'une de ces histoires :

Cette expérience s'est déroulée à mon travail. Une de mes collègues a demandé une bénédiction parce qu'elle avait un mal de tête intense. Nous avons trouvé un endroit calme, et j'ai immédiatement commencé à transmettre une bénédiction des Mains du Tao, avec mon Chant de l'âme. J'ai instantanément ressenti une lumière bienfaisante dorée, très forte, sortir de ma main. Mon corps entier vibrait et bougeait, et nous étions en compagnie de beaucoup d'anges guérisseurs, archanges, Jésus, la Vierge Marie et beaucoup de saints.

Après la bénédiction, je lui ai demandé « Comment te sens-tu ? » Sa réponse m'a surprise. Elle m'a dit qu'elle avait vu deux ombres noires à l'intérieur d'elle qui étaient très confuses. Elles ne savaient que faire, ni où aller. Les ombres ont disparu quand la lumière a pénétré à l'intérieur de ma collègue. Celle-ci a aussi compris que ces ombres étaient liées à la haine et au ressentiment qu'elle avait envers certains individus.

Le lendemain, je lui ai demandé comment elle se sentait et elle m'a répondu qu'habituellement, son mari et elle se disputaient chaque soir quand elle rentrait à la maison, mais, que ce soir-là, elle avait réalisé qu'il valait mieux s'aimer et accepter son époux que se disputer. Elle a ressenti de la paix et a arrêté les disputes.

Je lui ai demandé ce qu'il en était de son mal de tête et elle a répondu qu'elle l'avait oublié. Non seulement a-t-elle eu cette vision, mais aussi, son mal de tête est parti.

Merci, les Mains du Tao. Merci, le Chant de l'Âme. Merci, l'équipe céleste. Merci à toutes les âmes. Amour à tous.

Carmen C. Ferlan
Sahuarita, Arizona

Voici une autre histoire formidable, dans laquelle, grâce aux Mains du Tao, une chirurgie pour remplacer des valves cardiaques a été évitée :

La belle-mère de mon frère avait un problème au cœur. C'était un problème de valve cardiaque, et personne ne pensait qu'elle allait s'en sortir. Ma sœur et moi avons activé nos Mains du Tao chaque jour. Nous avons fait une pratique pour envoyer nos Mains du Tao rester auprès d'elle durant douze heures, puis revenir à nous pour se reposer douze heures.

Pour faire court, elle va bien maintenant. Elle s'est non seulement complètement remise, mais, dans le dernier email que j'ai reçu, elle disait que son problème cardiaque était parti. Elle avait eu besoin de nouvelles valves cardiaques, mais, maintenant, son médecin lui a dit que son cœur allait bien.

David H.
Akron, Ohio

Les Mains du Tao sont des trésors inestimables pour guérir les corps spirituel, mental, émotionnel et physique. Les Mains du Tao sont des trésors permanents du Tao. Ce livre vous offre une occasion de faire l'expérience des bénédictions des Mains du Tao vingt fois. Vous pourriez, lors de ces vingt bénédictions, expérimenter une grande guérison et transformation. C'est la générosité du Tao.

Devenir un Praticien des Mains du Tao, c'est servir. Ceux qui reçoivent le trésor permanent des Transmissions de l'Âme, de la Conscience et du Corps des Mains du Tao peuvent utiliser les Mains du Tao n'importe quand et n'importe où, pour eux-mêmes, ou pour servir leurs proches, leurs animaux de compagnie et plus encore.

Dans ce chapitre, je vous ai donné quelques-uns des plus puissants et des plus profonds secrets sacrés de l'âme, de la sagesse de l'âme, du savoir de l'âme et d'un ensemble de pratiques de l'âme, pour guérir les corps spirituel, mental, émotionnel et physique. Utilisez-les encore et encore pour guérir vous-même, vos proches, votre famille, vos amis, vos collègues et plus encore.

En lisant ce chapitre, vous avez reçu les trésors permanents du Tao des Transmissions de l'Âme, de la Conscience et du Corps de la Boule de Lumière Violette du Tao et de la Source du Liquide Violet du Pardon du Tao, ainsi que des Transmissions de l'Âme, de la Conscience et du Corps de la Boule de Lumière Violette du Tao et de la Source du Liquide Violet de la Clarté de l'esprit du Tao, et des Transmissions de l'Âme, de la Conscience et du Corps de la Boule de Lumière Violette du Tao et de la Source du Liquide Violet de l'Amour du Tao. Ils sont tous d'inestimables trésors permanents du Tao pour vous apporter l'assistance du Tao pour la guérison de toute maladie et la transformation de toute vie. Utilisez-les aussi souvent que vous le pouvez, pour le reste de votre vie, pour guérir et transformer chaque aspect de votre vie.

L'humanité et vous êtes extrêmement bénis par le fait que le Tao offre ces incroyables et puissants trésors comme cadeau, à vous et à chaque lecteur. Nous ne pouvons remercier le Tao suffisamment. Nous ne pouvons être reconnaissants suffisamment envers le Tao.

Guérissez, guérissez, guérissez.

Transformez-vous. Transformez-vous. Transformez-vous

Merci, Mains du Tao.

Merci, tous les trésors permanents du Tao.

Merci, Tao.

Merci. Merci. Merci.

Utiliser les Mains du Tao pour la Transformation de la Vie

LES RELATIONS, LES finances et l'intelligence sont trois aspects très importants de la vie humaine. Les Mains du Tao ont le pouvoir et la capacité de guérir et de transformer les relations, les finances et l'intelligence. L'Âme des Mains du Tao porte le Pouvoir de l'Âme du Tao qui peut guérir et transformer tout aspect de la vie.

Les Relations

Les êtres humains ont toutes sortes de relations. Parmi nos relations les plus importantes, on compte celles avec notre époux/épouse ou partenaire, avec les autres membres de notre famille, avec nos collègues et collaborateurs, et avec nos amis. Il existe beaucoup de défis dans tous les types de relations à travers le monde. Les relations familiales entre mari et femme, partenaires, frères et sœurs, les relations parent-enfant et bien d'autres, peuvent être difficiles. Les relations au travail entre patron et employés ou entre collègues peuvent être difficiles. Dans la société, il peut y avoir des défis entre les organisations. Chacun d'entre nous est profondément impacté par les relations entre les organisations et celles entre les pays. Beaucoup de livres, de séminaires, d'ateliers et d'enseignements sont proposés dans le but d'améliorer les relations. Je vais partager avec vous comment transformer les relations au niveau de l'âme.

**Transformez l'âme d'une relation en premier ;
puis la transformation de cette relation suivra.**

Tout le monde et toute chose à une âme, y compris une relation entre des individus, des organisations, des villes, des pays et plus encore. Vous pouvez demander une guérison de l'âme, notamment avec les Mains du Tao, pour transformer chaque aspect de la vie, y compris les relations, les finances et plus encore.

Je vais vous raconter une histoire sur le pouvoir des Mains du Tao qui ont guéri des relations :

Mon cher professeur et bien-aimé père spirituel Maître Sha,

J'aimerais vous exprimer, ainsi qu'au Tao, mon immense gratitude, pour votre extrême générosité d'avoir partagé l'âme de vos Mains à l'Humanité et à la Terre-Mère.

Devenir Praticien des Mains du Tao a permis de réaliser le vœu que mon père avait pour moi. Avant que j'aille à l'université, mon père m'avait donné deux recommandations : la première était que je devienne docteur et l'autre que je devienne professeur. Comme je suis une personne très sensible, il était très difficile pour moi de voir des personnes avoir mal et souffrir, alors je ne suis pas parvenue à entrer en faculté de médecine.

Au fil du temps, j'ai pu voir beaucoup de personnes autour de moi souffrir de différentes maladies chaque jour. Mon cœur était si douloureux. En même temps, mon cœur était encore plus douloureux car je savais que, si j'étais devenue médecin, il y aurait eu énormément de cas désespérés que je n'aurais pu aider.

J'ai reçu la transmission des Mains du Tao en janvier 2012. Il y a eu tellement de choses extraordinaires qui ont eu lieu dans ma vie depuis. Désormais, mon père, qui est aux Cieux, peut être très fier et très content de moi. Car, en tant que Praticienne des Mains du Tao, je peux aider les personnes et moi-même beaucoup plus que je n'aurais pu le faire en tant que médecin.

Comme beaucoup d'entre vous le savent, les Mains du Tao peuvent enlever les blocages et transformer tous les aspects de la vie. Les bienfaits les plus profonds, que j'ai pu ressentir avec mes Mains du Tao, sont la guérison et la transformation des relations, à distance.

Comme pour beaucoup de nouveaux immigrants chinois au Canada, la plupart des membres bien-aimés de notre famille proche sont toujours en Chine. C'est très triste quand certains tombent malades. Nous sommes à l'autre bout du monde et il n'y a rien que nous puissions faire pour les aider et les soutenir d'une manière pratique.

Mon beau-père a quatre-vingt-deux ans. Sa santé nous préoccupe énormément, mon mari et moi. Depuis l'été dernier, il a eu des problèmes aux jambes et aux pieds. Marcher était devenu de plus en plus difficile pour lui. Depuis que j'ai reçu les Mains du Tao, j'ai appelé son âme à venir se joindre chaque jour, à la téléconférence offerte des Bénédictions des Mains du Tao. Après un mois, ses jambes et ses pieds allaient beaucoup mieux et il n'avait plus aucun problème pour marcher. Je suis si reconnaissante de pouvoir offrir mon amour et mon attention à mes proches de cette façon.

Mon mari a eu de sérieux problèmes relationnels au travail durant plusieurs années. Il a rarement travaillé plus de deux ans dans le même service au cours des vingt dernières années. En janvier 2011, il a obtenu un nouveau travail et ce fut un grand bond dans sa carrière. Je lui ai transmis une bénédiction pour ses relations quand il est allé à l'entretien et lorsqu'il a commencé à travailler, tout se déroulait de manière très agréable et fluide. Au fil du temps, j'ai oublié de continuer à transmettre les bénédictions. Sa situation au travail est devenue de plus en plus difficile. Il ne me l'a pas fait savoir jusqu'au jour où, en mars dernier, il a été licencié.

J'étais sous le choc quand j'ai reçu son appel du travail. J'ai immédiatement pris conscience qu'il avait besoin d'une bénédiction des Mains du Tao pour l'aider à trouver un nouveau travail. J'ai activé mes trésors de Praticienne des Mains du Tao et j'ai pratiqué pendant deux à trois heures durant la soirée. Le lendemain, nous avons imprimé son curriculum vitae, relevé quelques adresses et nous avons commencé la recherche d'emploi.

Au premier endroit où nous sommes allés, on lui a immédiatement offert un emploi. Cet emploi augmentait son revenu approximativement du tiers de son précédent salaire. J'étais à nouveau stupéfaite du résultat. Les bénédictions des Mains du Tao sont vraiment au-delà des mots et de l'imagination.

Depuis, j'appelle son âme à se joindre aux téléconférences quotidiennes de Bénédictions des Mains du Tao pour les relations avec ses collègues, son patron, son matériel et ses outils de travail. Maintenant, tout dans son lieu de travail est devenu merveilleux. Il n'a jamais été si heureux au travail. Servir avec mes Mains du Tao me permet chaque jour d'accomplir de merveilleux services. Les Mains du Tao ont réalisé mon rêve. Je ne peux suffisamment remercier Maître Sha et le Tao.

S'il vous plaît, veuillez accepter ma profonde gratitude et mon profond amour en chinois : 无限感恩, « Wu xian gan en », qui signifie « gratitude infinie, je ne peux vous remercier suffisamment ».

Zhu Lu
Toronto, Ontario, Canada

Commençons à pratiquer pour transformer les relations.

LES RELATIONS ENTRE LES PERSONNES

Tout d'abord, exerçons-nous à transformer les relations entre les personnes. Utilisons la Technique des Quatre Pouvoirs pour transformer tout type de relations. Je vais également vous guider pour utiliser vos trésors du Tao. Cette même pratique peut être utilisée pour des relations de toutes sortes.

Pouvoir du Corps. Asseyez-vous droit. Fermez vos yeux. Placez le bout de votre langue délicatement contre votre palais. Placez une paume sur l'abdomen en dessous du nombril. Placez l'autre paume sur le cœur.

Pouvoir de l'Âme. Dites *Bonjour* :

> *Chers âme, conscience et corps de* _____ (nommez la personne avec laquelle vous souhaitez transformer votre relation),
> *Je vous aime.*
> *Veuillez, s'il vous plaît, vous joindre à moi.*
> *Offrons-nous mutuellement notre pardon.*

> *Chers âme, conscience et corps de la Boule de Lumière Violette du Tao et des Transmissions de l'Âme, de la Conscience et du Corps de la Source du Liquide Violet du Pardon du Tao*[20],
> *Je vous aime.*
> *Vous avez le pouvoir de guérir ma relation avec* _____ (nommez-la).
> *Veuillez, s'il vous plaît, transformer notre relation.*
> *Merci.*

Pouvoir du Mental. Visualisez le trésor du Tao de la Boule de Lumière Violette du Tao et du Liquide Violet de la Source du Pardon du Tao, rayonnant entre vous et l'autre personne.

---

[20] Vous les avez reçus au chapitre 4. Voir page 92.

Pouvoir du Son. Chantez ou récitez silencieusement ou à voix haute :

> *La Boule de Lumière Violette du Tao et la Source du Liquide Violet du Pardon du Tao guérissent et transforment notre relation. Merci.*
> *La Boule de Lumière Violette du Tao et la Source du Liquide Violet du Pardon du Tao guérissent et transforment notre relation. Merci.*
> *La Boule de Lumière Violette du Tao et la Source du Liquide Violet du Pardon du Tao guérissent et transforment notre relation. Merci.*
> *La Boule de Lumière Violette du Tao et la Source du Liquide Violet du Pardon du Tao guérissent et transforment notre relation. Merci.* …

Maintenant, arrêtez de lire. Chantez ou récitez durant cinq minutes *La Boule de Lumière Violette du Tao et la Source du Liquide Violet du Pardon du Tao guérissent et transforment notre relation. Merci.* D'une manière générale, chantez ou récitez de trois à cinq minutes, trois à cinq fois par jour. Si vous avez des relations très difficiles, chantez ou récitez une à deux heures par jour. Plus vous chanterez ou réciterez longtemps et souvent, meilleurs seront les résultats que vous obtiendrez.

Dans mon enseignement, le pardon apporte la paix intérieure et la joie intérieure. Faire une pratique de pardon régulière est la clé pour nettoyer soi-même son karma et enlever les blocages dans chaque aspect de la vie, y compris les relations.

Le pardon est à double sens. Si « A » et « B » ont des problèmes dans leur relation, « A » a besoin de pardonner à « B » et « B » a également besoin de pardonner à « A ». La pratique de pardon s'effectue comme suit :

> *Cher(e)* _____ (nommez la personne avec laquelle vous souhaitez transformer votre relation),
> *Je vous aime.*
> *Veuillez, s'il vous plaît, pardonner toutes les erreurs que j'ai commises envers vous dans cette vie et dans toutes les vies.*

> *Je vous demande sincèrement pardon pour toute la douleur et les souffrances que je vous ai causées.*
> *Si vous avez commis une quelconque erreur envers moi dans cette vie et dans toutes les vies, je vous pardonne totalement.*

Chantez ou récitez plusieurs fois silencieusement ou à voix haute :

- *Je vous pardonne.*
  Vous me pardonnez.
  Apporte l'amour, la paix et l'harmonie.
  Apporte l'amour, la paix et l'harmonie. ...

Ce mantra et cette pratique ont un pouvoir au-delà des mots. C'est la transformation de l'âme des relations. Exercez-vous davantage. Vous en comprendrez de plus en plus les bienfaits.

Arrêtez de lire maintenant. Chantez ou récitez : *Je vous pardonne. Vous me pardonnez. Apporte l'amour, la paix et l'harmonie. Apporte l'amour, la paix et l'harmonie*, pendant cinq minutes. D'une manière générale, chantez ou récitez pendant trois à cinq minutes à chaque fois, trois à cinq fois par jour. Si vous avez des relations très difficiles, vous devriez chanter ou réciter au moins une heure ou deux par jour. Plus vous chanterez ou réciterez longtemps et souvent, meilleurs seront les résultats que vous recevrez. Vous pouvez additionner tous les temps de pratique ensemble pour totaliser deux heures par jour.

⌘

Beaucoup de personnes vivent des défis relationnels de toutes sortes sur leur lieu de travail. Les Mains du Tao peuvent transformer ces défis – par exemple entre le responsable et ses collaborateurs, entre collègues, et plus encore. L'histoire suivante en est un bon exemple :

Je suis un Praticien des Mains du Tao qui travaille dans un organisme public où l'atmosphère politique est très tendue. Nous avons perdu récemment les trois principaux dirigeants de l'agence, lors d'une épreuve de force politique, où beaucoup ont préféré s'esquiver pour se protéger.

Nous avons nommé un directeur général intérimaire, dont l'objectif était de diriger l'agence de façon à promouvoir ses intérêts personnels. Il voulait ce poste de façon permanente. Il y avait une énorme pression de la hiérarchie pour augmenter à la fois la productivité et le rendement du personnel et du travail.

Cela a généré beaucoup de stress parmi toutes les personnes concernées. C'est une organisation professionnelle dans laquelle beaucoup d'individus sont hautement qualifiés et très motivés.

J'ai commencé à envoyer des bénédictions des Mains du Tao au directeur général intérimaire et à l'agence, chaque jour ces dernières semaines car l'énergie était devenue très lourde et morne.

J'ai remarqué que l'énergie du lieu de travail avait énormément changé. Il y a eu un changement notable dans l'attitude et la collaboration de tous les employés. Je suis certain que la façon dont les choses vont évoluer, dans le futur, correspondra exactement à ce dont l'agence a besoin pour avancer.

Je remercie Maître Sha, le Tao et les Mains du Tao pour ce très grand cadeau. C'est tellement merveilleux de voir la noirceur et les nuages se dissiper et la lumière briller à nouveau sur mon lieu de travail.

Christopher Keehn
Monterey, Californie

LES RELATIONS ENTRE LES ORGANISATIONS

Les relations entre les organisations peuvent aussi être confrontées à des défis, des conflits, des blocages de communication et plus encore.

Nous allons maintenant passer à la pratique pour transformer une relation entre organisations, en utilisant les Transmissions de l'Âme, de la Conscience et du Corps de la Boule de Lumière Violette du Tao et de la Source du Liquide Violet du Pardon du Tao, que vous avez reçus au chapitre 4.

Utilisez la Technique des Quatre Pouvoirs :

Pouvoir du Corps. Asseyez-vous droit. Fermez vos yeux. Placez le bout de votre langue délicatement contre votre palais. Placez une paume sur votre abdomen en dessous du nombril. Placez l'autre paume sur votre cœur.

Pouvoir de l'Âme. Dites *Bonjour* :

> *Chers âme, conscience et corps de _____ et _____ (donnez les noms des organisations concernées),*
> *Je vous aime.*
> *Faisons ensemble une pratique de pardon.*
> *Chers Âme, Conscience et Corps de la Boule de Lumière Violette du Tao et des Transmissions de L'Âme, de la Conscience et du Corps de la Source du Liquide Violet du Pardon du Tao*
> *Je vous aime.*
> *Vous avez le pouvoir de guérir la relation entre ces deux organisations*
> *Veuillez, s'il vous plaît, transformer leur relation.*
> *Merci.*

Pouvoir du Mental. Visualisez les trésors de la Boule de Lumière Violette du Tao et de la Source du Liquide Violet du Pardon du Tao, rayonnant entre les organisations.

Pouvoir du Son. Chantez ou récitez silencieusement ou à voix haute :

> *La Boule de Lumière Violette du Tao et la Source du Liquide Violet du Pardon du Tao guérissent et transforment la relation entre les organisations. Merci.*
> *La Boule de Lumière Violette du Tao et la Source du Liquide Violet du Pardon du Tao guérissent et transforment la relation entre les organisations. Merci.*
> *La Boule de Lumière Violette du Tao et la Source du Liquide Violet du Pardon du Tao guérissent et transforment la relation entre les organisations. Merci.*
> *La Boule de Lumière Violette du Tao et la Source du Liquide Violet du Pardon du Tao guérissent et transforment la relation entre les organisations. Merci. ...*

Arrêtez de lire et posez le livre. Chantez ou récitez *La Boule de Lumière Violette du Tao et la Source du Liquide Violet du Pardon du Tao guérissent et transforment la relation entre les organisations. Merci* pendant cinq minutes. En général, chantez ou récitez de trois à cinq minutes, trois à cinq fois par jour. Si les deux organisations ont des relations très difficiles, chantez ou récitez pendant une heure ou deux par jour. Plus vous chanterez ou réciterez longtemps et souvent, meilleurs seront les résultats que vous obtiendrez.

UTILISER LES MAINS DU TAO POUR TRANSFORMER LES RELATIONS

Maintenant, je vais vous montrer comment aider à transformer une relation entre deux organisations en utilisant les Mains du Tao. Je suggère fortement qu'à chaque fois que vous utilisez les Mains du Tao du livre, vous pratiquiez au minimum une demi-heure avec, parce que le Tao m'a clairement indiqué que vous ne pourrez pas utiliser les trésors des Mains du Tao du livre plus de vingt fois. Donc, utilisez-les vingt fois et pratiquez aussi longtemps que vous le pouvez, à chaque occasion, pour en obtenir les plus grands bienfaits. Après cela, vous devrez contacter un Praticien des Mains du Tao ou l'un de mes Représentants Mondiaux, pour recevoir des bénédictions des Mains du Tao ou faire votre demande afin de recevoir les Mains du Tao vous-même.

Pouvoir du Corps. Asseyez-vous droit. Fermez vos yeux. Placez le bout de votre langue délicatement contre votre palais. Si vous êtes Praticien des Mains du Tao, placez vos mains en position de Prière de l'Ère de la Lumière de l'Âme et secouez votre main droite. Si vous n'êtes pas Praticien des Mains du Tao, placez simplement vos mains en position de Prière de l'Ère de la Lumière de l'Âme.

Pouvoir de l'Âme. Dites *Bonjour* :

> *Chères Mains du Tao,*
> *Je vous aime.*
> *Vous avez le pouvoir de guérir et de transformer la relation entre les organisations _____ et _____.*
> *Je vous en suis extrêmement reconnaissant.*
> *Veuillez, s'il vous plaît, offrir une bénédiction de guérison de l'âme « tel qu'approprié ».*
> *Merci.*

Pouvoir du Mental. Visualisez les Mains du Tao, rayonnant une lumière dorée entre les deux organisations.

Pouvoir du Son. Chantez ou récitez silencieusement ou à voix haute :

> *Les Mains du Tao guérissent et transforment la relation entre _____ et _____. Merci.*
> *Les Mains du Tao guérissent et transforment la relation entre _____ et _____. Merci.*
> *Les Mains du Tao guérissent et transforment la relation entre _____ et _____. Merci.*
> *Les Mains du Tao guérissent et transforment la relation entre _____ et _____. Merci. ...*

Chantez ou récitez aussi longtemps que vous le pouvez. Plus vous chanterez ou réciterez longtemps et souvent, plus vous recevrez des bienfaits des Mains du Tao pour votre requête.

Maintenant, je vais vous montrer comment utiliser les Mains du Tao pour transformer la relation entre vous et une autre personne. Utilisez la Technique des Quatre Pouvoirs :

Pouvoir du Corps. Asseyez-vous droit. Fermez vos yeux. Placez le bout de votre langue délicatement contre votre palais. Si vous êtes Praticien des Mains du Tao, placez vos mains en position de Prière de l'Ère de la Lumière de l'Âme et secouez votre main droite. Sinon, placez simplement vos mains en position de Prière de l'Ère de la Lumière de l'Âme.

Pouvoir de l'Âme. Dites *Bonjour* :

> *Chères Mains du Tao,*
> *Je vous aime.*
> *Vous avez le pouvoir de guérir et de transformer la relation entre*
>   _____ *(nommez la personne avec qui vous souhaitez*
>   *améliorer votre relation) et moi.*
> *Je vous en suis extrêmement reconnaissant.*
> *Veuillez, s'il vous plaît, offrir une bénédiction de guérison de l'âme*
>   *« tel qu'approprié ».*
> *Merci.*

Pouvoir du Mental. Visualisez les Mains du Tao, rayonnant une lumière dorée entre l'autre personne et vous.

Pouvoir du Son. Chantez ou récitez silencieusement ou à voix haute :

> *Les Mains du Tao guérissent et transforment la relation entre*
>   _____ *et moi. Merci.*
> *Les Mains du Tao guérissent et transforment la relation entre*
>   _____ *et moi. Merci.*

Les Mains du Tao guérissent et transforment la relation entre _____ et moi. Merci.
Les Mains du Tao guérissent et transforment la relation entre _____ et moi. Merci. ...

Chantez ou récitez aussi longtemps que vous le pouvez. Plus vous chanterez ou réciterez longtemps et souvent, plus vous recevrez des bienfaits des Mains du Tao pour vos relations.

Les Finances

La plupart des personnes pensent quotidiennement à leurs finances. Beaucoup de personnes ont des difficultés financières qu'elles souhaitent transformer. Les huit dernières années ont généré de plus en plus de crises financières et autres défis sur Terre-Mère. Cela fait partie de la période de transition de la Terre-Mère. Pour des millions de personnes, la transformation des finances est vitale.

A présent, je vais vous offrir des trésors permanents du Tao inestimables qui peuvent être utilisés pour transformer les finances.

Préparez-vous !

Ordre du Tao : Transmissions de l'Âme, de la Conscience et du Corps de la Boule de Lumière Violette du Tao et de la Source du Liquide Violet de la Lumière du Tao

Transmission !

Félicitations ! Vous êtes bénis. L'humanité est bénie.

La Lumière du Tao guérit, prévient les maladies, purifie et régénère l'âme, le cœur, la conscience et le corps et transforme les relations, les finances, l'intelligence et chaque aspect de la vie.

Je vais vous montrer comment pratiquer pour transformer vos finances en utilisant la Technique des Quatre Pouvoirs avec les

Transmissions de l'Âme, de la Conscience et du Corps de la Boule de Lumière Violette du Tao et de la Source du Liquide Violet de la Lumière du Tao.

Pouvoir du Corps. Asseyez-vous droit. Fermez vos yeux. Placez le bout de votre langue délicatement contre votre palais. Placez une paume sur votre abdomen en dessous du nombril. Placez l'autre paume sur votre Centre des Messages.

Pouvoir de l'Âme. Dites *Bonjour* :

> *Chers âme, conscience et corps de mes finances,*
> *Je vous aime.*
> *Chers âme, conscience et corps des Transmissions de l'Âme, de la*
>   *Conscience et du Corps de la Boule de Lumière Violette du Tao et de*
>   *la Source du Liquide Violet de la Lumière du Tao,*
> *Je vous aime.*
> *Vous avez le pouvoir de transformer mes finances.*
> *Je vous en suis extrêmement reconnaissant.*
> *Veuillez, s'il vous plaît, offrir une bénédiction de guérison de l'âme à*
>   *mes finances « tel qu'approprié ».*
> *Merci.*

Pouvoir du Mental. Visualisez le trésor de la Boule de Lumière Violette du Tao et de la Source du Liquide Violet de la Lumière du Tao, transformant votre situation financière.

Pouvoir du Son. Chantez ou récitez silencieusement ou à voix haute :

> *La Boule de Lumière Violette du Tao et la Source du Liquide Violet de*
>   *la Lumière du Tao transforment mes finances. Merci.*
> *La Boule de Lumière Violette du Tao et la Source du Liquide Violet de*
>   *la Lumière du Tao transforment mes finances. Merci.*
> *La Boule de Lumière Violette du Tao et la Source du Liquide Violet de*
>   *la Lumière du Tao transforment mes finances. Merci.*

> *La Boule de Lumière Violette du Tao et la Source du Liquide Violet de la Lumière du Tao transforment mes finances. Merci.* ...

Maintenant, arrêtez de lire. Chantez ou récitez *La Boule de Lumière Violette du Tao et la Source du Liquide Violet de la Lumière du Tao transforment mes finances. Merci* pendant cinq minutes. D'une manière générale, chantez ou récitez pendant trois à cinq minutes à chaque fois, trois à cinq fois par jour. Si vous avez des défis financiers très sérieux, chantez ou récitez une à deux heures par jour. Plus vous chanterez ou réciterez longtemps et souvent, meilleurs seront les résultats que vous obtiendrez.

UTILISER LES MAINS DU TAO POUR TRANSFORMER LES FINANCES

Maintenant, je vais vous montrer comment transformer vos finances en utilisant les Mains du Tao. Le Tao m'a clairement indiqué que vous ne pourrez pas utiliser les trésors des Mains du Tao du livre plus de vingt fois. Donc, utilisez-les vingt fois et pratiquez aussi longtemps que vous le pouvez, à chaque occasion, pour en obtenir les plus grands bienfaits. Après cela, vous devrez contacter un Praticien des Mains du Tao ou l'un de mes Représentants Mondiaux, pour recevoir des bénédictions des Mains du Tao ou faire votre demande afin de recevoir les Mains du Tao vous-même.

Pouvoir du Corps. Asseyez-vous droit. Fermez vos yeux. Placez le bout de votre langue délicatement contre votre palais. Si vous êtes Praticien des Mains du Tao, placez vos mains en position de Prière de l'Ère de la Lumière de l'Âme et secouez votre main droite. Si vous n'êtes pas Praticien des Mains du Tao, placez simplement vos mains en position de Prière de l'Ère de la Lumière de l'Âme.

Pouvoir de l'Âme. Dites *Bonjour* :

> *Chères Mains du Tao,*
> *Je vous aime.*

Vous avez le pouvoir de transformer mes finances.
Je vous en suis extrêmement reconnaissant.
Veuillez, s'il vous plaît, offrir à mes finances une bénédiction de guérison de l'âme « tel qu'approprié ».
Merci.

Pouvoir du Mental. Visualisez les Mains du Tao rayonnant une lumière dorée et transformant vos finances.

Pouvoir du Son. Chantez ou récitez silencieusement ou à voix haute :

Les Mains du Tao transforment mes finances. Merci.
Les Mains du Tao transforment mes finances. Merci.
Les Mains du Tao transforment mes finances. Merci.
Les Mains du Tao transforment mes finances. Merci. ...

Chantez ou récitez aussi longtemps que vous le pouvez. Plus vous chanterez ou réciterez longtemps et souvent, plus vous recevrez des bienfaits des Mains du Tao.

Développer l'Intelligence

Beaucoup de personnes se demandent comment augmenter et développer l'intelligence. La plupart d'entre elles pensent que l'intelligence vient du mental (conscience). Je voudrais partager avec l'humanité qu'en effet l'intelligence vient du mental, mais que les sources d'intelligence les plus importantes sont le cœur et l'âme.

Il existe trois types d'intelligence :

- l'intelligence du mental ou de la conscience
- l'intelligence du cœur
- l'intelligence de l'âme

La Médecine Traditionnelle Chinoise enseigne que le cœur abrite la conscience et l'âme. Si une personne a des problèmes cardiaques, le cerveau et l'intelligence de la personne pourraient être sérieusement affectés. La mémoire, la compréhension, la prise de conscience, et plus encore, pourraient être affectées.

L'âme est le boss pour l'être humain. Notre âme bien-aimée porte en elle les mémoires et les expériences de beaucoup de vies antérieures. Notre âme bien-aimée communique avec nos pères et mères spirituels dans les Cieux et apprend d'eux. Notre âme bien-aimée porte en elle une grande sagesse et un grand savoir. L'intelligence de l'âme est au-delà des mots. D'une façon générale, l'intelligence de l'âme est cachée. Développer l'intelligence de l'âme est la clé pour un fort développement de l'intelligence d'une personne.

Laissez-moi vous montrer en premier comment pratiquer pour développer l'intelligence du mental.

L'INTELLIGENCE DU MENTAL

Mon père spirituel et mentor, Dr et Maître Zhi Chen Guo, a découvert un code numérique sacré pour développer le pouvoir du mental. C'est :

01777 — 908 — 01777 — 92244

Vous pouvez chanter ou réciter ce code en français, un chiffre à la fois. Vous pouvez chanter ou réciter ce code dans toutes les langues parce que le message est le même. Cependant, je recommande de le chanter ou de le réciter en chinois parce que le chinois porte une vibration particulière :

01777	Ling Yao Chi Chi Chi	(se prononce *ling yo tchi tchi tchi*)
908	Jiu Ling Ba	(se prononce *djo ling ba*)
01777	Ling Yao Chi Chi Chi	
92244	Jiu Er Er Si Si	(se prononce *djo ar ar seu seu*)

Quelle est la signification de ces nombres ? Il y a trois sous-codes distincts :

01777 stimule le corps calleux, le tissu connectant le cerveau droit et le cerveau gauche. Les cellules dans cette zone transportent les messages d'un côté à l'autre du cerveau.

908 stimule le cerveau gauche.

92244 stimule le cerveau droit. Voir illustration 10.

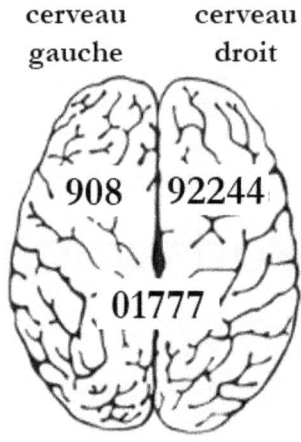

Illustration 10. Le code numérique sacré pour développer le cerveau entier.

Pour développer le cerveau en entier – le cerveau gauche, le cerveau droit et le corps calleux – l'exercice est très simple. Apprenez simplement les sous-codes et chantez-les ou récitez-les très rapidement selon l'ordre indiqué. Vous pouvez faire cette pratique presque n'importe où et n'importe quand. Lorsque vous chantez ou récitez ce code, vous stimulez les cellules du cerveau central entre le cerveau droit et le cerveau gauche (le corps calleux), ensuite vous stimulez le cerveau gauche, puis le cerveau droit en passant par le centre du cerveau. Répétez cette séquence rapidement pour stimuler toutes les cellules du cerveau et développer les connexions entre elles. C'est un secret majeur pour développer l'intelligence du mental.

Utilisez la Technique des Quatre Pouvoirs avec ce code numérique sacré pour développer l'intelligence du Mental :

Pouvoir du Corps. Asseyez-vous droit. Fermez vos yeux. Placez le bout de votre langue délicatement contre votre palais. Placez une paume sur votre kundalini. Souvenez-vous, l'énergie de la kundalini nourrit le cerveau. Placez l'autre paume sur votre tête.

Pouvoir de l'Âme. Dites *Bonjour* :

Chers âme, conscience et corps de mon cerveau et de mon mental,
Je vous aime.
Vous avez le pouvoir de développer votre intelligence.
Faites un bon travail.
Merci.

Chers 01777—908— 01777—92244,
Je vous aime.
Vous avez le pouvoir de développer l'intelligence de mon mental.
Je vous en suis très reconnaissant.
Merci.

Pouvoir du Mental. Visualisez une lumière dorée, rayonnant dans tout votre cerveau.

Pouvoir du Son. Chantez ou récitez silencieusement ou à voix haute :

01777 (ling yo tchi tchi tchi) — 908 (djo ling ba) — 01777 (ling yo tchi tchi tchi) — 92244 (djo ar ar seu seu)
01777 — 908 — 01777 — 92244
01777 — 908 — 01777 — 92244
01777 — 908 — 01777 — 92244 ...

Ou simplement, chantez ou récitez en français (ou dans votre langue maternelle) :

01777 (zéro un sept sept sept) — 908 (neuf zéro huit) — 01777 (zéro un sept sept sept) — 92244 (neuf deux deux quatre quatre)
01777 — 908— 01777 — 92244
01777 — 908— 01777 — 92244
01777 — 908— 01777 — 92244 ...

Arrêtez de lire et posez le livre. Chantez ou récitez 01777 (ling yo tchi tchi tchi) —908 (djo ling ba) — 01777 (ling yo tchi tchi) — 92244 (djo ar ar seu seu) ou en français 01777 — 908 — 01777 — 92244 pendant cinq minutes.

D'une manière générale, chantez ou récitez pendant trois à cinq minutes à chaque fois, trois à cinq fois par jour. Si vous avez des défis importants liés à l'intelligence du mental, comme une faible compréhension, une confusion, une dyslexie, des blessures ou d'autres blocages cérébraux, chantez ou récitez une à deux heures par jour. Plus vous chanterez ou réciterez longtemps et souvent, meilleurs seront les résultats que vous obtiendrez.

UTILISER LES MAINS DU TAO POUR DÉVELOPPER L'INTELLIGENCE DU MENTAL

Maintenant, je vais vous montrer comment développer l'intelligence du Mental en utilisant les Mains du Tao. Je suggère fortement qu'à chaque fois que vous utilisez les Mains du Tao du livre, vous pratiquiez au minimum une demi-heure avec, parce que le Tao m'a clairement indiqué que vous ne pourrez pas utiliser les trésors des Mains du Tao du livre plus de vingt fois. Donc, utilisez-les vingt fois et pratiquez aussi longtemps que vous le pouvez, à chaque occasion, pour en obtenir les plus grands bienfaits. Après cela, vous devrez contacter un Praticien des Mains du Tao ou l'un de mes Représentants Mondiaux, pour recevoir des bénédictions des Mains du Tao ou faire votre demande afin de recevoir les Mains du Tao vous-même.

Pouvoir du Corps. Asseyez-vous droit. Fermez vos yeux. Placez le bout de votre langue délicatement contre votre palais. Si vous êtes Praticien des Mains du Tao, placez vos mains en position de Prière de l'Ère de la Lumière de l'Âme et secouez votre main droite. Si vous n'êtes pas Praticien des Mains du Tao, placez simplement vos mains en position de Prière de l'Ère de la Lumière de l'Âme.

Pouvoir de l'Âme. Dites *Bonjour* :

Chères Mains du Tao,
Je vous aime.
Vous avez le pouvoir de développer l'intelligence de mon mental
Je vous en suis extrêmement reconnaissant.
Veuillez, s'il vous plaît, offrir à mon mental une bénédiction de
guérison de l'âme pour l'intelligence, « tel qu'approprié ».
Merci.

Pouvoir du Mental. Visualisez les Mains du Tao, rayonnant une lumière dorée à l'intérieur de votre cerveau.

Pouvoir du Son. Chantez ou récitez silencieusement ou à voix haute :

Les Mains du Tao développent l'intelligence de mon mental. Merci.
Les Mains du Tao développent l'intelligence de mon mental. Merci.
Les Mains du Tao développent l'intelligence de mon mental. Merci.
Les Mains du Tao développent l'intelligence de mon mental. Merci. ...

Chantez ou récitez aussi longtemps que vous le pouvez. Plus vous chanterez ou réciterez longtemps et souvent, plus vous recevrez des bienfaits des Mains du Tao.

L'INTELLIGENCE DU CŒUR

La nature du cœur est l'amour. L'une des meilleures façons de développer l'intelligence du cœur est d'utiliser les Transmissions de l'Âme, de la Conscience et du Corps de la Boule de Lumière Violette du Tao et de la Source du Liquide Violet de l'Amour du Tao, que vous avez reçues lors de la lecture du chapitre 4.

Maintenant, laissez-moi vous montrer comment développer l'intelligence du cœur, en utilisant la Technique des Quatre Pouvoirs et les Transmissions de l'Âme, de la Conscience et du Corps de l'Amour du Tao.

Pouvoir du Corps. Asseyez-vous droit. Fermez vos yeux. Placez le bout de votre langue délicatement contre votre palais. Si vous êtes Praticien des Mains du Tao, placez vos mains en position de Prière de l'Ère de la Lumière de l'Âme et secouez votre main droite. Si vous n'êtes pas Praticien des Mains du Tao, placez simplement vos mains en position de Prière de l'Ère de la Lumière de l'Âme.

Pouvoir de l'Âme. Dites *Bonjour* :

> *Chers âme, conscience et corps de mon cœur,*
> *Je vous aime.*
> *Vous avez le pouvoir de développer votre intelligence.*
> *Faites un bon travail.*
> *Merci.*

> *Chers âme, conscience et corps des Transmissions de l'Âme, de la Conscience et du Corps de la Boule de Lumière Violette du Tao et de la Source du Liquide Violet de l'Amour du Tao*
> *Je vous aime.*
> *Vous avez le pouvoir de développer l'intelligence de mon cœur.*
> *Je vous en suis extrêmement reconnaissant.*
> *Merci.*

Pouvoir du Mental. Visualisez une lumière violette, rayonnant dans votre cœur.

Pouvoir du Son. Chantez ou récitez silencieusement ou à voix haute :

> *La Boule de Lumière Violette du Tao et la Source du Liquide Violet de l'Amour du Tao développent l'intelligence de mon cœur. Merci.*
> *La Boule de Lumière Violette du Tao et la Source du Liquide Violet de l'Amour du Tao développent l'intelligence de mon cœur. Merci.*
> *La Boule de Lumière Violette du Tao et la Source du Liquide Violet de l'Amour du Tao développent l'intelligence de mon cœur. Merci.*
> *La Boule de Lumière Violette du Tao et la Source du Liquide Violet de l'Amour du Tao développent l'intelligence de mon cœur. Merci. ...*

Maintenant, posez le livre et chantez ou récitez La Boule de Lumière Violette du Tao et la Source du Liquide Violet de l'Amour du Tao développent l'intelligence de mon cœur. Merci pendant dix minutes. D'une manière générale, chantez ou récitez pendant trois à cinq minutes à chaque fois, trois à cinq fois par jour. Si vous souffrez de défis importants liés à l'intelligence du cœur, chantez ou récitez pendant deux heures ou plus par jour. Plus vous chanterez ou réciterez longtemps et souvent, meilleurs seront les résultats que vous recevrez. Vous pouvez additionner tous les temps de pratique ensemble pour totaliser deux heures par jour.

UTILISER LES MAINS DU TAO POUR DÉVELOPPER L'INTELLIGENCE DU CŒUR

Maintenant, je vais vous montrer comment développer l'intelligence du cœur en utilisant les Mains du Tao. Pour rappel, le Tao m'a clairement guidé pour que vous ne puissiez pas utiliser les Mains du Tao transmises dans ce livre plus de vingt fois. Je suggère fortement que vous pratiquiez aussi longtemps que possible, à chaque fois que vous utilisez les Mains du Tao de ce livre, pour en obtenir les plus grands bienfaits. Après les avoir utilisées vingt fois, vous devrez contacter un Praticien des Mains du Tao ou l'un de mes Représentants Mondiaux pour recevoir des bénédictions des Mains du Tao ou faire votre demande afin de recevoir les Mains du Tao vous-même.

Pouvoir du Corps. Asseyez-vous droit. Fermez vos yeux. Placez le bout de votre langue délicatement contre votre palais. Si vous êtes Praticien des Mains du Tao, placez vos mains en position de Prière de l'Ère de la Lumière de l'Âme et secouez votre main. Si vous n'êtes pas Praticien des Mains du Tao, placez simplement vos mains en position de Prière de l'Ère de la Lumière de l'Âme.

Pouvoir de l'Âme. Dites *Bonjour* :

> *Chères Mains du Tao,*
> *Je vous aime.*
> *Vous avez le pouvoir de développer l'intelligence de mon cœur.*
> *Je vous en suis extrêmement reconnaissant.*
> *Veuillez, s'il vous plaît, offrir à mon cœur une bénédiction de guérison de l'âme pour l'intelligence « tel qu'approprié ».*
> *Merci.*

Pouvoir du Mental. Visualisez les Mains du Tao, rayonnant une lumière dorée dans votre cœur.

Pouvoir du Son. Chantez ou récitez silencieusement ou à voix haute :

> *Les Mains du Tao développent l'intelligence de mon cœur. Merci.*
> *Les Mains du Tao développent l'intelligence de mon cœur. Merci.*
> *Les Mains du Tao développent l'intelligence de mon cœur. Merci.*
> *Les Mains du Tao développent l'intelligence de mon cœur. Merci. ...*

Chantez ou récitez aussi longtemps que vous le pouvez. Plus vous chanterez ou réciterez longtemps et souvent, plus vous recevrez des bienfaits des Mains du Tao.

L'INTELLIGENCE DE L'ÂME

Votre âme corporelle s'est réincarnée des centaines ou des milliers de vies. Votre âme bien-aimée a eu beaucoup d'expériences et a gagné une grande sagesse à travers toutes ses vies. Pour la plupart des personnes, seule une petite partie de la sagesse de l'âme a été transmise à la conscience et au cœur. La sagesse et les connaissances de notre âme demeurent largement cachées. Développer l'intelligence de votre âme peut vous rendre extrêmement intelligent.

Maintenant, laissez-moi vous montrer comment développer l'intelligence de l'âme en utilisant la Technique des Quatre Pouvoirs et le code sacré du Tao *3396815*.

Le code sacré 3396815 a été donné par le Tao à mon père spirituel et mentor, Dr et Maître Zhi Chen Guo, il y a un peu plus de quarante ans. Ce code sacré unit le monde spirituel et le monde physique. Il a un immense pouvoir spirituel.

Lorsque ce code est prononcé en chinois, le son de chaque chiffre de 3396815 stimule la vibration cellulaire dans une région spécifique du corps. La répétition du code sacré du Tao 3396815 entraine l'énergie à circuler continuellement à travers les principaux organes et systèmes du corps. La structure de cette circulation stimule l'énergie et la guérison d'une manière très puissante. Voir illustration 11.

- 33 (se prononce *sanne sanne*) stimule la poitrine et les poumons
- 9 (se prononce *djo*) stimule le bas-ventre
- 6 (se prononce *lio*) stimule les côtés et les côtes
- 8 (se prononce *ba*) stimule la région du nombril
- 1 (se prononce *yao*) stimule la tête et la nuque
- 5 (se prononce w*ou*) stimule la région de l'estomac

Donc, 3396815 stimule la circulation de l'énergie selon le circuit suivant :

- commence dans la région de la poitrine (33 *sanne sanne*)
- descend vers le bas-ventre (9 *djo*)
- remonte légèrement vers les régions des côtes des deux côtés du corps (les flancs) (6 *lio*)

- circule vers la région du nombril (8 *ba*)
- remonte vers la nuque et la tête (1 *yao*)
- redescend vers la région de l'estomac (5 *wou*)

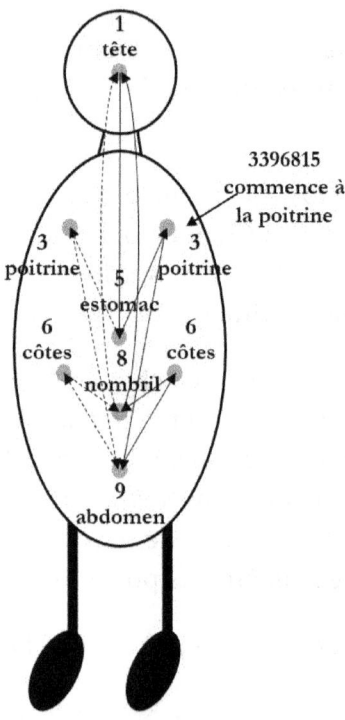

Illustration 11. Le code sacré du Tao 3396815

La signification et le pouvoir du code sacré du Tao 3396815 sont les suivants :

- Enlève les blocages de l'âme, de la conscience et du corps pour la guérison et la transformation de toute vie, incluant la santé, les relations, les finances, l'intelligence, les enfants et chaque aspect de la vie.
- Développe les quatre canaux spirituels majeurs, que sont le Canal du Langage de l'Âme, le Canal de la Communication

Directe de l'Âme, le Canal du Troisième Œil et le Canal de la Connaissance Directe.
- Développe l'intelligence de l'âme, du cœur et de la conscience.
- Purifie et régénère l'âme, le cœur, la conscience et le corps.
- Prolonge la vie.

Maintenant, laissez-moi vous montrer comment développer l'intelligence de l'âme en utilisant la Technique des Quatre Pouvoirs et le code sacré du Tao 3396815 :

Pouvoir du Corps. Asseyez-vous droit. Fermez vos yeux. Placez le bout de votre langue délicatement contre votre palais. Placez vos mains en position de Prière de l'Ère de la Lumière de l'Âme.

Pouvoir de l'Âme. Dites *Bonjour* :

> *Chers âme, conscience et corps de mon âme,*
> *Je vous aime.*
> *Vous avez le pouvoir de développer l'intelligence de mon âme,*
> *Faites un bon travail.*
> *Merci.*

> *Chers âme, conscience et corps de 3396815* (sanne sanne djo lio ba yao wou),
> *Je vous aime.*
> *Vous avez le pouvoir de développer l'intelligence de mon âme.*
> *Je vous en suis extrêmement reconnaissant.*
> *Merci.*

Pouvoir du Mental. Visualisez une lumière arc-en-ciel, rayonnant dans votre âme.

Pouvoir du Son. Récitez *3396815 – San San Jiu Liu Ba Yao Wu* (*sanne sanne djo lio ba yao wou*) à voix haute et aussi vite que vous le pouvez.

San San Jiu Liu Ba Yao Wu

San San Jiu Liu Ba Yao Wu
San San Jiu Liu Ba Yao Wu
San San Jiu Liu Ba Yao Wu …

Maintenant, posez le livre et récitez ce code sacré pendant plusieurs minutes. Récitez-le aussi vite que vous le pouvez. Détendez-vous et laissez les mots sortir naturellement. Ne cherchez pas à prononcer le code correctement. Récitez-le très rapidement ! Une voix ou un son particulier pourrait sortir de façon inopinée. Cette voix peut paraître très étrange ; vous pourriez ne jamais l'avoir entendue auparavant. Ne soyez pas surpris. C'est votre Langage de l'Âme.

Comment savez-vous que vous parlez le Langage de l'Âme ? Quand une voix ou un son particulier sort, arrêtez-vous de chanter. Ensuite, recommencez à répéter *3396815* (*sanne sanne djo lio ba yao wou*) aussi rapidement que vous le pouvez. La voix ou le son particulier ressortira de nouveau. À ce moment-là, vous saurez que cette voix ou ce son particulier est votre Langage de l'Âme. Félicitations !

Le Langage de l'Âme porte la fréquence et la vibration de l'âme avec l'amour de l'âme, le pardon de l'âme, la compassion de l'âme et la lumière de l'âme.

La fréquence et la vibration de l'âme peut transformer la fréquence et la vibration de la conscience et du corps.

L'amour de l'âme peut dissoudre tous les blocages et transformer toute vie, y compris la santé, les relations, les finances, l'intelligence et chaque aspect de la vie.

Le pardon de l'âme peut apporter la joie intérieure et la paix intérieure à toute vie.

La compassion de l'âme peut augmenter l'énergie, l'endurance, la vitalité et l'immunité de toute vie.

La lumière de l'âme peut guérir, prévenir les maladies, purifier et régénérer l'âme, le cœur, la conscience et le corps et transformer toute vie.

Maintenant, arrêtez de lire. Récitez *3396815* (*sanne sanne djio lio ba yao wou*) pendant dix minutes. Si votre Langage de l'Âme sort, c'est merveilleux. Si votre Langage de l'Âme ne sort pas, continuez à répéter *3396815*. Exercez-vous. Votre Langage de l'Âme peut sortir soudainement[21].

D'une manière générale, chantez ou récitez pendant trois à cinq minutes à chaque fois, trois à cinq fois par jour. Si vous souffrez de défis importants liés à l'intelligence de l'âme ou si vous voulez ouvrir davantage vos canaux spirituels, chantez ou récitez une à deux heures par jour. Plus vous chanterez ou réciterez longtemps et souvent, meilleurs seront les résultats que vous recevrez. Vous pouvez additionner tous les temps de pratique ensemble pour totaliser deux heures par jour.

UTILISER LES MAINS DU TAO POUR DÉVELOPPER L'INTELLIGENCE DE L'AME

Maintenant, je vais vous montrer comment développer l'intelligence de l'âme en utilisant les Mains du Tao. Le Tao m'a précisé qu'utiliser les Mains du Tao transmises dans ce livre est très puissant. Je suggère fortement qu'à chaque fois que vous utilisez les Mains du Tao du livre, vous pratiquiez au minimum une demi-heure avec, parce que le Tao m'a clairement indiqué que vous ne pourrez pas utiliser les trésors des Mains du Tao du livre plus de vingt fois. Donc, utilisez-les vingt fois et pratiquez aussi longtemps que vous le pouvez, à chaque occasion, pour en obtenir les plus grands bienfaits. Après

---

[21] Pour en apprendre plus sur le Langage de l'Âme, voir *Soul Wisdom: Practical Soul Treasures to Transform Your Life* (Toronto/New York Heaven's Library/Atria Books, 2008) et *Soul Communication Opening Your Spiritual Channels for Success and Fulfillment* (Toronto/New York Heaven's Library/Atria Books, 2008).

cela, vous devrez contacter un Praticien des Mains du Tao ou l'un de mes Représentants Mondiaux, pour recevoir des bénédictions des Mains du Tao ou faire votre demande afin de recevoir les Mains du Tao vous-même.

Pouvoir du Corps. Asseyez-vous droit. Fermez vos yeux. Placez le bout de votre langue délicatement contre votre palais. Si vous êtes Praticien des Mains du Tao, placez vos mains en position de Prière de l'Ère de la Lumière de l'Âme et secouez votre main droite. Si vous n'êtes pas Praticien des Mains du Tao, placez simplement vos mains en position de Prière de l'Ère de la Lumière de l'Âme.

Pouvoir de l'Âme. Dites *Bonjour* :

> *Chères Mains du Tao,*
> *Je vous aime.*
> *Vous avez le pouvoir de développer l'intelligence de mon âme.*
> *Je vous en suis extrêmement reconnaissant.*
> *Veuillez, s'il vous plaît, offrir à mon âme une bénédiction de guérison de l'âme pour son intelligence, « tel qu'approprié ».*
> *Merci.*

Pouvoir du Mental. Visualisez les Mains du Tao, rayonnant une lumière dorée dans votre âme.

Pouvoir du Son. Chantez ou récitez silencieusement ou à voix haute :

> *Les Mains du Tao développent l'intelligence de mon âme. Merci.*
> *Les Mains du Tao développent l'intelligence de mon âme. Merci.*
> *Les Mains du Tao développent l'intelligence de mon âme. Merci.*
> *Les Mains du Tao développent l'intelligence de mon âme. Merci. ...*

Chantez ou récitez aussi longtemps que vous le pouvez. Plus vous chanterez ou réciterez longtemps et souvent, plus nombreux seront les bienfaits que vous recevrez des Mains du Tao.

J'ai expliqué et accompagné chaque lecteur dans des pratiques pour développer l'intelligence du mental, l'intelligence du cœur et l'intelligence de l'âme. Si l'humanité apprend à développer ces trois intelligences, l'intelligence de l'humanité se développera au-delà des mots, de la compréhension et de l'imagination.

Les pratiques dans cette section sont très importantes. Pour développer l'intelligence de votre mental, l'intelligence de votre cœur et l'intelligence de votre âme, pratiquez encore et encore. Utilisez le code sacré du Tao 3396815. Utilisez les Mains du Tao. Exercez-vous. Exercez-vous. Exercez-vous. Développer votre intelligence apportera des bienfaits illimités pour transformer votre vie.

UTILISER LES MAINS DU TAO POUR DÉVELOPPER L'INTELLIGENCE DES ÉNFANTS

L'intelligence est vitale pour la réussite d'un enfant. Savoir comment développer et accroître l'intelligence d'un enfant est très important. Tous les parents veulent que leurs enfants soient en bonne santé, heureux et intelligents.

Les Mains du Tao portent le pouvoir du Tao. Elles peuvent non seulement offrir une guérison, mais peuvent aussi transformer chaque aspect de la vie, y compris l'intelligence et plus encore.

Laissez-moi vous montrer comment utiliser les Mains du Tao pour développer l'intelligence des enfants. Si l'intelligence des enfants est décuplée, la qualité de l'humanité sera transformée. L'importance du développement de l'intelligence des enfants ne peut pas être surestimée.

Pratiquons maintenant en utilisant la Technique des Quatre Pouvoirs et les Mains du Tao pour développer l'intelligence des enfants :

Pouvoir du Corps. Asseyez-vous droit. Fermez vos yeux. Placez le bout de votre langue délicatement contre votre palais. Si vous êtes

Praticien des Mains du Tao, placez vos mains en position de Prière de l'Ère de la Lumière de l'Âme et secouez votre main droite. Si vous n'êtes pas Praticien des Mains du Tao, placez simplement vos mains en position de Prière de l'Ère de la Lumière de l'Âme.

Pouvoir de l'Âme. Dites *Bonjour* :

> *Chères Mains du Tao,*
> *Je vous aime.*
> *Vous avez le pouvoir de développer l'intelligence du mental, du cœur*
>   *et de l'âme de mon enfant (ou de mes enfants).*
> *Je vous en suis extrêmement reconnaissant.*
> *Veuillez, s'il vous plaît, offrir une bénédiction de guérison de l'âme*
>   *pour l'ensemble de ces trois intelligences, « tel qu'approprié ».*
> *Merci.*

Pouvoir du Mental. Visualisez les Mains du Tao, rayonnant une lumière dorée dans le mental, le cœur et l'âme de votre enfant (ou de vos enfants).

Pouvoir du Son. Chantez ou récitez silencieusement ou à voix haute :

> *Les Mains du Tao développent l'intelligence du mental, du cœur et de*
>   *l'âme de mon enfant (ou de mes enfants). Merci.*
> *Les Mains du Tao développent l'intelligence du mental, du cœur et de*
>   *l'âme de mon enfant (ou de mes enfants). Merci.*
> *Les Mains du Tao développent l'intelligence du mental, du cœur et de*
>   *l'âme de mon enfant (ou de mes enfants). Merci.*
> *Les Mains du Tao développent l'intelligence du mental, du cœur et de*
>   *l'âme de mon enfant (ou de mes enfants). Merci. ...*

Chantez ou récitez aussi longtemps que vous le pouvez. Plus vous chanterez ou réciterez longtemps et souvent, plus les bienfaits que votre enfant ou vos enfants recevront des Mains du Tao seront nombreux.

UTILISER LES MAINS DU TAO POUR DÉVELOPPER L'INTELLIGENCE DES ÉTUDIANTS

Il y a des centaines de millions d'étudiants dans le monde. Il y a des étudiants dans les écoles primaires, dans les écoles secondaires, dans les grandes écoles et dans les universités. Beaucoup de personnes retournent à l'école, une fois adultes, afin de compléter ou d'approfondir leur formation. Il y a des étudiants en maîtrise, des étudiants en doctorat, des étudiants de troisième cycle et plus encore.

Les Mains du Tao ont le pouvoir de développer l'intelligence du mental, du cœur et de l'âme des étudiants de tous les niveaux. Si les étudiants de tous les niveaux développaient leur intelligence, le monde serait bien différent. Les parents font de grands efforts pour aider leurs enfants, de différentes façons, à accroître leur intelligence : les tuteurs, les logiciels éducatifs, les auxiliaires pédagogiques, les groupes d'études, les classes, et plus encore. Les Mains du Tao peuvent développer l'intelligence d'un étudiant. L'humanité est bénie d'avoir l'opportunité de recevoir les Mains du Tao pour guérir, transformer et bénir chaque aspect de la vie.

Maintenant, pratiquons en utilisant la Technique des Quatre Pouvoirs et les Mains du Tao pour développer l'intelligence d'un ou de plusieurs étudiants.

Pouvoir du Corps. Asseyez-vous droit. Fermez vos yeux. Placez le bout de votre langue délicatement contre votre palais. Si vous êtes Praticien des Mains du Tao, placez vos mains en position de Prière de l'Ère de la Lumière de l'Âme et secouez votre main droite. Si vous n'êtes pas Praticien des Mains du Tao, placez simplement vos mains en position de Prière de l'Ère de la Lumière de l'Âme.

Pouvoir de l'Âme. Dites *Bonjour* :

Chères Mains du Tao,
Je vous aime.

Vous avez le pouvoir de développer l'intelligence de _____
(*donnez le nom du ou des étudiants*).
Je vous en suis extrêmement reconnaissant.
Veuillez, s'il vous plaît, offrir une bénédiction de guérison de l'âme pour développer l'intelligence, « tel qu'approprié ».
Merci.

Pouvoir du Mental. Visualisez les Mains du Tao, rayonnant une lumière dorée dans le mental, le cœur et l'âme du ou des étudiants.

Pouvoir du Son. Chantez ou récitez silencieusement ou à voix haute :

Les Mains du Tao développent l'intelligence du mental, du cœur et de l'âme du ou des étudiants. Merci.
Les Mains du Tao développent l'intelligence du mental, du cœur et de l'âme du ou des étudiants. Merci
Les Mains du Tao développent l'intelligence du mental, du cœur et de l'âme du ou des étudiants. Merci
Les Mains du Tao développent l'intelligence du mental, du cœur et de l'âme du ou des étudiants. Merci. ...

Chantez ou récitez aussi longtemps que vous le pouvez. Plus vous chanterez ou réciterez longtemps et souvent, plus les bienfaits que l'étudiant ou les étudiants recevront des Mains du Tao seront nombreux.

UTILISER LES MAINS DU TAO POUR DEVELOPPER L'INTELLIGENCE DES ADULTES ET DES AINES.

Tout le monde peut tirer profit d'une intelligence développée. Les adultes et les aînés ont besoin d'intelligence. À mesure qu'ils vieillissent, beaucoup d'adultes sont atteints de la maladie d'Alzheimer ou d'autres types de démence, de perte de mémoire et d'autres pertes de facultés.

Je vais vous offrir des trésors du Tao majeurs et permanents pour aider les adultes et les aînés à développer les fonctions de leur cerveau.

Préparez-vous !

Ordre du Tao : Transmissions de l'Âme, de la Conscience et du Corps de la Boule de Lumière Violette du Tao et de la Source du Liquide Violet de la Compassion du Tao pour le cerveau, le cœur et l'âme

Transmission !

Félicitations ! Vous êtes bénis. L'humanité est bénie.

La Compassion du Tao accroît l'énergie, l'endurance, la vitalité et l'immunité et peut transformer toute vie.

Maintenant, pratiquons en utilisant la Technique des Quatre Pouvoirs, les Mains du Tao et les Transmissions de l'Âme, de la Conscience et du Corps de la Boule de Lumière Violette du Tao et de la Source du Liquide Violet de la Compassion du Tao pour le cerveau, le cœur et l'âme, dans le but d'améliorer les fonctions du cerveau et l'intelligence des adultes et des aînés.

Pouvoir du Corps. Asseyez-vous droit. Fermez vos yeux. Placez le bout de votre langue délicatement contre votre palais. Si vous êtes Praticien des Mains du Tao, placez vos mains en position de Prière de l'Ère de la Lumière de l'Âme et secouez votre main droite. Si vous n'êtes pas Praticien des Mains du Tao, placez simplement vos mains en position de Prière de l'Ère de la Lumière de l'Âme.

Pouvoir de l'Âme. Dites *Bonjour* :

> *Chers âme, conscience et corps de mon mental, de mon cœur et de mon âme,*
> *Je vous aime.*
> *Vous avez le pouvoir de développer votre intelligence.*
> *Faites un bon travail.*
> *Merci.*

Chers âme, conscience et corps des Transmissions de l'Âme, de la Conscience et du Corps de la Boule de Lumière Violette du Tao et de la Source du Liquide Violet de la Compassion du Tao pour le cerveau, le cœur et l'âme,
Je vous aime.

Chères Mains du Tao,
Je vous aime.
Vous avez le pouvoir de développer les fonctions de mon cerveau et l'intelligence de mon mental, de mon cœur et de mon âme (ou de la personne nommée).
Je vous en suis extrêmement reconnaissant.
Veuillez, s'il vous plaît, offrir une bénédiction de guérison de l'âme « tel qu'approprié ».
Merci.

Pouvoir du Mental. Visualisez les Mains du Tao, rayonnant une lumière dorée dans votre mental, votre cœur et votre âme.

Pouvoir du Son. Chantez ou récitez silencieusement ou à voix haute :

Les Mains du Tao développent les fonctions du cerveau et l'intelligence de mon mental, de mon cœur et de mon âme (ou de la personne nommée). Merci.
Les Mains du Tao développent les fonctions du cerveau et l'intelligence de mon mental, de mon cœur et de mon âme (ou de la personne nommée). Merci.
Les Mains du Tao développent les fonctions du cerveau et l'intelligence de mon mental, de mon cœur et de mon âme (ou de la personne nommée). Merci.
Les Mains du Tao développent les fonctions du cerveau et l'intelligence de mon mental, de mon cœur et de mon âme (ou de la personne nommée). Merci. ...

Chantez ou récitez aussi longtemps que vous le pouvez. Plus vous chanterez ou réciterez longtemps et souvent, plus les bienfaits que vous recevrez des Mains du Tao et des autres trésors du Tao seront nombreux.

Comme je l'ai déjà écrit plusieurs fois dans ce livre, les Mains du Tao portent la fréquence et la vibration du Tao qui peuvent transformer tout aspect de la vie. L'histoire suivante est celle d'une grande transformation pour les parents de l'un de mes étudiants.

Ma mère et mon père souffraient terriblement de plusieurs problèmes de santé. Les deux souffraient de difficultés respiratoires ; on leur a diagnostiqué un emphysème et ma mère avait souvent des difficultés à respirer, à quoi s'ajoutait une immense fatigue. Son équilibre était précaire, aussi devait-elle utiliser une canne pour se déplacer. J'avais toujours peur qu'elle fasse des chutes parce qu'elle était déjà tombée plusieurs fois, au cours des dernières années, et qu'elle s'était déjà brisée des os importants.

L'un des pires problèmes pour ma mère était la peur de perdre la mémoire. Elle était constamment inquiète du risque de développer la maladie d'Alzheimer comme sa mère. Elle s'inquiétait tout le temps à propos de cela.

Mes parents vieillissaient assez rapidement. Chaque jour, j'étais triste de voir mon père s'efforcer de soutenir ma mère qui boitillait à ses côtés, alors que tous les deux luttaient pour respirer et se déplacer.

Il y a deux mois, j'ai commencé à appeler leurs âmes à venir rejoindre les téléconférences quotidiennes gratuites des Bénédictions des Mains du Tao, afin qu'elles reçoivent des bénédictions de guérison de l'âme. Je ne leur ai pas dit qu'ils recevaient ces bénédictions de guérison de l'âme quotidiennement.

Après deux mois, mes parents n'avaient plus aucune difficulté pour respirer ! J'ai accompagné ma mère chez son médecin et tous deux, son médecin et elle, ont remarqué l'amélioration incroyable de ses soucis respiratoires, comme si elle s'était complètement libérée de ses problèmes.

Son équilibre s'est aussi pratiquement rétabli, au point qu'elle n'utilise plus du tout de canne, même si elle ne comprend pas la signification de tout cela. D'ailleurs, mes parents sortent maintenant danser deux fois par semaine ! Je ne les avais pas vus aussi heureux durant ces vingt dernières années. Ils nagent tous les deux dans un bonheur béat et profitent à nouveau de la vie, comme deux jeunes amoureux.

Et le meilleur dans tout cela, c'est que ma mère m'a dit : « Je ne sais pas pourquoi j'étais si terrifiée d'avoir Alzheimer. J'ai juste décidé de lâcher ça, un jour, il y a quelques semaines. Je me sens vraiment bien. C'était si bête. »

Merci au Tao. Merci à Maître Sha.

G. G.
Floride

Des millions de personnes veulent transformer leur vie. L'humanité fait face à tellement de défis relationnels, financiers, intellectuels et dans chaque autre aspect de la vie. Les trésors du Tao et les pratiques dans ce chapitre sont vitaux pour transformer chaque aspect de la vie. Les Mains du Tao ont le pouvoir de transformer toute vie. Nous ne pouvons honorer suffisamment le Tao d'avoir offert l'âme de ses mains à l'humanité pour transformer chaque aspect de la vie.

Une fois que vous avez reçu les Mains du Tao, vous avez une connexion directe avec le Tao. Quand vous offrez guérison, bénédiction et transformation de la vie avec les Mains du Tao, le Tao est là pour vous. Il n'y a pas de mots pour exprimer notre plus grande gratitude et honneur d'avoir pu recevoir les Mains du Tao.

Merci. Merci. Merci.

Utiliser les Mains du Tao pour Guérir les Animaux et la Nature

BEAUCOUP DE FAMILLES ont des animaux de compagnie. Lorsque je suis arrivé de Chine en Amérique du Nord, j'ai pu, au fur et à mesure, réaliser que de nombreuses personnes traitaient leurs animaux de compagnie comme un membre de leur famille. Je les entends souvent appeler leur chien ou leur chat mon fils, ma fille, ou mon bébé. Ils se considèrent comme la mère ou le père de leur animal de compagnie.

Guérir les Animaux

Quand leurs animaux sont malades, les personnes prennent très grand soin d'eux. Les gens aiment les animaux. Les animaux apportent la joie, l'harmonie, la compagnie et la santé à la famille.

J'ai vu dans un journal télévisé chinois qu'un acteur de cinéma renommé avait souffert d'un caillot de sang dans l'une de ses jambes. Il se fit opérer et, deux ans plus tard, une autre artère se boucha dans la même jambe. Il avait des difficultés à marcher et avait plusieurs autres maladies. Un ami de l'acteur lui donna un chien. Chaque jour, l'acteur devait promener son chien. En le faisant, il réalisa qu'il pouvait se déplacer de mieux en mieux. Beaucoup de problèmes de santé s'amélioraient. Il dit que le fait de promener son chien avait transformé sa santé et sa vie. Cette histoire démontre clairement l'un des nombreux bienfaits d'avoir un animal de compagnie.

Maintenant, laissez-moi vous montrer comment transmettre des guérisons de l'âme pour guérir les animaux.

D'abord, je vais offrir des trésors du Tao permanents, pour guérir vous-même, vos proches et vos animaux de compagnies bien aimés.

Préparez-vous !

Ordre du Tao : Transmissions de l'Âme, de la Conscience et du Corps de la Boule de Lumière Violette du Tao et de la Source du Liquide Violet de l'Alignement de l'Âme, du Cœur, de la Conscience et du Corps du Tao

Transmission !

Félicitations ! Vous êtes bénis. L'humanité est bénie. Vos animaux de compagnie sont bénis.

Laissez-moi vous montrer comment utiliser les trésors du Tao que vous venez de recevoir pour bénir vos animaux de compagnie. Utilisez la Technique des Quatre Pouvoirs :

Pouvoir du Corps. Asseyez-vous droit. Fermez vos yeux. Placez le bout de votre langue délicatement contre votre palais. Placez vos mains en position de Prière de l'Ère de la Lumière de l'Âme.

Pouvoir de l'Âme. Dites *Bonjour* :

> *Chers âme, conscience et corps de* _____ (donnez le nom de votre animal de compagnie),

Chers âme, conscience et corps de _____ (nommez le système, l'organe ou la condition de votre animal de compagnie qui a besoin de guérison).
Je vous aime.

Chers âme, conscience et corps des Transmissions de l'Âme, de la Conscience et du Corps de la Boule de Lumière Violette du Tao et de la Source du Liquide Violet de l'Alignement de l'Âme, du Cœur, de la Conscience et du Corps du Tao.
Je vous aime.
Vous avez le pouvoir de guérir _____ (nom de votre animal) *pour* _____ (nommez le système, l'organe ou la condition pour lequel ou laquelle vous demandez une bénédiction).
Je vous en suis extrêmement reconnaissant.
Merci.

Pouvoir du Mental. Visualisez une lumière violette, rayonnant à l'intérieur de votre animal de compagnie.

Pouvoir du Son. Chantez ou récitez silencieusement ou à voix haute :

Les Transmissions de l'Âme, de la Conscience et du Corps de la Boule de Lumière Violette du Tao et de la Source du Liquide Violet de l'Alignement de l'Âme, du Cœur, de la Conscience et du Corps du Tao guérissent et régénèrent mon animal de compagnie. Merci.
Les Transmissions de l'Âme, de la Conscience et du Corps de la Boule de Lumière Violette du Tao et de la Source du Liquide Violet de l'Alignement de l'Âme, du Cœur, de la Conscience et du Corps du Tao guérissent et régénèrent mon animal de compagnie. Merci.
Les Transmissions de l'Âme, de la Conscience et du Corps de la Boule de Lumière Violette du Tao et de la Source du Liquide Violet de l'Alignement de l'Âme, du Cœur, de la Conscience et du Corps du Tao guérissent et régénèrent mon animal de compagnie. Merci.
Les Transmissions de l'Âme, de la Conscience et du Corps de la Boule de Lumière Violette du Tao et de la Source du Liquide Violet de

> *l'Alignement de l'Âme, du Cœur, de la Conscience et du Corps du Tao guérissent et régénèrent mon animal de compagnie. Merci. ...*

Maintenant, arrêtez de lire et posez le livre. Chantez ou récitez *Les Transmissions de l'Âme, de la Conscience et du Corps de la Boule de Lumière Violette du Tao et de la Source du Liquide Violet de l'Alignement de l'Âme, du Cœur, de la Conscience et du Corps du Tao guérissent et régénèrent mon animal de compagnie. Merci* pendant dix minutes. D'une manière générale, chantez ou récitez pendant trois à cinq minutes à chaque fois, trois à cinq fois par jour. Si votre animal de compagnie souffre d'une problématique de santé chronique ou menaçant la vie, chantez ou récitez une à deux heures par jour. Plus vous chanterez ou réciterez longtemps et souvent, meilleurs seront les résultats que votre animal de compagnie pourra obtenir.

Maintenant, je vais vous montrer comment transmettre une bénédiction à votre animal de compagnie en utilisant les Mains du Tao. Je suggère fortement qu'à chaque fois que vous utilisez les Mains du Tao du livre, vous pratiquiez au minimum une demi-heure avec, parce que le Tao m'a clairement indiqué que vous ne pourrez pas utiliser les trésors des Mains du Tao du livre plus de vingt fois. Donc, utilisez-les vingt fois et pratiquez aussi longtemps que vous le pouvez, à chaque occasion, pour en obtenir les plus grands bienfaits. Après cela, vous devrez contacter un Praticien des Mains du Tao ou l'un de mes Représentants Mondiaux, pour recevoir des bénédictions des Mains du Tao ou faire votre demande afin de recevoir les Mains du Tao vous-même.

UTILISER LES MAINS DU TAO POUR GUÉRIR LES ANIMAUX

Nos animaux de compagnie bien-aimés ainsi que les autres animaux peuvent se blesser ou être malades. Utilisez la Technique des Quatre Pouvoirs et les Mains du Tao pour offrir des bénédictions de guérison de l'âme :

Pouvoir du Corps. Asseyez-vous droit. Fermez vos yeux. Placez le bout de votre langue délicatement contre votre palais. Si vous êtes Praticien des Mains du Tao, placez vos mains en position de Prière de l'Ère de la Lumière de l'Âme et secouez votre main droite. Si vous n'êtes pas Praticien des Mains du Tao, placez simplement vos mains en position de Prière de l'Ère de la Lumière de l'Âme

Pouvoir de l'Âme. Dites *Bonjour* :

> *Chères Mains du Tao,*
> *Je vous aime,*
> *Vous avez le pouvoir de guérir* _____ (nommez l'animal de compagnie et la condition pour laquelle vous demandez une bénédiction).
> *Je vous en suis extrêmement reconnaissant.*
> *Veuillez, s'il vous plaît, offrir une bénédiction de guérison de l'âme « tel qu'approprié ».*
> *Merci.*

Pouvoir du Mental. Visualisez les Mains du Tao, rayonnant une lumière dorée à l'intérieur de l'animal.

Pouvoir du Son. Chantez ou récitez silencieusement ou à voix haute.

> *Les Mains du Tao guérissent* _____ (nommez l'animal et la maladie). *Merci.*
> *Les Mains du Tao guérissent* _____ (nommez l'animal et la maladie). *Merci.*
> *Les Mains du Tao guérissent* _____ (nommez l'animal et la maladie). *Merci.*
> *Les Mains du Tao guérissent* _____ (nommez l'animal et la maladie). *Merci.* …

Chantez ou récitez aussi longtemps que vous le pouvez. Plus vous chanterez ou réciterez longtemps et souvent, plus les bienfaits que votre animal de compagnie recevra des Mains du Tao seront nombreux.

J'aimerais préciser qu'il n'est pas approprié de demander aux Mains du Tao, ni à aucun trésor du Tao permanent, de transformer la santé de tous les animaux sur Terre-Mère, dans les Cieux ou dans les innombrables planètes, étoiles, galaxies et univers.

Voici l'histoire personnelle du Dr Rulin Xiu, une physicienne de Pahoa, à Hawaï, qui a soulagé son chien bien-aimé et d'autres chiens aussi.

> *Mon chien bien-aimé, Buga, ne mangeait plus depuis une semaine. Il devenait de plus en plus faible. Il avait une sévère constipation. Je pensais qu'il serait capable de surmonter cela tout seul. Je lui ai donné des huiles minérales et des herbes. Il n'allait pas mieux et son état continuait d'empirer. Un matin, je l'ai vu dans les bois. Son énergie était très basse et j'ai compris qu'il était en train de mourir. J'ai su que je devais faire quelque chose.*
>
> *J'ai transmis à Buga une bénédiction des Mains du Tao. Je me suis dirigée vers lui et l'ai tenu dans mes bras. En même temps que je lui transmettais la bénédiction des Mains du Tao, il me regardait et j'ai vu la vie revenir en lui. Il commença à se lever et j'ai continué à lui transmettre la bénédiction. La bénédiction n'était pas encore terminée qu'il commença à courir après quelques animaux. Je me suis demandé si je devais l'emmener chez le vétérinaire, mais j'ai décidé de ne pas le faire. Après quelques jours, il était complètement rétabli et s'est remis à manger normalement.*
>
> *Je vais partager avec vous une autre histoire de bénédiction des Mains du Tao que j'ai transmise à une amie. Je lui ai transmis une bénédiction parce que sa nuque et son épaule étaient déplacées depuis plus de douze ans. Elle souffrait continuellement. J'ai commencé à lui transmettre une bénédiction des Mains du Tao avec mon Chant de l'Âme pendant que nous étions à la plage. Après la*

bénédiction, elle a dit que son cou et ses épaules allaient beaucoup mieux.

Pendant que je transmettais la bénédiction des Mains du Tao et mon Chant de l'Âme, un certain nombre de dauphins sont venus. Nous avons commencé à danser face à l'océan parce qu'elle se sentait mieux. Nous avons dansé la plus belle et merveilleuse danse que nous puissions faire. Elle a dit « Il n'y a plus aucune douleur depuis la bénédiction des Mains du Tao ». J'ai continué à lui transmettre quelques bénédictions supplémentaires, afin qu'elle se rétablisse complètement.

J'aimerais partager avec vous une autre histoire à propos de mon plombier, Mark. Il y a six mois, je l'ai appelé pour faire quelques travaux chez moi. Il m'a dit qu'il avait tellement mal qu'il ne pouvait pas travailler. Quelques mois plus tard, je lui téléphonai à nouveau pour faire certains travaux et il m'a dit que son état n'avait pas changé et qu'il ne pouvait pas travailler. Il m'a dit qu'il me donnerait les instructions par téléphone pour que je fasse les travaux par moi-même. À ce moment-là, j'ai pensé aux Mains du Tao. Je lui ai transmis une bénédiction par téléphone. Étonnamment, il n'a plus éprouvé de douleur après la bénédiction des Mains du Tao. Il était tellement reconnaissant. Il a immédiatement commencé à faire mes travaux de plomberie.

Les personnes me remercient toujours pour ces bénédictions merveilleuses que je leur transmets. C'est un cadeau incroyable que le Tao et Maître Sha nous ont donné. Ce n'est pas moi qui œuvre. Je me sens bien en le faisant. C'est comme si, moi aussi, je recevais. Je suis toujours reconnaissante envers les personnes et le Tao lorsque je transmets une bénédiction. Je me sens mieux après avoir transmis des bénédictions des Mains du Tao. Je ne peux remercier suffisamment le Tao pour ce cadeau et pour ma capacité de pouvoir servir les autres.

Je prends conscience du pouvoir des Mains du Tao de plus en plus profondément dans mon cœur. Je suis vraiment reconnaissante envers Maître Sha de m'avoir offert les Mains du Tao pour que je puisse servir mes amis et mes chiens bien-aimés.

Guérir la Nature

Des millions de personnes apprécient le jardinage et la nature. Certaines personnes font pousser des arbres fruitiers et des légumes. D'autres font pousser des fleurs et s'occupent de plantes d'intérieur. Les fermiers cultivent des hectares de terres avec des cultures variées. Beaucoup de personnes ressentent un profond lien avec la nature et savourent le fait de passer du temps à faire des randonnées, à profiter de la vue, à respirer l'air frais, à camper, à nager, à faire du bateau, à courir, à escalader, à regarder les oiseaux et plus encore. La nature est remplie d'arbres, de fleurs et d'autres plantes, de jardins, de rivières, de lacs, de montagnes, de rochers et plus encore.

La plupart des gens comprennent qu'un être humain possède un corps, une conscience et un esprit. L'esprit est l'âme. Chaque chose a une âme, une conscience et un corps. Les animaux de compagnie et tous les animaux ont une âme. Toute chose dans la nature a une âme. Beaucoup de personnes ne comprennent pas que les objets inanimés comme les montagnes, les rivières et les océans ont une âme. D'innombrables poissons, plantes, insectes et autres choses vivantes vivent sur la terre ou dans l'eau. Chacun d'entre eux a une âme. La guérison de l'âme peut être appliquée à chacun et à chaque chose parce que tout le monde et toute chose possède une âme.

Dans un ancien enseignement spirituel, *wan wu jie you ling*. « Wan » signifie *dix mille*. « Wu » signifie *chose*. « Jie » signifie *tout*. « You » signifie *avoir*. « Ling » signifie *âme*. « Wan wu jie you ling » (se prononce *ouanne wu djié yo ling*) signifie *toute chose a une âme*. L'âme est un être de lumière dorée. Toute personne et toute chose sur Terre-Mère, dans les Cieux et les innombrables planètes, étoiles, galaxies et univers ont une âme. Une montagne peut avoir des milliers d'arbres. Chaque arbre a une âme. Chaque feuille sur chaque branche a une âme. Notre corps contient d'innombrables âmes.

Le mental est la conscience. Toute personne et toute chose a une conscience.

Le corps est composé d'énergie et de matière infime. Toute personne et toute chose a un corps.

Toute chose a une âme, une conscience et un corps.

Je vais maintenant vous offrir un autre ensemble de trésors du Tao inestimables et permanents. Je vais ensuite vous montrer comment utiliser ces trésors pour vous guérir vous-même, vos êtres chers, et la nature.

Préparez-vous !

Ordre du Tao : Transmissions de l'Âme, de la Conscience et du Corps de la Boule de Lumière Violette du Tao et de la Source du Liquide Violet des Nutriments et de l'Équilibre du Tao

Transmission !

Félicitations ! Vous êtes bénis. L'humanité est bénie. La nature est bénie.

Maintenant, nous allons transmettre des bénédictions de guérison de l'âme à la nature, en utilisant la Technique des Quatre Pouvoirs et les Transmissions de l'Âme, de la Conscience et du Corps de la Boule de Lumière Violette du Tao et de la Source du Liquide Violet des Nutriments et de l'Équilibre du Tao simultanément.

Pouvoir du Corps. Asseyez-vous droit. Fermez vos yeux. Placez le bout de votre langue délicatement contre votre palais. Placez vos mains en position de Prière de l'Ère de la Lumière de l'Âme.

Pouvoir de l'Âme. Dites *Bonjour* :

> *Chers âme, conscience et corps de* _____ (nommez la partie de la nature pour laquelle vous demandez une bénédiction de guérison),
> *Je vous aime.*
> *Chers âme, conscience et corps des Transmissions de l'Âme, de la Conscience et du Corps de la Boule de Lumière Violette du Tao et de la Source du Liquide Violet des Nutriments et de l'Équilibre du Tao,*
> *Je vous aime.*
> *Vous avez le pouvoir de nourrir et d'équilibrer* _____ (nommez la partie de la nature pour laquelle vous demandez une guérison).
> *Veuillez s'il vous plaît équilibrer et bénir* _____ « tel qu'approprié ».
> *Je vous en suis extrêmement reconnaissant.*
> *Merci.*

Pouvoir du Mental. Visualisez une lumière violette, rayonnant dans la partie de la nature pour laquelle vous demandez une bénédiction.

Pouvoir du Son. Chantez ou récitez silencieusement ou à voix haute :

> *Les Transmissions de l'Âme, de la Conscience et du Corps de la Boule de Lumière Violette du Tao et de la Source du Liquide Violet des Nutriments et de l'Équilibre du Tao nourrissent et équilibrent* _____ (nommez la partie de la nature pour laquelle vous demandez une bénédiction de guérison). *Merci.*
> *Les Transmissions de l'Âme, de la Conscience et du Corps de la Boule de Lumière Violette du Tao et de la Source du Liquide Violet des Nutriments et de l'Équilibre du Tao nourrissent et équilibrent* _____ (nommez la partie de la nature pour laquelle vous demandez une bénédiction de guérison). *Merci.*
> *Les Transmissions de l'Âme, de la Conscience et du Corps de la Boule de Lumière Violette du Tao et de la Source du Liquide Violet des Nutriments et de l'Équilibre du Tao nourrissent et équilibrent*

_____ (nommez la partie de la nature pour laquelle vous demandez une bénédiction de guérison). *Merci.*

Les Transmissions de l'Âme, de la Conscience et du Corps de la Boule de Lumière Violette du Tao et de la Source du Liquide Violet des Nutriments et de l'Équilibre du Tao nourrissent et équilibrent _____ (nommez la partie de la nature pour laquelle vous demandez une bénédiction de guérison). *Merci.* ...

Maintenant, arrêtez de lire et posez le livre. Chantez ou récitez *Les Transmissions de l'Âme, de la Conscience et du Corps de la Boule de Lumière Violette du Tao et de la Source du Liquide Violet des Nutriments et de l'Équilibre du Tao nourrissent et équilibrent* _____. *Merci* pendant dix minutes. D'une manière générale, chantez ou récitez pendant trois à cinq minutes à chaque fois, trois à cinq fois par jour. S'il y a de sérieux problèmes avec la nature, chantez ou récitez une à deux heures par jour. Plus vous chanterez ou réciterez longtemps et souvent pour votre ou vos requêtes, meilleurs seront les résultats que votre ou vos requêtes pourront recevoir.

Il est très important de comprendre qu'il n'est pas approprié de demander aux Transmissions de l'Âme, de la Conscience et du Corps de la Boule de Lumière Violette du Tao et de la Source du Liquide Violet des Nutriments et de l'Équilibre du Tao, ou tout autre trésor du Tao, de bénir toute la nature de la Terre-Mère, des Cieux, ou des innombrables planètes, étoiles, galaxies et univers, ainsi que toute région affectée par des catastrophes naturelles ou crées par l'homme.

⌘

Cette nouvelle histoire montre le pouvoir d'une bénédiction de guérison de l'âme des Mains du Tao pour transformer des fleurs.

Depuis que j'ai eu l'honneur de recevoir la transmission de Praticien des Mains du Tao en 2010, mon expérience fut très vaste : le nettoyage de pustules d'une morsure d'une méchante araignée ne laissant aucune cicatrice ; la dissolution d'un nœud à la colonne vertébrale ; une douleur atroce réduite à une petite, voire à plus aucune douleur ; l'équilibrage des émotions ; et une impressionnante vibration cellulaire.

Je me sens très humble d'avoir la possibilité de transmettre cette bénédiction du Tao. Ma main vibre comme une vague de lumière et la vibration qui émane de ma main semble être parfois beaucoup plus grande que la taille de la pièce. Je serai toujours émerveillée du fait que le Tao me permette d'être un véhicule pour la guérison, la régénération et la transformation. La multitude d'âmes qui viennent servir durant une bénédiction des Mains du Tao est phénoménale, selon les témoignages de ceux qui ressentent, de ceux qui perçoivent et de ceux qui voient.

L'un des moments phares de ma journée, c'est de rejoindre la téléconférence quotidienne des Mains du Tao, créée et guidée par mon père spirituel, le Dr et Maître Zhi Gang Sha, et d'être en mesure de servir au niveau mondial, en collaboration avec tous les membres de la famille des Mains du Tao. Merci. Merci. Merci.

Parmi les nombreuses histoires que je pourrais partager, il y en a une qui se distingue plus particulièrement.

J'étais honorée de rejoindre Maître Elaine Ward et Rick Riecker, dans les montagnes Catskill, à New York, afin de servir dans leur équipe, pour la première formation mondiale de certification des Mains du Tao. Cette formation était offerte simultanément dans vingt villes à travers le monde, du 30 mars au 1er avril 2012.

Maître Elaine et Rick avaient magnifiquement préparé le cadre pour la formation. L'autel était simple et élégant, et un vase de fleurs, fraîchement coupées, avait été placé pour le service et pour honorer notre maître et enseignant, lors de l'événement.

La formation se déroulait dans une yourte sur un terrain boisé de cinq acres. Malgré le confort de la yourte et le fait qu'elle offre un magnifique cadre spirituel pour la formation, étant au début du printemps à New York, les températures à l'intérieur de la yourte descendaient chaque nuit, pendant que nous dormions confortablement dans un autre bâtiment. Les fleurs souffraient et dépérissaient, s'affaissaient et ne récupéraient pas le matin suivant. Nous n'avions pas le temps de les remplacer. J'ai entendu : « Voici un bel enseignement. Transmets des bénédictions des Mains du Tao. » J'ai remercié les fleurs pour leur service et je leur ai demandé pardon de ne pas avoir compris qu'il n'était pas bon pour elles d'être dans le froid de la yourte la nuit. J'ai transmis une bénédiction « tel qu'approprié » et j'ai malheureusement oublié cet enseignement, lorsque nous avons commencé à faire nos activités du jour.

À un moment donné, je me suis rendu compte que les fleurs ne se fanaient plus. Elles avaient retrouvé leur beauté originelle et resplendissaient de façon éblouissante durant la formation. À la fin de la journée, nous avons pris les fleurs avec nous dans les chambres de l'établissement, où elles pouvaient continuer de servir et d'apprécier le développement de notre nouvelle communauté des Mains du Tao, chaque nuit. À la fin de la formation, le troisième jour, nous avons pris les fleurs et les avons laissées, dans la grande maison d'hôtes du Miriam's Well, afin que tous les nouveaux venus puissent sentir leur service hautement vibratoire. Ces fleurs s'étaient transformées. Elles étaient totalement ouvertes, leurs pétales rayonnaient pleinement, grâce au service qu'elles faisaient et à la seconde chance de vivre qui leur a été donné, contre toute attente.

Pour moi, tout ceci est une image du pouvoir des Mains du Tao qui peuvent guérir l'âme, offrir guérison, régénération et transformation, cela, sans aucune limitation de la pensée et de la compréhension humaines, et en laissant le Tao accomplir ce qui doit être accompli.

Merci, Maître Sha de me permettre d'être une humble servante et une Praticienne des Mains du Tao Certifiée.

Frances Anne Brown
Suffolk, Virginie

⌘

UTILISER LES MAINS DU TAO POUR GUÉRIR LA NATURE

Maintenant, je vais vous montrer comment offrir des bénédictions de guérison pour la nature en utilisant les Mains du Tao. Je suggère fortement qu'à chaque fois que vous utilisez les Mains du Tao du livre, vous pratiquiez au minimum une demi-heure avec, parce que le Tao m'a clairement indiqué que vous ne pourrez pas utiliser les trésors des Mains du Tao du livre plus de vingt fois. Donc, utilisez-les vingt fois et pratiquez aussi longtemps que vous le pouvez, à chaque occasion, pour en obtenir les plus grands bienfaits. Après cela, vous devrez contacter un Praticien des Mains du Tao ou l'un de mes Représentants Mondiaux, pour recevoir des bénédictions des Mains du Tao ou faire votre demande afin de recevoir les Mains du Tao vous-même.

Utilisez la Technique des Quatre Pouvoirs :

Pouvoir du Corps. Asseyez-vous droit. Fermez vos yeux. Placez le bout de votre langue délicatement contre votre palais. Si vous êtes Praticien des Mains du Tao, placez vos mains en position de Prière de l'Ère de la Lumière de l'Âme et secouez votre main droite. Si vous n'êtes pas Praticien des Mains du Tao, placez simplement vos mains en position de Prière de l'Ère de la Lumière de l'Âme.

Pouvoir de l'Âme. Dites *Bonjour* :

> *Chères Mains du Tao,*
> *Je vous aime,*
> *Vous avez le pouvoir de guérir* _____ (nommez la partie de la nature pour laquelle vous demandez une bénédiction de guérison).
> *Je vous en suis extrêmement reconnaissant.*
> *Veuillez, s'il vous plaît, offrir une bénédiction de guérison de l'âme « tel qu'approprié ».*
> *Merci.*

Pouvoir du Mental. Visualisez les Mains du Tao, rayonnant une lumière dorée dans la partie de la nature pour laquelle vous demandez une bénédiction de guérison.

Pouvoir du Son. Chantez ou récitez silencieusement ou à voix haute :

> *Les Mains du Tao guérissent* _____ (nommez la partie de la nature pour laquelle vous demandez une bénédiction de guérison). *Merci.*
> *Les Mains du Tao guérissent* _____ (nommez la partie de la nature pour laquelle vous demandez une bénédiction de guérison). *Merci.*
> *Les Mains du Tao guérissent* _____ (nommez la partie de la nature pour laquelle vous demandez une bénédiction de guérison). *Merci.*
> *Les Mains du Tao guérissent* _____ (nommez la partie de la nature pour laquelle vous demandez une bénédiction de guérison). *Merci.* ...

Chantez ou récitez aussi longtemps que vous le pouvez pour votre ou vos requêtes. Plus vous chanterez ou réciterez longtemps et souvent, plus votre ou vos requêtes recevront des bienfaits des Mains du Tao.

Comme indiqué précédemment, il est important de comprendre qu'il n'est pas approprié de demander aux trésors du Tao quels qu'ils soit, y compris les Mains du Tao, de bénir toute la nature sur la Terre-Mère, dans les Cieux ou sur les innombrables planètes, étoiles, galaxies et univers, ainsi que dans toute région affectée par des catastrophes naturelles ou créés par l'homme.

⌘

Les animaux de compagnie et les autres animaux jouent un rôle important dans la vie de nombreuses personnes. De plus, les êtres humains ne peuvent pas survivre sans la nature, incluant les plantes et l'eau. Les animaux et la nature pourraient être profondément affectés lors de la transition de la Terre-Mère. Donc, savoir comment transmettre une bénédiction de guérison de l'âme aux animaux et à la nature est vital. Savoir comment utiliser les Mains du Tao pour transmettre des bénédictions de guérison de l'âme aux animaux et à la nature est aussi extrêmement important.

Plus vous pensez aux Mains du Tao, plus l'honneur que vous pouvez ressentir sera profond dans votre cœur et dans votre âme. Au chapitre 4, nous avons appris, pratiqué et expérimenté comment utiliser les Mains du Tao pour guérir le corps spirituel, le corps mental, le corps émotionnel et le corps physique d'un être humain. Au chapitre 5, nous avons également appris, pratiqué et expérimenté comment utiliser les Mains du Tao pour transformer les relations, les finances, l'intelligence et chaque aspect de la vie. Au chapitre 6, nous avons appris, pratiqué et expérimenté comment utiliser les Mains du Tao pour guérir les animaux et la nature.

Les domaines d'application de la guérison de l'âme, incluant les Mains du Tao, sont vastes. Toute personne et toute chose a une âme. Toute personne et toute chose peut recevoir une guérison et une transformation par une bénédiction de guérison de l'âme et par les Mains du Tao.

Je voudrais exprimer à nouveau ma plus grande gratitude, venant du plus profond de mon cœur, au Tao. Merci Tao, pour votre générosité d'offrir l'âme de vos Mains aux personnes choisies. Quiconque reçoit les Transmissions de l'Âme, de la Conscience et du Corps des Mains du Tao reçoit l'honneur et le privilège, pour toujours, d'utiliser les Mains du Tao à tout moment, et n'importe où, pour offrir des bénédictions de guérison de l'âme à l'humanité, aux animaux, à la nature pour la guérison, la régénération et la transformation de toute vie.

Je répète :

> *Les mots ne sont pas suffisants.*
> *Les pensées ne sont pas suffisantes.*
> *L'imagination n'est pas suffisante.*
> *La compréhension n'est pas suffisante.*
> *L'appréciation n'est pas suffisante.*
> *La gratitude n'est pas suffisante.*
> *L'honneur n'est pas suffisant pour les Mains du Tao.*
> *Nous sommes extrêmement bénis.*
> *Merci. Merci. Merci.*

Utiliser les Mains du Tao pour Ouvrir Vos Canaux Spirituels

DES MILLIONS DE personnes, au cours de leur évolution spirituelle, désirent ouvrir leurs canaux spirituels. Ils veulent être plus profondément connectés avec le Tao, leurs Guides, les Anges, les Saints, les Bouddhas et autres êtres spirituels très élevés. Ils désirent communiquer avec ces êtres afin d'acquérir la clairvoyance et la sagesse qui les aideront dans leur évolution spirituelle.

De tout temps, il a été enseigné de multiples façons pour ouvrir ses canaux spirituels. Dans mes enseignements, il y a quatre canaux spirituels, qui sont :

- le Canal du Langage de l'Âme
- le Canal de la Communication Directe de l'Âme
- le Canal du Troisième Œil
- le Canal de la Connaissance Directe

J'ai enseigné à des milliers de personnes à travers le monde comment ouvrir leurs canaux spirituels. J'ai des centaines d'étudiants qui ont ouvert leurs canaux spirituels d'une façon avancée.

Pourquoi une personne a-t-elle besoin d'ouvrir ses canaux spirituels ?

Ouvrir vos canaux spirituels sert votre chemin spirituel de manière très profonde. L'ouverture de vos canaux spirituels vous donne la possibilité de communiquer avec le Monde des Âmes, y compris vos pères et mères spirituels dans les Cieux et avec le Tao, pour recevoir les conseils et la sagesse dont vous avez besoin, afin d'accomplir le chemin de votre âme. Le Tao est le père et la mère spirituels de toutes les âmes. Le Tao est la Source qui crée les Cieux, la Terre-Mère et les innombrables planètes, étoiles, galaxies et univers.

Ouvrir vos canaux spirituels sert également votre vie physique. Les étapes normales de la vie d'un être humain sont : la naissance, le nourrisson, le bébé, l'enfant, l'adolescent, l'adulte, la personne âgée et la transition vers le Monde des Âmes. Plus tôt vos canaux spirituels sont ouverts, mieux c'est. Les conseils de vos pères et mères spirituels et du Tao peuvent vous apporter des bienfaits dans chaque aspect de votre vie physique. Cela peut vous amener à faire les bonnes études à l'école. Cela peut vous amener à choisir l'emploi approprié. Cela peut vous amener à faire prospérer votre entreprise. Cela peut vous amener à trouver le véritable amour et le bon partenaire. Cela peut vous amener à éduquer vos enfants et petits-enfants de la bonne façon. Vous pouvez recevoir des conseils pour chaque aspect de votre vie.

En une phrase :

Ouvrir vos canaux spirituels vous aide à accomplir votre chemin spirituel et votre vie physique pour que votre santé, vos relations, vos finances, votre intelligence et plus encore en profitent et vous apporte le succès dans chaque aspect de votre vie.

Laissez-moi partager avec vous les secrets, la sagesse, le savoir et l'ensemble des pratiques pour ouvrir vos quatre canaux spirituels en utilisant les Mains du Tao.

Ouvrir Votre Canal du Langage de l'Âme

Qu'est-ce que le Canal du Langage de l'Âme ?

Aujourd'hui, la plupart d'entre vous ont fait sortir leur Langage de l'Âme. Si ce n'est pas le cas, vous pouvez toujours revenir en arrière, relire le chapitre 5 et répéter la pratique pour faire sortir votre Langage de l'Âme. Le Canal du Langage de l'Âme est le circuit qu'emprunte votre Langage de l'Âme pour sortir et s'exprimer. Ouvrir ce canal est essentiel pour ouvrir les trois autres canaux spirituels.

Le circuit du Canal du Langage de l'Âme est le suivant :

Le Canal du Langage de l'Âme commence au point d'acupuncture Hui Yin, qui se situe au niveau du périnée, entre les parties génitales et l'anus. Il circule en montant à travers les sept Maisons de l'Âme, au centre du corps, jusqu'au sommet de la tête et du point d'acupuncture Bai Hui[22] (se prononce *baille houè*). De là, il redescend devant la colonne vertébrale et revient au point d'acupuncture Hui Yin. Voir illustration 12.

Pourquoi une personne a-t-elle besoin d'ouvrir son Canal du Langage de l'Âme ?

Ouvrir le Canal du Langage de l'Âme, c'est faire sortir votre Langage de l'Âme. Faire sortir votre Langage de l'Âme offre de nombreux bienfaits.

Le Langage de l'Âme porte votre propre pouvoir sacré de guérison de l'âme parce que :

---

[22] Pour situer le point d'acupuncture Bai Hui, imaginez une ligne allant d'une oreille à l'autre au-dessus de votre tête. Imaginez une autre ligne allant du bout du nez jusqu'à la base de la nuque au-dessus de votre tête. Le point d'acupuncture du Bai Hui est situé à l'intersection de ces deux lignes.

- Le Langage de l'Âme porte la fréquence et la vibration de l'âme qui peut transformer la fréquence et la vibration de la conscience et du corps.
- Le Langage de l'Âme porte l'amour de l'âme qui dissout tous les blocages et transforme toute vie, y compris la santé, les relations, les finances, l'intelligence et apporte le succès dans chaque aspect de la vie.
- Le Langage de l'Âme porte le pardon de l'âme qui amène la joie intérieure et la paix intérieure à toute vie.
- Le Langage de l'Âme porte la compassion de l'âme qui dynamise l'énergie, l'endurance, la vitalité et l'immunité de toute vie.
- Le Langage de l'Âme porte la lumière de l'âme qui guérit, prévient les maladies, purifie et régénère l'âme, le cœur, la conscience et le corps et transforme la santé, les relations, les finances, l'intelligence et chaque aspect de la vie.

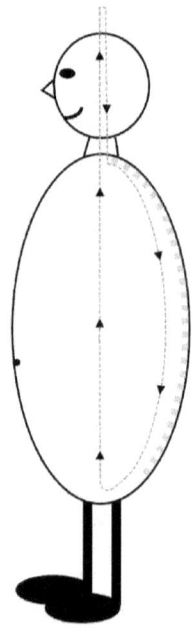

Illustration 12. Le Canal du Langage de l'Âme.

Le Langage de l'Âme a un incroyable pouvoir de guérison. L'utilisation du Langage de l'Âme a créé des milliers de miracles de guérisons de l'âme. Je voudrais partager avec vous une histoire de guérison du Langage de l'Âme qui a eu lieu à Toronto, Ontario, au Canada, lors d'une de mes retraites sur la Guérison de l'Âme et l'Illumination.

Des centaines de personnes participaient à cette retraite. J'ai montré aux participants comment parler ou faire sortir leur Langage de l'Âme. J'ai appelé sur scène un acupuncteur qui venait juste de sortir son Langage de l'Âme pour la première fois à ce stage. J'ai demandé un volontaire pour recevoir une bénédiction par le Langage de l'Âme de l'acupuncteur. Beaucoup de mains se sont levées. J'ai choisi une femme qui souffrait d'hernies discales et de douleurs au dos depuis des années ; elle avait également du mal à plier ses jambes. L'acupuncteur a transmis une bénédiction de guérison de l'âme à cette femme en utilisant son Langage de l'Âme. Pour le Pouvoir du Corps, il étendit son bras droit et pointa ses doigts vers le dos de la femme. Pour le Pouvoir de l'Âme, je lui ai appris à répéter ce qui suit :

Mon cher Langage de l'Âme,
Je vous aime.
Veuillez, s'il vous plaît, guérir les maux de dos de cette femme et les autres problèmes liés à son hernie discale, « tel qu'approprié ».
Merci.

C'était une manière extrêmement simple et directe de transmettre une guérison de l'âme avec le Langage de l'Âme. Ensuite, il parla son Langage de l'Âme pendant cinq minutes environ. Après la bénédiction, la femme se pencha complètement, touchant le sol de ses mains. La douleur avait complètement disparu. Elle a dit : « Wow ! C'est incroyable ! »

Le Langage de l'Âme est le langage de votre âme. Le Langage de l'Âme est le trésor sacré de l'âme, propre à chaque être humain, pour guérir soi-même et les autres. Je recommande fortement à chaque lecteur et à toute l'humanité de faire sortir son propre Langage de l'Âme et d'utiliser le Langage de l'Âme régulièrement. Demandez à votre Langage de l'Âme de guérir vos corps spirituel, mental, émotionnel et physique. J'ai pratiqué avec le Langage de l'Âme pendant dix-huit ans. J'ai enseigné le Langage de l'Âme à des milliers et des milliers de personnes à travers le monde. Il s'est produit des milliers de miracles de guérison de l'âme par l'utilisation du Langage de l'Âme. J'aimerais que vous, chaque lecteur et l'humanité, portiez une plus grande attention au Langage de l'Âme. Le pouvoir de guérison de l'âme, grâce au Langage de l'Âme, est au-delà des mots.

Comment développer votre Langage de l'Âme ?

J'ai partagé certaines pratiques dans le chapitre 5. Maintenant, je vais résumer l'essentiel de la pratique pour développer votre Langage de l'Âme.

Utilisez la Technique des Quatre Pouvoirs pour développer votre Canal du Langage de l'Âme :

Pouvoir du Corps. Asseyez-vous droit. Fermez vos yeux. Placez le bout de votre langue délicatement contre votre palais. Placez vos mains en position de Prière de l'Ère de la Lumière de l'Âme.

Pouvoir de l'Âme. Dites *Bonjour* :

> *Mon cher Centre des Messages,*
> *Je vous aime.*
> *Mon cher Canal du Langage de l'Âme,*
> *Je vous aime.*
> *Chers 3396815* (se prononce *sanne sanne djo lio ba yao wou*),
> *Je vous aime.*
> *Vous avez le pouvoir de développer mon Langage de l'Âme.*
> *Veuillez, s'il vous plaît, enlever les blocages de l'âme, de la conscience et du corps de mon Canal du Langage de l'Âme, afin de faire sortir mon Langage de l'Âme.*

Je vous en suis extrêmement reconnaissant.
Merci.

Le Centre des Messages est un centre énergétique de la taille d'un poing, situé au centre de la poitrine, derrière le sternum. Il est également connu comme le chakra du cœur.

Le Centre des Messages a un pouvoir et une signification très importants. C'est :

- le centre clé pour ouvrir et développer les quatre canaux spirituels qui sont le Canal du Langage de l'Âme, le Canal de la Communication Directe de l'Âme, le Canal du Troisième Œil et le Canal de la Connaissance Directe
- le centre de l'amour, du pardon, de la compassion et de la lumière
- le centre de la transformation de la vie
- le centre de l'illumination de l'âme (quand une âme atteint le niveau du Centre des Messages, c'est une âme illuminée)
- le centre clé pour développer l'intelligence du mental, l'intelligence du cœur et l'intelligence de l'âme
- le centre de la guérison
- le centre du karma

Le Langage de l'Âme est un outil puissant qu'une personne peut utiliser pour :

- la guérison
- la régénération
- la purification de l'âme, du cœur, de la conscience et du corps
- la longévité
- l'apprentissage de l'immortalité

3396815 (San San Jiu Liu Ba Yao Wu) est un code sacré du Tao ayant la signification et les pouvoirs suivants :

- 3396815 dissout les blocages de l'âme, de la conscience et du corps pour développer le Canal du Langage de l'Âme.
- 3396815 dissout les blocages de l'âme, de la conscience et du corps pour développer le Canal de la Communication Directe de l'Âme.
- 3396815 dissout les blocages de l'âme, de la conscience et du corps pour développer le Canal du Troisième Œil.
- 3396815 dissout les blocages de l'âme, de la conscience et du corps pour développer le Canal de la Connaissance Directe.
- 3396815 est un trésor sacré de guérison de l'âme pour guérir les corps spirituel, mental, émotionnel et physique.
- 3396815 est un trésor sacré de guérison de l'âme pour transformer le corps physique en corps de lumière.
- 3396815 est un trésor sacré de guérison de l'âme pour régénérer l'âme, le cœur, la conscience et le corps.
- 3396815 est un trésor sacré de guérison de l'âme pour la longévité.
- 3396815 est un trésor sacré de guérison de l'âme pour l'immortalité.

Poursuivons la pratique pour développer votre Canal du Langage de l'Âme. Même si vous avez déjà fait sortir votre Langage de l'Âme, vous pouvez toujours ouvrir davantage ce canal pour en recevoir les bienfaits. Souvenez-vous de l'enseignement : ne sautez pas les exercices.

Pouvoir du Mental. Visualisez une lumière dorée, rayonnant dans votre Centre des Messages et votre Canal du Langage de l'Âme. Visualisez votre Centre des Messages et votre Canal du Langage de l'Âme s'ouvrir pour laisser sortir votre Langage de l'Âme.

Pouvoir du Son. Chantez ou récitez *3396815* (*sanne sanne djo liou ba yao wou*) aussi rapidement que possible.

San San Jiu Liu Ba Yao Wu

San San Jiu Liu Ba Yao Wu
San San Jiu Liu Ba Yao Wu
San San Jiu Liu Ba Yao Wu ...

Cessez de lire et posez le livre. Chantez ou récitez *San San Jiu Liu Ba Yao Wu* aussi rapidement que possible pendant cinq minutes. Soudainement, une voix ou un son particulier peut sortir de votre bouche. C'est votre Langage de l'Âme.

Comment savoir si vous avez réellement parlé le Langage de l'Âme ? Premièrement, vous devez avoir confiance et éviter d'analyser votre Langage de l'Âme. Deuxièmement, vous ne devez pas avoir d'attente, ni ressentir de la gêne. Le Langage de l'Âme de chacun a des sonorités différentes. Laissez votre Langage de l'Âme sortir, peu importe à quoi il ressemble. Troisièmement, utilisez cette Technique :

Quand la voix ou le son particulier sort, arrêtez-vous et chantez ou récitez à nouveau *San San Jiu Liu Ba Yao Wu* aussi rapidement que vous le pouvez. Votre voix ou votre son particulier peut sortir de nouveau. Félicitations ! Si le son particulier sort à chaque fois que vous essayez de chanter ou de réciter *San San Jiu Liu Ba Yao Wu*, vous avez la confirmation que cette voix ou ce son particulier est votre Langage de l'Âme.

Votre Langage de l'Âme peut avoir la même sonorité durant des semaines ou des mois. Votre Langage de l'Âme peut être différent chaque fois que vous le parlez. Encore une fois, n'ayez aucune attente. Quoi qu'il arrive, ne soyez ni surpris, ni déçu.

UTILISER VOTRE LANGAGE DE L'ÂME POUR LA GUÉRISON ET LA RÉGÉNÉRATION

Je vais maintenant offrir une nouvelle série de trésors permanents inestimables du Tao à chaque lecteur.

Préparez-vous !

Ordre du Tao : Transmission de l'Âme, de la Conscience et du Corps de la Boule de Lumière Violette du Tao et de la Source du Liquide Violet du Langage de l'Âme du Tao

Transmission !

Félicitations ! Vous êtes bénis. L'humanité est bénie.

Maintenant, je vais vous montrer comment utiliser la Technique des Quatre Pouvoirs, le Langage de l'Âme et les Transmissions de l'Âme, de la Conscience et du Corps de la Boule de Lumière Violette du Tao et de la Source du Liquide Violet du Langage de l'Âme du Tao, afin qu'ils offrent ensemble une guérison aux corps spirituel, mental, émotionnel et physique.

Pouvoir du Corps. Asseyez-vous droit. Fermez vos yeux. Placez le bout de votre langue délicatement contre votre palais. Placez une paume sur votre nombril. Placez l'autre paume sur la région de la kundalini.

Pouvoir de l'Âme. Dites *Bonjour* :

> *Mon cher Langage de l'Âme,*
> *Je vous aime.*
> *Vous avez le pouvoir de guérir mes corps spirituel, mental, émotionnel et physique.*
> *Faites un bon travail.*
> *Merci.*

> *Chères Transmissions de l'Âme, de la Conscience et du Corps de la Boule de Lumière Violette du Tao et de la Source du Liquide Violet du Langage de l'Âme du Tao,*
> *Je vous aime,*
> *Veuillez, s'il vous plaît, vous activer pour guérir mes corps spirituel, mental, émotionnel et physique.*
> *Merci.*

Pouvoir du Mental. Visualisez une lumière violette rayonnant dans vos corps spirituel, mental, émotionnel et physique.

Pouvoir du Son. Chantez ou récitez silencieusement ou à voix haute :

> *Les Transmissions de l'Âme, de la Conscience et du Corps de la Boule de Lumière Violette du Tao et de la Source du Liquide Violet du Langage de l'Âme du Tao, guérissent mes corps spirituel, mental, émotionnel et physique. Merci.*
> *Les Transmissions de l'Âme, de la Conscience et du Corps de la Boule de Lumière Violette du Tao et de la Source du Liquide Violet du Langage de l'Âme du Tao, guérissent mes corps spirituel, mental, émotionnel et physique. Merci.*
> *Les Transmissions de l'Âme, de la Conscience et du Corps de la Boule de Lumière Violette du Tao et de la Source du Liquide Violet du Langage de l'Âme du Tao, guérissent mes corps spirituel, mental, émotionnel et physique. Merci.*
> *Les Transmissions de l'Âme, de la Conscience et du Corps de la Boule de Lumière Violette du Tao et de la Source du Liquide Violet du Langage de l'Âme du Tao, guérissent mes corps spirituel, mental, émotionnel et physique. Merci.* …

Arrêtez de lire et posez le livre. Chantez ou récitez Les Transmissions de l'Âme, de la Conscience et du Corps de la Boule de Lumière Violette du Tao et de la Source du Liquide Violet du Langage de l'Âme du Tao guérissent mes corps spirituel, mental, émotionnel et physique. Merci pendant cinq minutes.

Ensuite, parlez ou récitez votre Langage de l'Âme pendant encore cinq minutes. Commencez par chanter ou réciter *3396815* (*sanne sanne djo liou ba yao wou*). Puis, laissez s'exprimer votre Langage de l'Âme.

D'une manière générale, chantez ou récitez pendant trois à cinq minutes à chaque fois, trois à cinq fois par jour. Si vous avez de sérieux problèmes dans vos corps spirituel, mental, émotionnel ou physique, chantez ou récitez une à deux heures par jour. Plus vous chanterez ou réciterez longtemps et souvent, meilleurs seront les résultats que vous obtiendrez.

UTILISER LE LANGAGE DE L'AME AVEC UNE PRATIQUE DE PARDON POUR PURIFIER LE KARMA NÉGATIF

Le mauvais karma est l'historique des mauvais services de l'âme durant sa vie présente et toutes ses vies passées. Nous accumulons du mauvais karma en blessant, en faisant du mal, en profitant des autres, en volant, en trichant et plus encore. *Le karma est la cause profonde du succès et de l'échec dans chaque aspect de la vie.* Cela inclut les blocages dans la santé, les relations, les finances, les affaires et plus encore.

Le pardon est la clé pour nettoyer soi-même le mauvais karma. Le pardon véritable apporte la joie intérieure et la paix intérieure. Si vous avez des défis avec un membre de votre famille ou un collègue, vous avez probablement du mauvais karma entre vous. L'une des clés du pardon est de toujours rechercher en vous-même les erreurs que vous avez pu commettre, et qui contribuent aux défis que vous vivez dans vos relations. Si l'autre personne et vous, êtes tous deux conscients de vos propres erreurs et demandez sincèrement pardon, l'amour, la paix et l'harmonie peuvent facilement survenir.

C'est important que les deux parties se pardonnent. *Je vous pardonne. Vous me pardonnez. Apporte l'amour, la paix et l'harmonie.* Si les deux parties pratiquent le pardon inconditionnel, l'amour, la paix et l'harmonie peuvent apparaître très rapidement. C'est une formidable façon de nettoyer soi-même son mauvais karma.

Demandez sincèrement pardon, pour toutes les erreurs que vous avez commises, et offrez un pardon inconditionnel à ceux qui vous ont blessé ou fait souffrir d'une quelconque manière, dans cette vie-ci et les vies passées. Certaines âmes que nous avons blessées nous pardonneront aussitôt, d'autres auront besoin de temps. Si possible, faites une pratique de pardon quotidienne, particulièrement si vous avez des blocages majeurs, dans un aspect particulier de la vie. *Guérissez et transformez l'âme d'abord, puis la guérison et la transformation de chaque aspect de la vie suivra.* Ceci est le pouvoir du pardon.

Laissez-moi vous montrer comment faire une pratique de pardon avec le Langage de l'Âme pour nettoyer vous-même votre mauvais karma.

Utilisez la Technique des Quatre Pouvoirs :

Pouvoir du Corps. Asseyez-vous droit. Fermez vos yeux. Placez le bout de votre langue délicatement contre votre palais. Placez vos mains en position de Prière de l'Ère de la Lumière de l'Âme.

Pouvoir de l'Âme. Dites *Bonjour* :

> *Chers âme, conscience et corps de* _____ (nommez les
>   systèmes, les organes ou les parties du corps ayant besoin
>   d'une guérison),
> *Je vous aime.*
> *Chers âme, conscience et corps de mon Langage de l'Âme,*
> *Je vous aime.*
> *Vous avez le pouvoir de guérir* _____ (répétez votre demande
>   de guérison).
> *Faites un bon travail.*
> *Merci.*

> *Chères Transmissions de l'Âme, de la Conscience et du Corps de la*
>   *Boule de Lumière Violette du Tao et de la Source du Liquide Violet*
>   *du Langage de l'Âme du Tao,*
> *Je vous aime.*
> *Veuillez, s'il vous plaît, vous activer pour nettoyer les blocages de*
>   *l'âme, de la conscience et du corps pour guérir mon* _____
>   (répétez votre demande).
> *Merci.*

Pouvoir du Mental. Visualisez une lumière violette, rayonnant dans la région de votre demande.

Pouvoir du Son. Chantez ou récitez silencieusement ou à voix haute :

> *Les Transmissions de l'Âme, de la Conscience et du Corps de la Boule de Lumière Violette du Tao et de la Source du Liquide Violet du Langage de l'Âme du Tao nettoient les blocages de l'âme, de la conscience et du corps pour guérir* _____ (répétez votre demande). *Merci.*
>
> *Les Transmissions de l'Âme, de la Conscience et du Corps de la Boule de Lumière Violette du Tao et de la Source du Liquide Violet du Langage de l'Âme du Tao nettoient les blocages de l'âme, de la conscience et du corps pour guérir* _____ (répétez votre demande). *Merci.*
>
> *Les Transmissions de l'Âme, de la Conscience et du Corps de la Boule de Lumière Violette du Tao et de la Source du Liquide Violet du Langage de l'Âme du Tao nettoient les blocages de l'âme, de la conscience et du corps pour guérir* _____ (répétez votre demande). *Merci.*
>
> *Les Transmissions de l'Âme, de la Conscience et du Corps de la Boule de Lumière Violette du Tao et de la Source du Liquide Violet du Langage de l'Âme du Tao nettoient les blocages de l'âme, de la conscience et du corps pour guérir* _____ (répétez votre demande). *Merci.* …

Maintenant, cessez de lire. Chantez ou récitez *Les Transmissions de l'Âme, de la Conscience et du Corps de la Boule de Lumière Violette du Tao et de la Source du Liquide Violet du Langage de l'Âme du Tao nettoient les blocages de l'âme, de la conscience et du corps pour guérir* _____. *Merci* pendant cinq minutes.

Ensuite, parlez ou récitez votre Langage de l'Âme cinq minutes supplémentaires. Commencez par réciter *3396815* (*sanne sanne djo liou ba yao wou*). Puis, laissez s'exprimer votre Langage de l'Âme.

D'une manière générale, chantez ou récitez pendant trois à cinq minutes à chaque fois, trois à cinq fois par jour. Si vous souffrez d'une problématique de santé chronique ou menaçant la vie, souvenez-vous de chanter ou réciter un minimum de deux heures par jour. Plus vous chanterez ou réciterez longtemps et souvent, meilleurs seront les résultats que vous recevrez. Vous pouvez additionner tous les temps de pratique ensemble pour totaliser deux heures par jour.

UTILISER LE LANGAGE DE L'ÂME POUR PURIFIER VOTRE ÂME, VOTRE CŒUR, VOTRE CONSCIENCE ET VOTRE CORPS POUR ÉLEVER LE RANG DE VOTRE ÂME DANS LES CIEUX

Des milliards de personnes sont sur le chemin spirituel. L'âme de chaque humain suit son chemin depuis des centaines, voire des milliers de vies et même plus. Aujourd'hui, beaucoup de personnes recherchent en conscience les secrets de l'âme, la sagesse de l'âme, le savoir de l'âme et l'ensemble des pratiques de l'âme afin d'accomplir leur chemin spirituel.

Je suis honoré de partager avec vous ma vision du chemin spirituel. Vous n'avez aucunement besoin de changer votre système de croyances. Je respecte votre système de croyances. C'est un privilège de partager ce que j'ai appris du Tao et de mes Pères et Mères spirituels.

Quel est le but du chemin spirituel ? Le but du chemin spirituel est d'élever le rang de votre âme dans les Cieux. Chaque personne et chaque chose a une âme. Chaque âme a son rang dans les Cieux. Les Cieux ont des niveaux. Pourquoi un être spirituel souhaite-t-il élever le rang de son âme ? Plus le rang d'une âme est élevé, plus son pouvoir de l'âme est grand. Plus son pouvoir de l'âme est grand, plus son pouvoir de guérison et de bénédiction est grand, et plus ses capacités de servir sont grandes. Plus le rang d'une âme est élevé, plus il est proche du royaume du Tao.

L'humanité et le Tao n'occupent pas les mêmes royaumes dans les Cieux. Les êtres humains, les animaux et les innombrables âmes vivent dans le royaume de Jiu Tian (se prononce *djo tianne*). « Jiu » signifie *neuf*. « Tian » signifie *les Cieux*. « Jiu Tian » signifie *les neuf niveaux des Cieux*. Chaque âme dans Jiu Tian réside dans l'une des neuf principales couches ou niveaux. Le niveau le plus bas est le neuvième, le niveau 9.

Se référer à l' illustration 13 pour comprendre quelles âmes se trouvent à chaque niveau.

Xiu Lian (Le royaume du Tao)

Jiu Tian (les neuf niveaux des Cieux)

Niveau 1
Niveau 2 } Les Saints

Niveau 3
Niveau 4 } Les êtres humains

Niveau 5
Niveau 6 } Les animaux, les insects, les bactéries, etc.

Niveau 7
Niveau 8 } Les plantes, les champignons, la nature,
Niveau 9 } les objets, etc.

Illustration 13. Les neuf niveaux des Cieux (Jiu Tian)

En général, les âmes d'objets inanimés résident dans le niveau 9. Les âmes des plantes et de la nature, y compris les montagnes, les océans, les rivières, les arbres et plus encore, résident dans les niveaux 7, 8 et 9. Les âmes des animaux résident dans les niveaux 5 et 6. La plupart des âmes des êtres humains résident dans les niveaux 3 et 4. Les niveaux 1 et 2 dans le Jiu Tian sont les niveaux des Saints.

Les âmes qui résident dans le Jiu Tian doivent continuer à se réincarner. Un être humain se réincarne aussi longtemps que son âme est dans le Jiu Tian. Un être humain a deux vies : une vie physique et une vie de l'âme. Le but de la vie physique est de servir la vie de l'âme. La vie physique est limitée. La vie de l'âme est éternelle. Les âmes se réincarnent encore et encore.

Une sagesse importante à savoir est que le but de la vie physique est de purifier davantage notre âme, notre cœur, notre conscience et notre corps afin d'accomplir notre chemin spirituel. Les êtres humains sur Terre-Mère ont une très grande occasion de purifier leur âme. La Terre-Mère est remplie de pollutions de toutes sortes, y compris les actions de tuer, nuire, profiter des autres, tricher, voler, et les luttes de pouvoir, l'ego, le contrôle et bien plus encore.

Dans un ancien enseignement spirituel, il est dit que la Terre-Mère est la « mer amère » ou un lieu de « poussière rouge ». Ceci est pour expliquer que la Terre-Mère est un monde pollué. Dans ce monde pollué, il est très important de purifier notre âme, notre cœur, notre conscience et notre corps. La Terre-Mère est un lieu spécial où nous venons purifier notre âme, notre cœur, notre conscience et notre corps.

Si votre Troisième Œil est ouvert, vous pouvez voir beaucoup de saints dans les Cieux qui sont assis ou se tiennent dans une fleur de lotus. La fleur de lotus représente la pureté. La fleur de lotus pousse dans la boue et néanmoins elle rayonne énormément de pureté et de beauté. De même, notre but est de nous élever au-dessus de la boue et de rayonner la pureté, l'amour, l'attention, la compassion, le pardon et plus encore.

Un être spirituel doit comprendre profondément l'importance de purifier l'âme, le cœur, la conscience et le corps. Le but du chemin spirituel peut être résumé en une phrase :

**Le but du chemin spirituel est de purifier votre âme,
votre cœur, votre conscience et votre corps afin
d'élever le rang de votre âme dans les Cieux.**

Les saints ont un niveau de pureté plus élevé que celui des êtres humains normaux. Donc, ils ont atteint les niveaux 1 et 2 dans le Jiu Tian. Même les saints, dont les âmes résident dans le Jiu Tian, doivent continuer à se réincarner. La purification de l'âme, du cœur, de la conscience et du corps se poursuit dans chaque vie. Plus un être humain est pur, plus haut est le rang de son âme dans les Cieux. Le but ultime du chemin de l'âme est de s'élever au niveau du Tian Wai Tian (littéralement « les Cieux au-delà des Cieux », (se prononce *tianne ouai tianne*), qui est le royaume du Tao. Une âme qui a atteint le rang de Tian Wai Tian cesse son cycle de réincarnation.

Une âme pure, au point d'être élevée au niveau du Tian Wai Tian, restera dans les Cieux sous sa forme d'âme. L'âme n'a plus besoin de retourner sous une forme physique. L'âme continuera de servir d'une manière spécifique. Nous savons que le Tao sert continuellement. Toutes les âmes dans le Tian Wai Tian servent continuellement. Quand un être humain a besoin de l'aide du Tao ou d'une autre âme dans ce royaume, le Tao ou cette autre âme dans le royaume du Tao offrira instantanément son service.

Comment purifier votre âme, votre cœur, votre conscience et votre corps pour élever le rang de votre âme ? La meilleure manière de purifier est d'offrir un service universel inconditionnel. Le service universel inconditionnel, c'est servir sans demander quoi que ce soit en retour. C'est un service désintéressé. Beaucoup d'entre vous sont bénévoles. Vous pouvez servir auprès des enfants, des pauvres, des sans-abris, des groupes spirituels, des hôpitaux, des régions sinistrées et plus encore, sans demander quoi que ce soit en retour. Vous pouvez donner de l'argent à ces groupes et à ces causes. Vous pouvez offrir un service inconditionnel de bien d'autres manières.

Dans le monde physique, si vous travaillez pour une entreprise, vous recevez un salaire. Cette compensation est un paiement physique dans le monde physique. Quand vous offrez un service universel inconditionnel, les Cieux vous offrent un paiement spirituel en vertu. Cette vertu est la monnaie spirituelle. À la place de l'argent, la vertu est offerte sous forme de magnifiques fleurs dans les Cieux qui circulent dans votre livre des Annales Akashiques[23]. Les fleurs célestes sont de toutes sortes de couleurs : rouge, doré, arc-en-ciel, violet, cristal, au-delà du cristal, chacune représentant une fréquence différente.

Souvenez-vous de la Loi Universelle du Service Universel :

Offrez un peu de bon service, recevez un peu de bénédictions Offrez beaucoup de bon service, recevez beaucoup de bénédictions. Offrez un service inconditionnel, recevez d'énormes bénédictions.

⌘

Pourquoi des millions d'êtres spirituels méditent et chantent ? Méditer et chanter est bon pour la guérison, la purification, la régénération, la longévité, pour la transformation des relations, des finances et de l'intelligence et pour l'apport de succès dans chaque aspect de la vie. En fait, la méditation et le chant sont d'importants services. Des recherches ont montré les bienfaits de la méditation et du chant pour la santé, la réduction de la criminalité, pour apporter l'amour, la paix et l'harmonie dans la société et plus encore.

---

[23] Chaque âme a un livre dans les Annales Akashiques. Toutes les bonnes et mauvaises actions, comportements, paroles et pensées de toutes les incarnations sont enregistrés dans ce livre.

Pourquoi méditer et chanter sont-ils du bon service ? Méditer et chanter, c'est apporter l'amour, le pardon, la compassion et la lumière des Cieux, de la Terre-Mère, des innombrables planètes, étoiles, galaxies et univers, ainsi que des innombrables anges, archanges, maîtres ascensionnés, lamas, gourous, kahunas, saints, bouddhas, bodhisattvas, d'innombrables pères et mères spirituels, du Tao et du Da Tao à vous, à votre famille, à la société, aux villes, aux pays et à la Terre-Mère. La méditation et le chant élèveront la fréquence et la vibration de tout, pour le bien de l'humanité, de la Terre-Mère et de toutes les âmes. Pour ces raisons, la méditation et le chant sont considérés comme du grand service.

Le Langage de l'Âme porte la fréquence et la vibration de l'âme dont l'amour, le pardon, la compassion et la lumière de l'âme. Parler le Langage de l'Âme, c'est apporter tout cela à l'humanité, à la Terre-Mère et à tous les univers. Donc, parler ou réciter le Langage de l'Âme, silencieusement ou à voix haute, en continu, est un service au-delà de toute compréhension.

J'enseigne à mes milliers et milliers d'étudiants à travers le monde à parler ou à réciter le Langage de l'Âme non-stop, 24 h/24, 7j/7, parce que c'est l'un des plus grands services que l'on puisse offrir à l'humanité, à la Terre-Mère et à toutes les âmes. Chaque moment où vous parlez ou récitez le Langage de l'Âme, vous apportez la fréquence et la vibration de l'âme, dont l'amour, le pardon, la compassion et la lumière de l'âme, à l'humanité, à la Terre-Mère et à tous les univers. C'est un service inconditionnel.

Servir, c'est rendre autrui plus heureux et en meilleure santé.

Plus vous parlez ou récitez votre langage de l'Âme, plus vous servez.

Plus vous servez, plus vous purifiez votre âme, votre cœur, votre conscience, et votre corps.

Plus vous purifiez votre âme, votre cœur, votre conscience, et votre corps, plus vous élèverez votre âme dans les cieux.

Par conséquent, parler ou réciter le langage de l'âme apporte des bienfaits illimités.

⌘

En ce moment, en août 2012, plus de deux millions de personnes sur la Terre-Mère chantent et écoutent le Chant de l'Âme du Tao *Amour Paix et Harmonie*. Le Chant de l'Âme du Tao est le chant du Langage de l'Âme du Tao. J'ai reçu du Tao le chant *Amour, Paix et Harmonie* le 10 septembre 2005. Les paroles sont :

Lu La Lu La Li
Lu La Lu La La Li
Lu La Lu La Li Lu La
Lu La Li Lu La
Lu La Li Lu La

J'aime mon cœur et mon âme
J'aime toute l'humanité
Joignons nos cœurs et nos âmes ensemble
Amour, paix et harmonie
Amour, paix et harmonie

Les Chants de l'Âme du Tao portent la fréquence et la vibration du Tao qui sont :

- L'amour du Tao, qui dissout tous les blocages et transforme toute vie
- Le pardon du Tao, qui apporte la joie intérieure et la paix intérieure
- La compassion du Tao, qui booste l'énergie, l'endurance, la vitalité et l'immunité

- La lumière du Tao, qui guérit et prévient les maladies, prolonge la vie, purifie et régénère l'âme, le cœur, la conscience et le corps et transforme toute vie.

Vous pouvez télécharger le chant *Amour, Paix et Harmonie* sur www.LovePeaceHarmony.org. Il y a des milliers d'histoires touchantes et émouvantes relatives à la pratique de ce Chant de l'Âme du Tao. Chanter ce Chant de l'Âme du Tao, c'est offrir un service puissant à toutes les âmes. Chanter ce Chant de l'Âme du Tao, c'est se nettoyer de son mauvais karma. Chantez ce Chant de l'Âme du Tao aussi longtemps que possible et recevez-en les bienfaits.

Maintenant, laissez-moi offrir une autre série de trésors inestimables du Tao à chaque lecteur.

Préparez-vous !

Ordre du Tao : Transmissions de l'Âme, de la Conscience et du Corps de la Boule de Lumière Violette du Tao et de la Source du Liquide Violet de la Purification du Tao

Transmission !

Félicitations ! Vous êtes bénis. L'humanité est bénie.

Maintenant, laissez-moi vous montrer comment utiliser ces trésors inestimables du Tao avec votre Langage de l'Âme ensemble pour purifier votre âme, votre cœur, votre conscience et votre corps, ceci afin d'élever le rang de votre âme dans les Cieux.

Utilisez la Technique des Quatre Pouvoirs :

Pouvoir du Corps. Asseyez-vous droit. Fermez vos yeux. Placez le bout de votre langue délicatement contre votre palais. Placez une paume sur votre bas-ventre en dessous du nombril. Placez l'autre paume sur votre cœur.

Pouvoir de l'Âme. Dites *Bonjour* :

Mes chers bien-aimés âme, cœur, conscience et corps,
Je vous aime.
Chers âme, conscience et corps de mon Langage de l'Âme,
Je vous aime.
Vous avez le pouvoir de purifier mon âme, mon cœur, ma conscience et mon corps.
Faites un bon travail.
Merci.

Chères Transmissions de l'Âme, de la Conscience et du Corps de la Boule de Lumière Violette du Tao et de la Source du Liquide Violet de la Purification du Tao,
Je vous aime.
Veuillez, s'il vous plaît, vous activer pour purifier mon âme, mon cœur, ma conscience et mon corps,
Merci.

Pouvoir du Mental. Visualisez une lumière violette, rayonnant dans tout votre corps, de la tête aux pieds, de la peau jusqu'aux os.

Pouvoir du Son. Chantez ou récitez silencieusement ou à voix haute :

Les Transmissions de l'Âme, de la Conscience et du Corps de la Boule de Lumière Violette du Tao et de la Source du Liquide Violet de la Purification du Tao purifient mon âme, mon cœur, ma conscience et mon corps. Merci.
Les Transmissions de l'Âme, de la Conscience et du Corps de la Boule de Lumière Violette du Tao et de la Source du Liquide Violet de la Purification du Tao purifient mon âme, mon cœur, ma conscience et mon corps. Merci.
Les Transmissions de l'Âme, de la Conscience et du Corps de la Boule de Lumière Violette du Tao et de la Source du Liquide Violet de la Purification du Tao purifient mon âme, mon cœur, ma conscience et mon corps. Merci.
Les Transmissions de l'Âme, de la Conscience et du Corps de la Boule de Lumière Violette du Tao et de la Source du Liquide Violet de la

> *Purification du Tao purifient mon âme, mon cœur, ma conscience et mon corps. Merci. ...*

Maintenant, arrêtez de lire. Chantez ou récitez *Les Transmissions de l'Âme, de la Conscience et du Corps de la Boule de Lumière Violette du Tao et de la Source du Liquide Violet de la Purification du Tao purifient mon âme, mon cœur, ma conscience et mon corps. Merci* pendant cinq minutes.

Ensuite, parlez ou récitez votre Langage de l'Âme aussi longtemps que vous le pouvez. Rappelez-vous mon enseignement sur parler ou réciter le Langage de l'Âme non-stop, silencieusement ou à voix haute. C'est l'un des secrets les plus profonds que je révèle à vous et à l'humanité.

Si vous parlez ou récitez le Langage de l'Âme silencieusement non-stop :

- Vous apportez la fréquence et la vibration de l'âme dont l'amour, le pardon, la compassion et la lumière de l'âme à vous-même, à l'humanité, à la Terre-Mère et à tous les Univers.
- Vous servez inconditionnellement.
- Vous recevez guérison, régénération et purification, et le prolongement de votre vie.
- Vous élevez le rang de votre âme graduellement.

Plus vous le parlerez ou le réciterez et plus vous recevrez de nombreux bienfaits pour vous, l'humanité, la Terre-Mère et tous les Univers.

> *Récitez le Langage de l'Âme. Récitez le Langage de l'Âme. Récitez le Langage de l'Âme.*
> *Servez. Servez. Servez.*
> *Recevez-en les bienfaits. Recevez-en les bienfaits. Recevez-en les bienfaits.*

Élevez le rang de votre âme dans les Cieux. Élevez le rang de votre âme dans les Cieux. Élevez le rang de votre âme dans les Cieux.

⌘

Il n'y a pas assez de mots pour exprimer le pouvoir des bénédictions des Mains du Tao. Lisez cette histoire émouvante d'une femme qui s'est réveillée d'un coma, après une bénédiction des Mains du Tao de vingt minutes.

> *Une femme avec qui j'ai travaillé m'a appelée et m'a dit que sa maman âgée était dans un coma, à la suite d'une maladie du foie, et les médecins disaient qu'elle ne se réveillerait jamais. La femme m'a dit « S'il te plaît, s'il te plaît, s'il te plaît, y a-t-il quelque chose que tu puisses faire ? » J'ai répondu « Oui, je vais activer mes Mains du Tao et transmettre une bénédiction. » Je crois que la bénédiction n'a duré qu'une vingtaine de minutes environ. J'ai eu un appel, le lendemain, m'annonçant que sa maman s'était réveillée et que c'était un miracle.*
>
> *Je remercie le Tao. Je remercie Maître Sha. Je remercie chaque âme qui m'a amenée à ce moment où j'ai pu servir et prendre part à ces miracles, chaque jour. Je veux dire du fond de mon cœur que, si vous ne faites pas l'expérience de résultats extraordinaires chaque jour, c'est que quelque chose ne va pas. Vérifiez votre cœur. Trouvez cette guérison. Trouvez ces outils. Trouvez Maître Sha. Les miracles sont normaux. Ils sont naturels. Ils sont là pour chacun. Il n'y a pas de séparation entre vous et l'amour et le Tao.*
>
> *Et s'il vous plaît, s'il vous plaît, s'il vous plaît, ouvrez votre cœur et recevez le cadeau des Mains du Tao. Je vous le recommande fortement. C'est tellement profond. Nous sommes tellement bénis.*
>
> *Marina Hubbard*
> *Vancouver, Colombie-Britannique, Canada*

UTILISER LE LANGAGE DE L'ÂME POUR TRANSFORMER LES RELATIONS

Pourquoi les êtres humains ont-ils des défis relationnels ? La cause originelle est le mauvais karma. Pensez à votre vie. Quand vous rencontrez quelqu'un, vous pourriez ressentir une profonde connexion avec elle ou lui. Vous pouvez avoir le sentiment que vous connaissez déjà l'autre, même si vous vous rencontrez pour la première fois. Vous auriez pu avoir une relation dans une vie antérieure. Fréquenter davantage cette personne pourrait apporter un bon résultat ou, au contraire, des défis dans la relation.

Laissez-moi approfondir mes explications. Quand vous rencontrez quelqu'un et tombez amoureux, vous pourriez ressentir que cette personne est celle de votre vie ou votre âme sœur. La relation pourrait aller plus loin et vous pourriez vous fiancer. Finalement, vous pourriez vous marier. Ensuite, vous pourriez ressentir que cette personne n'est pas la bonne partenaire pour vous. Vous pourriez avoir ce ressenti de plus en plus. Vous pourriez vivre des conflits de plus en plus nombreux entre vous deux et vous pourriez finalement vous séparer ou divorcer.

Il y a une raison spirituelle pour chaque chose. Je veux partager avec vous que la vraie raison spirituelle à l'origine des problèmes relationnels est liée aux expériences des vies antérieures. En général, si votre relation est empreinte de beaucoup d'amour et d'attention, cette personne et vous avez vécu de bonnes relations dans des vies antérieures. Si vous rencontrez des défis majeurs dans votre relation, vous pourriez avoir vécu des relations déplaisantes dans des vies antérieures. La qualité d'une relation est le résultat du karma. Le karma est la cause et l'effet.

Les relations sont comme cela. De manière générale, si votre partenaire vous traite bien, vous avez bien traité votre partenaire, dans une ou des vies antérieures. Si votre partenaire ne vous traite pas bien, vous pouvez l'avoir maltraité(e) dans une ou des vies antérieures. Ce n'est pas vrai pour chaque cas, mais c'est une condition courante.

Je vais partager avec vous une histoire véridique afin d'expliquer davantage le karma relationnel. En septembre 2007, je suis allé au Japon et j'ai eu une consultation privée avec une femme. Maître Peter Hudoba, un de mes Représentants Mondiaux, était avec moi. La femme était très en colère. Elle me dit « Mon mari a six maîtresses. Je l'ai surpris avec certaines d'entre elles. Je suis tellement fâchée. »

Je lui ai répondu « Fermez vos yeux et donnez-moi un moment pour faire une lecture spirituelle au sujet de cette situation. » Elle a fermé les yeux. Je me suis connecté avec le responsable des Annales Akashiques, Yan Wang Ye. Les Annales Akashiques sont un endroit dans les Cieux qui enregistre la vie de chaque être humain, chaque animal et chaque âme dans les innombrables planètes, étoiles, galaxies et univers. J'ai demandé à Yan Wang Ye, « Puis-je connaître la raison spirituelle du problème que cette femme rencontre avec son mari ? »

Il m'a montré et a répondu « Maître Sha, dans leur dernière vie passée ensemble, cette femme était le mari. Voyez combien de maîtresses il avait. » Il me montra les maîtresses, les unes après les autres. Elles sont apparues une à une dans mon Troisième Œil. J'ai compté : une, deux, trois, quatre, cinq, six, sept, huit, neuf, dix, onze et ensuite douze. J'ai demandé à Yan Wang Ye « Ces douze êtres de lumière montraient qu'il avait eu douze maîtresses ? » Yan Wang Ye a répondu « Oui ».

Cette femme avait des défis dans sa relation avec son mari, dans cette vie-ci. La raison spirituelle de cela, c'est que, dans une vie antérieure, elle était le mari et son mari était la femme. Elle (le mari à l'époque) avait douze maîtresses dans cette vie antérieure. C'est un problème karmique entre elle et son mari qui affecte sa relation d'aujourd'hui.

Cette histoire nous montre que les problèmes relationnels sont étroitement liés au karma. En fait, chaque aspect de la vie est étroitement lié avec le karma. Le karma est l'historique des services. Il y a deux sortes de karma : le bon et le mauvais. Le bon karma signifie que l'on a offert de bons services pour rendre les autres plus heureux et en meilleure santé dans les vies passées et dans cette vie-ci, tels que : offrir l'amour, le pardon, l'attention, la compassion, la sincérité, l'honnêteté, la générosité, la gentillesse, la pureté, la grâce et plus encore. Le mauvais karma signifie que l'on a commis des erreurs dans les vies passées et dans cette vie-ci, telles que : blesser, tuer, nuire, profiter des autres, tricher, voler, mentir et plus encore.

La clé pour transformer les relations est de nettoyer soi-même son mauvais karma.

Laissez-moi vous montrer comment pratiquer en utilisant vos Transmissions de l'Âme, de la Conscience et du Corps de la Boule de Lumière Violette du Tao et de la Source du Liquide Violet du Pardon du Tao, et votre Langage de l'Âme ensemble pour nettoyer vous-même votre mauvais karma afin de transformer vos relations.

Utilisez la Technique des Quatre Pouvoirs :

Pouvoir du Corps. Asseyez-vous droit. Fermez vos yeux. Placez le bout de votre langue délicatement contre votre palais. Placez vos deux paumes sur votre bas-ventre en dessous du nombril, l'une sur l'autre.

Pouvoir de l'Âme. Dites *Bonjour* :

> *Chers âme, conscience et corps de* _____ (nommez la [les] personne[s] avec qui votre relation a besoin de guérison),
> *Je vous aime.*
> *Chers âme, conscience et corps de mon Langage de l'Âme,*
> *Je vous aime.*

Chères Transmissions de l'Âme, de la Conscience et du Corps de la Boule de Lumière Violette du Tao et de la Source du Liquide Violet du Pardon du Tao,
Je vous aime.
Veuillez, s'il vous plaît, vous activer pour nettoyer le mauvais karma entre _____ (nom de la [des] personne[s]) et moi.
Merci.

Pouvoir du Mental. Visualisez une lumière violette, rayonnant entre vous deux (ou entre vous tous).

Pouvoir du Son. Chantez ou récitez silencieusement ou à voix haute :

Les Transmissions de l'Âme, de la Conscience et du Corps de la Boule de Lumière Violette du Tao et de la Source du Liquide Violet du Pardon du Tao nettoient le mauvais karma entre _____ (nom de la [des] personne[s]) et moi. Merci.
Les Transmissions de l'Âme, de la Conscience et du Corps de la Boule de Lumière Violette du Tao et de la Source du Liquide Violet du Pardon du Tao nettoient le mauvais karma entre _____ (nom de la [des] personne[s]) et moi. Merci.
Les Transmissions de l'Âme, de la Conscience et du Corps de la Boule de Lumière Violette du Tao et de la Source du Liquide Violet du Pardon du Tao nettoient le mauvais karma entre _____ (nom de la [des] personne[s]) et moi. Merci.
Les Transmissions de l'Âme, de la Conscience et du Corps de la Boule de Lumière Violette du Tao et de la Source du Liquide Violet du Pardon du Tao nettoient le mauvais karma entre _____ (nom de la [des] personne[s]) et moi. Merci. ...

Maintenant, arrêtez de lire. Chantez ou récitez *Les Transmissions de l'Âme, de la Conscience et du Corps de la Boule de Lumière Violette du Tao et de la Source du Liquide Violet du Pardon du Tao nettoient le mauvais karma entre _____ et moi. Merci* pendant cinq minutes.

Ensuite, parlez ou récitez votre Langage de l'Âme aussi longtemps que vous le pouvez. Il n'y a aucune limite de temps pour parler ou réciter le Langage de l'Âme. Plus vous le parlerez ou le réciterez longtemps et souvent, meilleurs seront les résultats que vous obtiendrez. Vos relations peuvent en être profondément transformées.

Parler ou réciter le Langage de l'Âme est l'un des services les plus puissants sur la Terre-Mère, dans les Cieux et les innombrables planètes, étoiles, galaxies et univers.

UTILISER LE LANGAGE DE L'ÂME POUR TRANSFORMER LES FINANCES

Je vais partager une histoire. Un couple possédant un hôtel à Honolulu, à Hawaï, a fait jouer le Chant de l'Âme du Tao *Amour, Paix et Harmonie* sans arrêt dans plus de vingt endroits, au sein de leur hôtel. Un jour, un homme d'affaires est venu à l'hôtel et a ressenti cette énergie incroyable. Il a dit « Cet hôtel est vraiment exceptionnel ». Il effectua une réservation de plus d'une centaine de chambres pour un usage à long terme. Le dépôt initial était de plus de 42 000 $.

Le Chant de l'Âme du Tao *Amour, Paix et Harmonie* est le chant du Langage de l'Âme du Tao. Je voudrais le partager à nouveau. Plus nous le partageons, plus nous recevons des bénédictions. J'enseigne que toute chose a une âme, une conscience et un corps. Chaque mot a une âme, une conscience et un corps. Je souligne à nouveau le fait que les Chants de l'Âme du Tao portent la fréquence et la vibration du Tao, dont l'amour, le pardon, la compassion et la lumière du Tao qui peuvent transformer toute vie.

Chantez ce Chant de l'Âme du Tao aussi souvent que vous le pouvez. Faites-le jouer dans votre maison ou sur votre lieu de travail, 24 h/24, 7 j/7 afin de créer le feng shui du Tao.

Lu La Lu La Li
Lu La Lu La La Li

Lu La Lu La Li Lu La
Lu La Li Lu La
Lu La Li Lu La

J'aime mon cœur et mon âme
J'aime toute l'humanité
Joignons nos cœurs et nos âmes ensemble
Amour, paix et harmonie
Amour, paix et harmonie

Laissez-moi partager une autre histoire au sujet du pouvoir de ce Chant de l'Âme du Tao.

En 2009, aux Pays-Bas, je finissais mon enseignement un soir, vers 21 h 15. Deux étudiants et moi sommes allés dans un petit restaurant chinois local. Une pancarte sur la porte affichait que le restaurant fermait à 21 h 30. Nous sommes entrés dans le restaurant. La propriétaire a dit « Désolée, c'est trop tard, nous fermons. »

Je répondis « Nous venons juste de finir un atelier. Il n'y a pas d'autres restaurants ouverts aux alentours. La pancarte dit que le restaurant ferme à 21 h 30. Il n'est que 21 h 20. Auriez-vous la gentillesse de cuisiner pour nous ? »

La propriétaire a dit « Êtes-vous chinois ? »

J'ai répondu « Oui, je le suis. »

Elle a répondu « Nous allons cuisiner pour vous. »

Nous étions profondément reconnaissants. La nourriture était délicieuse.

Le deuxième jour, je retournai au même restaurant. J'ai dit à la femme « Merci beaucoup d'avoir cuisiné pour nous hier soir. J'ai un

CD du Chant de l'Âme pour vous. Cela pourrait bénir votre commerce. Avez-vous un lecteur CD ? Êtes-vous d'accord pour l'écouter ? »

Elle a répondu « Oui, nous avons un lecteur CD. Avez-vous le CD ? Je vais le mettre immédiatement. »

Je lui ai donné le CD du Chant de l'Âme du Tao *Amour, Paix et Harmonie*. Elle l'a fait jouer immédiatement. Je lui ai dit que, si elle faisait jouer le CD sans arrêt, cela bénirait son commerce. Elle a dit qu'elle le ferait.

Chaque jour de ma retraite, nous sommes retournés au même restaurant pour manger. Le dernier jour, elle a dit « Dr Sha, mon mari et moi voudrions vous offrir le dîner, ainsi qu'à tous vos bénévoles. »

J'ai demandé « Pourquoi ? »

Elle a dit : « C'est notre façon de vous exprimer notre appréciation. Depuis que nous avons fait jouer le CD du Chant de l'Âme du Tao *Amour, Paix et Harmonie,* notre petit restaurant a été rempli à chaque service. Notre restaurant a une capacité de trente à quarante personnes. Généralement, nous avons environ dix personnes à chaque service. Le restaurant a été rempli à chaque service, depuis le deuxième jour où nous avons fait jouer le CD. Nous vous en sommes extrêmement reconnaissants. Nous voudrions offrir le repas à tous vos bénévoles et à vous-même afin de vous exprimer nos plus sincères remerciements. »

Ils ont cuisiné une table entière de nourriture, bien plus qu'il n'en fallait pour rassasier les dix bénévoles et moi. La nourriture était des plus délicieuses et chacun a passé un moment inoubliable.

Voici l'une des nombreuses histoires du pouvoir du Chant de l'Âme du Tao *Amour, Paix et Harmonie* pour transformer les finances.

Laissez-moi vous montrer comment utiliser le Chant de l'Âme du Tao *Amour, Paix et Harmonie* et Les Transmissions de l'Âme, de la Conscience et du Corps de la Boule de Lumière Violette du Tao et de la Source du Liquide Violet du Langage de l'Âme du Tao ensemble, pour transformer vos finances.

Utilisez la Technique des Quatre Pouvoirs :

Pouvoir du Corps. Asseyez-vous droit. Fermez vos yeux. Placez le bout de votre langue délicatement contre votre palais. Placez vos mains en position de Prière de l'Ère de la Lumière de l'Âme.

Pouvoir de l'Âme. Dites *Bonjour* :

> *Chers âme, conscience et corps de mes finances et de mon entreprise,*
> *Je vous aime.*
> *Vous avez le pouvoir de vous transformer vous-même.*
> *Faites un bon travail.*
> *Merci.*

> *Chers âme, conscience et corps du Chant de l'Âme du Tao Amour,*
>   *Paix et Harmonie,*
> *Je vous aime.*
> *Chères Transmissions de l'Âme, de la Conscience et du Corps de la*
>   *Boule de Lumière Violette du Tao et de la Source du Liquide Violet*
>   *du Langage de l'Âme du Tao,*
> *Je vous aime.*
> *Veuillez, s'il vous plaît, vous activer pour transformer mes finances et*
>   *mon entreprise.*
> *Merci.*

Pouvoir du Mental. Visualisez une lumière violette, rayonnant dans vos finances et votre entreprise.

Pouvoir du Son. Chantez ou récitez silencieusement ou à voix haute :

Les Transmissions de l'Âme, de la Conscience et du Corps de la Boule de Lumière Violette du Tao et de la Source du Liquide Violet du Langage de l'Âme du Tao transforment mes finances et mon entreprise. Merci.

Les Transmissions de l'Âme, de la Conscience et du Corps de la Boule de Lumière Violette du Tao et de la Source du Liquide Violet du Langage de l'Âme du Tao transforment mes finances et mon entreprise. Merci.

Les Transmissions de l'Âme, de la Conscience et du Corps de la Boule de Lumière Violette du Tao et de la Source du Liquide Violet du Langage de l'Âme du Tao transforment mes finances et mon entreprise. Merci.

Les Transmissions de l'Âme, de la Conscience et du Corps de la Boule de Lumière Violette du Tao et de la Source du Liquide Violet du Langage de l'Âme du Tao transforment mes finances et mon entreprise. Merci. ...

Maintenant, arrêtez de lire. Chantez ou récitez *Les Transmissions de l'Âme, de la Conscience et du Corps de la Boule de Lumière Violette du Tao et de la Source du Liquide Violet du Langage de l'Âme du Tao, transforment mes finances et mon entreprise. Merci* pendant cinq minutes.

Ensuite chantez le Chant de l'Âme du Tao *Amour, Paix et Harmonie* aussi longtemps que vous le pouvez.

Lu La Lu La Li
Lu La Lu La La Li
Lu La Lu La Li Lu La
Lu La Li Lu La
Lu La Li Lu La

J'aime mon cœur et mon âme
J'aime toute l'humanité
Joignons nos cœurs et nos âmes ensemble
Amour, paix et harmonie
Amour, paix et harmonie ...

Il n'y a pas de limite de temps pour chanter ce Chant de l'Âme du Tao. Plus vous chantez, meilleurs seront les résultats que vous pourriez recevoir. Chanter le Chant de l'Âme du Tao *Amour, Paix et Harmonie* est l'une des plus importantes pratiques pour transformer toute vie.

Traduire Votre Langage de l'Âme

Le Langage de l'Âme est le langage de votre âme. Apprendre à traduire votre Langage de l'Âme est très important. Les bienfaits majeurs en sont les suivants :

- Vous pouvez recevoir les conseils de votre âme.
- Vous pouvez recevoir les conseils et les enseignements des pères et mères spirituels dans les Cieux.
- Vous pouvez recevoir les conseils et les enseignements du Divin.
- Vous pouvez recevoir les conseils et les enseignements du Tao.
- Vous pouvez communiquer avec n'importe quelle âme.

Comment traduire votre Langage de l'Âme ?

Laissez-moi vous montrer comment pratiquer pour ouvrir ou développer votre capacité à traduire votre Langage de l'Âme. Utilisez la Technique des Quatre Pouvoirs :

Pouvoir du Corps. Asseyez-vous droit. Fermez vos yeux. Placez le bout de votre langue délicatement contre votre palais. Placez vos mains en position de Prière de l'Ère de la Lumière de l'Âme.

Pouvoir de l'Âme. Dites *Bonjour* :

> *Chers âme, conscience et corps de mon Langage de l'Âme,*
> *Je vous aime.*
> *Chers âme, conscience et corps de mon Centre des Messages,*

Je vous aime.
Ma chère âme bien-aimée,
Je t'aime.
Quand je parle le Langage de l'Âme, veuillez, s'il vous plaît, envoyer le message de mon Centre des Messages à mon cerveau et traduire mon Langage de l'Âme en français (ou la langue de votre choix).
Je vous en suis extrêmement reconnaissant.
Merci.

La courtoisie de « Dire Bonjour » est le secret et la clé pour traduire le Langage de l'Âme.

Pouvoir du Mental. Visualisez une lumière violette, rayonnant dans votre Centre des Messages et dans votre Canal du Langage de l'Âme.

Pouvoir du Son. Parlez ou récitez votre Langage de l'âme. Commencez par répéter le code sacré San San Jiu Liu Ba Yao Wu le plus rapidement possible :

San San Jiu Liu Ba Yao Wu
San San Jiu Liu Ba Yao Wu
San San Jiu Liu Ba Yao Wu
San San Jiu Liu Ba Yao Wu ...

Lorsque votre Langage de l'Âme sort, ne vous arrêtez pas et continuez à le parler ou à le réciter, vous pourriez soudainement comprendre ce qu'il signifie.

Vous pouvez également poser une question avant de commencer à parler votre Langage de l'Âme. Par exemple, si vous souhaitez recevoir des conseils du Tao concernant votre chemin spirituel, vous pourriez dire :

Cher Tao
Je vous aime.
Pourriez-vous me donner des conseils, concernant mon chemin spirituel, par le biais de mon Langage de l'Âme ?

> *Je vous en suis extrêmement reconnaissant.*
> *Ma chère âme,*
> *Je t'aime.*
> *Quand je parle le Langage de l'Âme, peux-tu, s'il te plaît, envoyer le message en français* (ou la langue de votre choix), *de mon Centre des Messages jusqu'à mon cerveau.*
> *Ainsi, je comprendrai la signification de mon Langage de l'Âme.*
> *Merci.*

Ensuite, parlez ou récitez votre Langage de l'Âme. Soudainement, vous pourriez faire sortir le sens de votre Langage de l'Âme.

Je vais vous donner un autre exemple. Peut-être avez-vous besoin de conseils pour le choix de la meilleure université pour votre enfant. Dites *Bonjour* comme suit :

> *Mon cher Centre des Messages bien-aimé,*
> *Mon cher Langage de l'Âme,*
> *Je voudrais recevoir vos conseils au sujet de deux ou trois universités auprès desquelles mon enfant aimerait aller.*
> *Pourriez-vous me guider afin de savoir laquelle est la meilleure pour lui* (ou *pour elle*) *?*
> *Merci.*

Détendez-vous. Puis parlez ou récitez le Langage de l'Âme. Vous pourriez soudainement entendre la réponse.

Vous pouvez utiliser le Langage de l'Âme pour poser toutes les questions que vous souhaitez. Souvenez-vous de toujours poser des questions positives. Ne posez jamais de questions qui pourraient nuire aux autres d'une quelconque façon ou qui pourraient concerner la vie privée de quelqu'un.

Exercez-vous davantage. La sagesse importante est que de nombreux débutants peuvent ne pas recevoir une traduction tout de suite.

Soyez patient. Exercez-vous encore et encore. La traduction du Langage de l'Âme pourrait venir soudainement. Vous pourriez entendre des mots ou directement entendre la traduction du Langage de l'Âme.

Si vous n'arrivez pas à traduire votre Langage de l'Âme, ne soyez pas déçu. Continuez à pratiquer. Soyez confiant. Détendez-vous. Un jour, vous comprendrez votre Langage de l'Âme.

⌘

Si vous pratiquez le Langage de l'Âme, il peut ensuite se transformer en Chant de l'Âme, le chant de votre Langage de l'Âme. J'aimerais partager avec vous une belle histoire à propos de l'utilisation des Mains du Tao et du Chant de l'Âme pour la guérison :

> *L'histoire suivante raconte les résultats d'une bénédiction des Mains du Tao que j'ai transmise à une femme, responsable marketing pour mon entreprise juridique. Elle s'appelle Kimberly et vit dans le Minnesota. Elle souffrait depuis plus d'un an d'une colite ulcéreuse et vivait dans un grand inconfort. Il y avait du sang dans ses selles, malgré l'aide médicale classique et alternative qu'elle avait reçu. Ces deux médecines avaient amélioré sa condition, mais elle n'a jamais obtenu de rémission totale.*
>
> *La bénédiction s'est faite à distance, pendant un appel téléphonique. J'ai simplement suivi les recommandations de Maître Sha, j'ai fait l'invocation pour permettre au Tao de passer à travers moi et à travers mon Chant de l'Âme. Les résultats ont été stupéfiants, comme vous pouvez le constater de ses propres mots :*
>
> Merci pour cette bénédiction. Cela a fonctionné.
>
> En avril dernier, j'ai été diagnostiquée d'une horrible colite ulcéreuse (des ulcères dans le côlon) et on m'avait dit

que la plupart des personnes, dans la même situation, devaient prendre des médicaments assez longtemps, voire toute la vie, et que la moitié d'entre elles devaient subir une colectomie entière pour ne plus subir ces désagréments. Prenant tout mon courage, j'ai évité ce processus et j'ai commencé à suivre un régime végétalien, à faire des pratiques énergétiques et à prendre d'autres remèdes de guérison alternatifs. Grâce à mes efforts, mon état s'était amélioré d'environ quatre-vingt-cinq pour cent.

Depuis que vous m'avez transmis la bénédiction des Mains du Tao, pour la première fois depuis un an, je n'ai plus vu de sang dans mes selles et mon étrange ballonnement (qui ressemblait à une grossesse de 4 à 5 mois) a mystérieusement disparu.

Mon ventre est plat et je peux me plier et bouger librement. Comme j'ai toujours été maigre et tonique, je me sens à nouveau moi-même !

Quel magnifique cadeau vous m'avez fait, et votre voix… absolument divine !

Je m'en vais faire des abdominaux maintenant. … :)

Que Dieu vous bénisse.

Kimberly

Je suis extrêmement béni et touché d'avoir été le canal à travers lequel le Tao a pu offrir son aide précieuse pour changer la vie d'une collègue, qui est travailleuse indépendante et mère de deux enfants. Quelle différence cela a pu faire dans sa vie !

Je n'ai pas de mots pour remercier Maître Sha et le Tao suffisamment.

Humblement,

Erik J. Cecil, Esq.
Superior, Colorado

OUVRIR VOTRE CANAL DE COMMUNICATION DIRECTE DE L'ÂME

Ouvrir le Canal de Communication Directe de l'Âme vous permet de communiquer directement avec le Tao et toutes les âmes. Beaucoup de personnes parlent au Tao. Beaucoup de personnes ne peuvent pas entendre le Tao. Si c'est le cas, cela signifie que votre Canal de Communication Directe de l'Âme n'est pas encore ouvert.

Où se situe le Canal de Communication Directe de l'Âme ?

Le Canal de Communication Directe de l'Âme commence dans le Zhong[24], traverse le Centre des Messages et se termine au cerveau.

Pourquoi avez-vous besoin d'ouvrir votre Canal de Communication Directe de l'Âme ?

Les mots ne suffisent pas pour décrire la signification et le pouvoir de l'ouverture de votre Canal de Communication Directe de l'Âme. Imaginez que vous puissiez communiquer directement avec le Tao. Quand votre Canal de Communication Directe de l'Âme est ouvert, vous pouvez recevoir les conseils, quel que soit l'endroit où vous êtes et quel que soit le moment. Le Tao partagera directement avec vous ses conseils spirituels concernant votre vie physique et votre vie spirituelle. Il n'y a vraiment pas de mots pour en expliquer les bienfaits.

Comment ouvrir votre Canal de Communication Directe de l'Âme ?

Le secret le plus important est d'apprendre en premier à traduire le Langage de l'Âme. C'est le chemin le plus rapide et le plus court pour ouvrir votre Canal de Communication Directe de l'Âme.

---

[24] Voir page 125 pour la description du Zhong.

En une phrase :

> **Si vous pouvez traduire votre Langage de l'Âme, vous parviendrez naturellement à communiquer avec le Tao.**

Ouvrir votre Centre des Messages est la clé pour ouvrir votre Canal de Communication Directe de l'Âme.

Je vais maintenant offrir de précieux trésors permanents du Tao que vous pouvez utiliser pour ouvrir votre Canal de Communication Directe de l'Âme.

Préparez-vous !

Ordre du Tao : Transmissions de l'Âme, de la Conscience et du Corps de la Boule de Lumière Violette du Tao et de la Source du Liquide Violet du Centre des Messages du Tao

Transmission !

Félicitations ! Vous êtes bénis. L'humanité est bénie.

Maintenant, laissez-moi vous apprendre à utiliser ces trésors, ainsi que les autres trésors inestimables que vous avez reçu dans ce livre, afin d'enlever les blocages de l'âme, de la conscience et du corps de votre Canal de Communication Directe de l'Âme, pour vous permettre de communiquer directement avec le Tao. Si vous pouvez parler avec le Tao, alors vous serez capable de parler avec n'importe quelle âme.

Utilisez la Technique des Quatre Pouvoirs :

Pouvoir du Corps. Asseyez-vous droit. Fermez vos yeux. Placez le bout de votre langue délicatement contre votre palais. Placez vos mains en position de Prière de l'Ère de la Lumière de l'Âme.

Pouvoir de l'Âme. Dites *Bonjour* :

Chers âme, conscience et corps de mon Centre des Messages,
Je vous aime.
Chères Transmissions de l'Âme, de la Conscience et du Corps de la Boule de Lumière Violette du Tao et de la Source du Liquide Violet du Centre des Messages du Tao, de l'Amour du Tao, du Pardon du Tao, de la Compassion du Tao pour le Cerveau, le Cœur et l'Âme, de la Lumière du Tao et du Langage de l'Âme du Tao,
Je vous aime.
Veuillez, s'il vous plaît, vous activer pour enlever les blocages de l'âme, de la conscience et du corps de mon Canal de Communication Directe de l'Âme.
Merci.

Pouvoir du Mental. Visualisez une lumière violette, rayonnant dans votre Centre des Messages.

Pouvoir du Son. Chantez ou récitez silencieusement ou à voix haute :

Les Transmissions de l'Âme, de la Conscience et du Corps de la Boule de Lumière Violette du Tao et de la Source du Liquide Violet du Centre des Messages du Tao, de l'Amour du Tao, du Pardon du Tao, de la Compassion du Tao pour le Cerveau, le Cœur et l'Âme, de la Lumière du Tao et du Langage de l'Âme du Tao, enlèvent les blocages de l'âme, de la conscience et du corps de mon Canal de Communication Directe de l'Âme. Merci.
Les Transmissions de l'Âme, de la Conscience et du Corps de la Boule de Lumière Violette du Tao et de la Source du Liquide Violet du Centre des Messages du Tao, de l'Amour du Tao, du Pardon du Tao, de la Compassion du Tao pour le Cerveau, le Cœur et l'Âme, de la Lumière du Tao et du Langage de l'Âme du Tao, enlèvent les blocages de l'âme, de la conscience et du corps de mon Canal de Communication Directe de l'Âme. Merci.
Les Transmissions de l'Âme, de la Conscience et du Corps de la Boule de Lumière Violette du Tao et de la Source du Liquide Violet du Centre des Messages du Tao, de l'Amour du Tao, du Pardon du

Tao, de la Compassion du Tao pour le Cerveau, le Cœur et l'Âme, de la Lumière du Tao et du Langage de l'Âme du Tao, enlèvent les blocages de l'âme, de la conscience et du corps de mon Canal de Communication Directe de l'Âme. Merci.

Les Transmissions de l'Âme, de la Conscience et du Corps de la Boule de Lumière Violette du Tao et de la Source du Liquide Violet du Centre des Messages du Tao, de l'Amour du Tao, du Pardon du Tao, de la Compassion du Tao pour le Cerveau, le Cœur et l'Âme, de la Lumière du Tao et du Langage de l'Âme du Tao, enlèvent les blocages de l'âme, de la conscience et du corps de mon Canal de Communication Directe de l'Âme. Merci. …

Maintenant, arrêtez de lire. Continuez de chanter ou réciter pendant cinq minutes.

Puis, parlez ou récitez votre Langage de l'Âme aussi longtemps que vous le pouvez. Exercez-vous à traduire votre Langage de l'Âme en posant une question au Tao. Vous pourriez entendre soudainement la réponse. Vous pourriez être très enthousiasmé. Vous pourriez être ému aux larmes.

La sagesse très importante à partager, avec vous et avec chaque lecteur, est de faire confiance en la réponse que vous recevez du Tao. N'ayez aucun doute. Ne demandez pas « Puis-je entendre la réponse à nouveau ? » C'est une erreur majeure qui montre de l'irrespect envers le Tao. Si vous faites cela, vous pourriez être bloqué pour entendre les réponses du Tao, pendant une longue période.

Quand vous entendez la réponse, dites *Merci*. Si vous n'entendez pas une réponse claire, changez la question. Vous recevrez une autre réponse. Posez une question claire et directe. Si vous n'entendez pas clairement une réponse, ne soyez pas contrarié. Recommencez et faites davantage de pratiques et de chants. Votre Canal de Communication Directe de l'Âme pourrait s'ouvrir de plus en plus.

OUVRIR VOTRE CANAL DU TROISIÈME ŒIL

Au cours de l'histoire de l'humanité, des millions d'êtres spirituels ont ouvert leur Troisième Œil. Avoir un Troisième Œil ouvert, c'est recevoir les conseils du Tao et du monde spirituel, sous la forme d'images spirituelles. Avoir un canal spirituel ouvert nous permet de recevoir les conseils du Tao et du Monde des Âmes. Recevoir leurs conseils est pour transformer chaque aspect de la vie en fonction des conseils spirituels reçus.

Nos Pères et Mères spirituels, le Divin et le Tao nous guideront pour transformer notre santé, nos relations, nos finances et chaque aspect de la vie, uniquement si nous le leur demandons et si nos canaux spirituels sont ouverts pour recevoir leurs conseils et enseignements. Par conséquent, ouvrir le Troisième Œil et les autres canaux spirituels est très important dans le chemin spirituel d'une personne.

Avant d'ouvrir le Troisième Œil, il faut d'abord développer la kundalini. Ensuite, seulement, on peut ouvrir le Troisième Œil. La kundalini est le centre énergétique clé pour les reins. Elle fournit la nourriture énergétique pour le cerveau et le Troisième Œil. Si vous n'avez pas une forte fondation de la kundalini, il n'est pas conseillé d'ouvrir votre Troisième Œil parce que vous vous épuiseriez. Un Troisième Œil ouvert utilise beaucoup d'énergie.

J'ai partagé la sagesse et les pratiques pour développer la kundalini dans le chapitre 3. Si vous le désirez, vous pouvez revenir en arrière et relire cette section. Surtout, pratiquez beaucoup afin de développer davantage le pouvoir de votre kundalini, avant d'ouvrir votre Canal du Troisième Œil.

Maintenant, je vais booster votre kundalini en utilisant tous les trésors du Tao qui vous ont été transmis dans ce livre.

Utilisez la Technique des Quatre Pouvoirs :

Pouvoir du Corps. Asseyez-vous droit. Fermez vos yeux. Placez le bout de votre langue délicatement contre votre palais. Placez une paume sur le nombril. Placez l'autre paume sur la zone de la kundalini.

Pouvoir de l'Âme. Dites *Bonjour* :

> *Chers âme, conscience et corps de ma kundalini,*
> *Je vous aime.*
> *Vous avez le pouvoir de vous développer.*
> *Faites un bon travail.*
> *Merci.*
> *Chères Transmissions de l'Âme, de la Conscience et du Corps de la Boule de Lumière Violette du Tao et de la Source du Liquide Violet de l'Amour du Tao, du Pardon du Tao, de la Compassion du Tao pour le Cerveau, le Cœur et l'Âme, de la Lumière du Tao, du Centre des Messages du Tao, de la Purification du Tao, des Nutriments et de l'Equilibre du Tao, de la Clarté d'esprit du Tao, de l'Aalignement de l'Âme, du Cœur, de la Conscience et du Corps du Tao, du Dan Tian Inférieur du Tao, et du Langage de l'Âme du Tao,*
> *Je vous aime tous.*
> *Veuillez, s'il vous plaît, vous activer pour développer le pouvoir de ma kundalini.*
> *Je vous en suis très reconnaissant.*
> *Merci.*

Pouvoir du Mental. Visualisez une lumière violette rayonnant dans votre kundalini.

Pouvoir du Son. Chantez ou récitez silencieusement ou à voix haute :

> *Les Transmissions de l'Âme, de la Conscience et du Corps de la Boule de Lumière Violette du Tao et de la Source du Liquide Violet de l'Amour du Tao, du Pardon du Tao, de la Compassion du Tao pour le Cerveau, le Cœur et l'Âme, de la Lumière du Tao, du Centre des Messages du Tao, de la Purification du Tao, des Nutriments et de*

l'Equilibre du Tao, de la Clarté d'esprit du Tao, de l'Alignement de l'Âme, du Cœur, de la Conscience et du Corps du Tao, du Dan Tian Inférieur du Tao, et du Langage de l'Âme du Tao, développent le pouvoir de ma kundalini. Merci.

Les Transmissions de l'Âme, de la Conscience et du Corps de la Boule de Lumière Violette du Tao et de la Source du Liquide Violet de l'Amour du Tao, du Pardon du Tao, de la Compassion du Tao pour le Cerveau, le Cœur et l'Âme, de la Lumière du Tao, du Centre des Messages du Tao, de la Purification du Tao, des Nutriments et de l'Equilibre du Tao, de la Clarté d'esprit du Tao, de l'Alignement de l'Âme, du Cœur, de la Conscience et du Corps du Tao, du Dan Tian Inférieur du Tao, et du Langage de l'Âme du Tao, développent le pouvoir de ma kundalini. Merci.

Les Transmissions de l'Âme, de la Conscience et du Corps de la Boule de Lumière Violette du Tao et de la Source du Liquide Violet de l'Amour du Tao, du Pardon du Tao, de la Compassion du Tao pour le Cerveau, le Cœur et l'Âme, de la Lumière du Tao, du Centre des Messages du Tao, de la Purification du Tao, des Nutriments et de l'Equilibre du Tao, de la Clarté d'esprit du Tao, de l'Alignement de l'Âme, du Cœur, de la Conscience et du Corps du Tao, du Dan Tian Inférieur du Tao, et du Langage de l'Âme du Tao, développent le pouvoir de ma kundalini. Merci.

Les Transmissions de l'Âme, de la Conscience et du Corps de la Boule de Lumière Violette du Tao et de la Source du Liquide Violet de l'Amour du Tao, du Pardon du Tao, de la Compassion du Tao pour le Cerveau, le Cœur et l'Âme, de la Lumière du Tao, du Centre des Messages du Tao, de la Purification du Tao, des Nutriments et de l'Equilibre du Tao, de la Clarté d'esprit du Tao, de l'Alignement de l'Âme, du Cœur, de la Conscience et du Corps du Tao, du Dan Tian Inférieur du Tao, et du Langage de l'Âme du Tao, développent le pouvoir de ma kundalini. Merci. …

Maintenant, arrêtez de lire. Continuez à chanter ou réciter *Les Transmissions de l'Âme, de la Conscience et du Corps de la Boule de Lumière Violette du Tao et de la Source du Liquide Violet de l'Amour du Tao, du*

Pardon du Tao, de la Compassion du Tao pour le Cerveau, le Cœur et l'Âme, de la Lumière du Tao, du Centre des Messages du Tao, de la Purification du Tao, des Nutriments et de l'Equilibre du Tao, de la Clarté d'esprit du Tao, de l'Alignement de l'Âme, du Cœur, de la Conscience et du Corps du Tao, du Dan Tian Inférieur du Tao, et du Langage de l'Âme du Tao, développent le pouvoir de ma kundalini. **Merci** pendant dix minutes.

Ensuite, parlez ou récitez votre Langage de l'Âme pendant dix minutes. Plus vous chanterez, réciterez, parlerez longtemps, meilleurs seront les résultats que vous obtiendrez. Il n'y a aucune limite de temps pour parler le Langage de l'Âme. Je vous ai déjà donné cet enseignement précédemment. Activer tous les trésors du Tao et parler ou réciter le Langage de l'Âme en même temps est la meilleure façon de développer votre kundalini, de transformer la santé, de régénérer, de purifier et d'illuminer toute vie.

Bien que j'aie partagé des secrets majeurs avec vous et chaque lecteur, cela ne signifie pas que votre kundalini soit suffisamment développée. Si vous voulez la développer plus intensément et avoir de meilleures perceptions du Troisième Œil, vous devez beaucoup pratiquer. Il n'y a pas d'autre moyen. Vos progrès dépendent de vos efforts personnels.

Dans les enseignements anciens, il y a un dicton très connu :

只管耕耘，不管收获
Zhi guan geng yun, bu guan shou huo

« Zhi guan » signifie *faites-le, quelles que soient les circonstances*. « Geng yun » signifie *planter, cultiver, arroser et fertiliser convenablement*. « Bu guan » signifie *ne pas déranger, ne pas attendre*. « Shou huo » signifie *récolter*.

« Zhi guan geng yun, bu guan shou huo » (se prononce *djeu gouanne gueung iune, bou gouanne cho houo*) signifie *fais convenablement le travail de planter les semences, de donner la quantité appropriée d'eau et de fertiliser et n'attends rien de la récolte.* Cette phrase enseigne à chaque lecteur et à l'humanité qu'aussi longtemps que vous planterez les graines correctement, la récolte viendra naturellement. Elle nous enseigne de n'avoir aucune attente.

Cette phrase est l'enseignement parfait pour vous aider à ouvrir le Troisième Œil. Faites seulement votre pratique Xiu Lian. « Xiu » signifie *purification*. « Lian » signifie *pratique*. « Xiu Lian » (se prononce *chiou liaine*) est *la pratique de purification*. Xiu Lian est le terme qui était employé pour le chemin spirituel dans les temps anciens. Cela signifie *la totalité de l'évolution spirituelle d'une personne*. Ouvrir le Troisième Œil et les autres canaux spirituels est un aspect du chemin de Xiu Lian.

Je vais révéler un autre secret spirituel majeur à vous, à chaque lecteur et à quiconque désire ouvrir son Troisième Œil. Cela peut être résumé en une phrase :

Développer la kundalini, c'est développer le Troisième Œil.

Permettez-moi d'ajouter quelques explications. Il y a des milliers, voire des dizaines de milliers de méthodes pour développer le Troisième Œil. La plupart des méthodes pour ouvrir le Troisième Œil exigent de se concentrer dans la région du Troisième Œil. Aujourd'hui, je confirme formellement, à vous et à l'humanité, que la manière sacrée pour ouvrir le Troisième Œil est de *se concentrer sur la région de la kundalini*.

Je l'ai déjà expliqué précédemment, mais j'insiste à nouveau sur le fait que la kundalini est le centre de nourriture énergétique pour le Troisième Œil. L'énergie de la kundalini remonte, à travers deux trous invisibles situés dans la région du coccyx, le long de la moëlle épinière jusqu'au cerveau, pour nourrir le cerveau et le Troisième Œil. La sagesse sacrée stipule que l'énergie de la kundalini va stimuler le Troisième Œil pour l'ouvrir.

Je vais maintenant poser une question au Tao. Ma question au Tao est la suivante :

Cher Tao, pourriez-vous expliquer en quoi consiste la sagesse du Troisième Œil ?

Le Tao a répondu :

Mon cher fils Zhi Gang,

Je suis heureux d'offrir un court enseignement à propos du Troisième Œil.

Le Troisième Œil est la glande pinéale. En général, le Troisième Œil est ouvert chez l'enfant jusqu'à l'âge de quatre ans. Donc, un enfant peut dire à ses parents qu'il ou elle voit des anges. Parfois, un enfant peut voir le côté sombre et avoir peur. Certains parents ne sont pas conscients de cela et peuvent dire à l'enfant que cela n'existe pas ou que c'est juste leur imagination.

Quand un enfant atteint l'âge de quatre à six ans, son Troisième Œil entre dans un état dégénératif et, pour environ quatre-vingt-seize pour cent de l'humanité, le Troisième Œil se ferme à l'âge de quatre à six ans. Quatre pour cent de l'humanité a son Troisième œil qui ne se ferme pas. Pour cette raison, il y a des personnes dont le Troisième Œil peut percevoir des images spirituelles depuis l'enfance. Ils ont toujours vu des images spirituelles car leur Troisième Œil ne s'est jamais fermé.

Un être humain peut ouvrir son Troisième quand il fait des pratiques spirituelles. Le Troisième Œil peut être stimulé et s'ouvrir à nouveau pour voir des images spirituelles. Il y a beaucoup de méthodes pour ouvrir le Troisième Œil.

Mon fils Zhi Gang Sha communique avec moi tout le temps. Ses livres sont écrits avec des flots venant de moi. Il est mon serviteur, mon véhicule et mon canal. Je suis reconnaissant du service de Zhi

Gang Sha. Je suis reconnaissant envers tous ses étudiants et leur service inconditionnel. Je suis aussi un serviteur universel inconditionnel. Je vous aime tous. J'aime l'humanité. J'aime wan ling (toutes les âmes).

Ceci est le court enseignement que Zhi Gang m'a demandé de partager avec vous directement.

Votre bien-aimé Tao.

Merci cher Tao. Je suis honoré de servir.

Je vais maintenant vous offrir, ainsi qu'à chaque lecteur, des trésors inestimables permanents pour aider à développer le pouvoir de votre kundalini.

Préparez-vous !

Ordre du Tao : Transmissions de l'Âme, de la Conscience et du Corps de la Boule de Lumière Violette du Tao et de la Source du Liquide Violet de la undalini du Tao

Transmission !

Félicitations ! Vous êtes bénis. L'humanité est bénie.

Maintenant, je vais vous apprendre à utiliser la Technique des Quatre Pouvoirs et vos Trésors du Tao, afin de développer simultanément votre kundalini et votre Canal du Troisième Œil :

Pouvoir du Corps. Asseyez-vous droit. Fermez vos yeux. Placez le bout de votre langue délicatement contre votre palais. Placez une paume sur le nombril. Placez l'autre paume sur la région de la kundalini.

Pouvoir de l'Âme. Dites *Bonjour* :

Chers âme, conscience et corps de ma kundalini et de mon Canal du Troisième Œil,
Je vous aime.
Chères Transmissions de l'Âme, de la Conscience et du Corps de la Boule de Lumière Violette du Tao et de la Source du Liquide Violet de la Kundalini du Tao et chères toutes les Transmissions de l'Âme, de la Conscience et du Corps de la Boule de Lumière Violette du Tao et du Liquide Violet de la Source qui m'ont été transmises dans ce livre,
Je vous aime.
Veuillez, s'il vous plaît, vous activer pour développer ma kundalini et mon Canal du Troisième Œil simultanément.
Je vous en suis très reconnaissant.
Merci.

Pouvoir du Mental. Visualisez les trésors de la Boule de Lumière Violette du Tao et de la Source du Liquide Violet, tournant et rayonnant dans votre kundalini. Le secret important à respecter est de *ne pas penser au Canal du Troisième Œil. Portez simplement votre attention dans la région de votre kundalini.*

La sagesse sacrée stipule que, lorsque vous développez la région de la kundalini, le Canal du Troisième Œil aura plus de chance de s'ouvrir automatiquement. Si on développe une fondation solide, le Troisième Œil s'ouvrira par lui-même. C'est un peu comme une pompe à vélo ou n'importe quelle autre pompe. Quand vous développez le pouvoir de la région de votre kundalini, l'énergie devient de plus en plus dense. Elle va alors remonter le long de la colonne vertébrale jusqu'au cerveau, stimulant le Troisième Œil et l'ouvrant. C'est le processus naturel.

En suivant le processus de cette façon, vous construirez une base solide. Quand le moment sera venu, votre Troisième Œil s'ouvrira naturellement. Quand votre Troisième Œil s'ouvrira, vous aurez déjà développé de bonnes fondations et vous ne vous épuiserez pas. C'est la clé essentielle pour ouvrir le Canal du Troisième Œil et suivre les principes sacrés.

Comme j'enseigne souvent :

大道至简

Da Tao zhi jian

« Da » signifie *grand*. « Tao » signifie *la Voie*. « Zhi » signifie *extrêmement*. « Jian » signifie *simple*. « Da Tao zhi jian » (se prononce *da dao djeu djienne*) signifie *la Grande Voie est extrêmement simple*.

Continuons maintenant avec le Pouvoir du Son.

Pouvoir du Son. Chantez ou récitez silencieusement ou à voix haute :

> *Les Transmissions de l'Âme, de la Conscience et du Corps de la Boule de Lumière Violette du Tao et de la Source du Liquide Violet de la Kundalini du Tao, et toutes les Transmissions de l'Âme, de la Conscience et du Corps de la Boule de Lumière Violette du Tao et de la Source du Liquide Violet développent simultanément ma kundalini et mon Canal du Troisième Œil. Merci.*
>
> *Les Transmissions de l'Âme, de la Conscience et du Corps de la Boule de Lumière Violette du Tao et de la Source du Liquide Violet de la Kundalini du Tao, et toutes les Transmissions de l'Âme, de la Conscience et du Corps de la Boule de Lumière Violette du Tao et de la Source du Liquide Violet développent simultanément ma kundalini et mon Canal du Troisième Œil. Merci.*
>
> *Les Transmissions de l'Âme, de la Conscience et du Corps de la Boule de Lumière Violette du Tao et de la Source du Liquide Violet de la Kundalini du Tao, et toutes les Transmissions de l'Âme, de la Conscience et du Corps de la Boule de Lumière Violette du Tao et de la Source du Liquide Violet développent simultanément ma kundalini et mon Canal du Troisième Œil. Merci.*
>
> *Les Transmissions de l'Âme, de la Conscience et du Corps de la Boule de Lumière Violette du Tao et de la Source du Liquide Violet de la*

Kundalini du Tao, et toutes les Transmissions de l'Âme, de la Conscience et du Corps de la Boule de Lumière Violette du Tao et de la Source du Liquide Violet développent simultanément ma kundalini et mon Canal du Troisième Œil. Merci. ...

Maintenant, arrêtez de lire et posez le livre. Continuez de chanter ou de réciter *Les Transmissions de l'Âme, de la Conscience et du Corps de la Boule de Lumière Violette du Tao et de la Source du Liquide Violet de la Kundalini du Tao, et toutes les Transmissions de l'Âme, de la Conscience et du Corps de la Boule de Lumière Violette du Tao et de la Source du Liquide Violet développent simultanément ma kundalini et mon Canal du Troisième Œil. Merci* pendant dix minutes.

Ensuite, parlez ou récitez votre Langage de l'Âme pendant trente minutes.

Je vais révéler maintenant, à vous et à l'humanité, l'un des plus grands secrets.

Quand vous parlez ou récitez votre Langage de l'Âme d'une façon extrêmement rapide, vous pouvez soudain être désorienté et ne plus savoir où vous êtes, ni l'heure qu'il est. C'est le meilleur état. Vous entrez dans un état de vide. Cet état est le meilleur que vous pouvez atteindre. Restez dans cet état aussi longtemps que vous le pouvez. Il n'y a pas assez de mots pour exprimer tous les bienfaits pour votre chemin spirituel. Vous pourriez commencer à voir soudainement de la lumière ou des images spirituelles. Ne vous excitez pas trop. Restez calme. Cela signifie que votre Troisième Œil commence à s'ouvrir. Continuez à parler ou à réciter votre Langage de l'Âme et concentrez votre attention sur votre kundalini. Votre Troisième Œil pourrait s'ouvrir encore plus.

Souvenez-vous que vous devez consacrer suffisamment de temps pour cette pratique. Soyez patient. Vous pourriez consacrer des jours, des semaines ou des mois pour ouvrir votre Troisième Œil. Chacun est différent. Souvenez-vous de l'enseignement plus haut :

Zhi guan geng yun, bu guan shou hou

Planifiez correctement, la récolte viendra naturellement. N'attendez rien. Plus vous vous impatientez pour l'ouverture de votre Troisième Œil, plus il pourrait mettre du temps pour s'ouvrir.

Une sagesse que chacun doit savoir, c'est que, même si votre Troisième Œil s'ouvre, les Cieux pourraient très bien le fermer à nouveau. Je vais vous raconter une histoire.

La deuxième fille de mon père spirituel et mentor bien-aimé, Dr et Maître Zhi Chen Guo, a ouvert son Troisième Œil il y a de cela plusieurs années. Il s'est subitement fermé. Elle demanda à son père « Pourrais-je ouvrir de nouveau mon Troisième Œil ? »

Il lui dit « Tu n'ouvriras jamais plus ton Troisième Œil. »

Elle était déçue, mais, dans son cœur, elle se disait « J'ouvrirai mon Troisième Œil à nouveau. J'ai besoin de pratiquer sérieusement ».

C'est une personne que je respecte beaucoup dans mon cœur. Quand j'étais en Chine, j'ai vu qu'elle méditait de 22 h à 6 h tous les jours. Elle dormait deux heures par jour, de 6 h à 8 h. Durant la journée, elle travaillait et faisait son Xiu Lian.

Cela lui a pris quelques années pour construire une base suffisamment solide, en dormant seulement une à deux heures par jour. J'étais émerveillé par sa capacité à dormir une à deux heures et ensuite de travailler tous les jours et de faire son Xiu Lian.

Après que son père lui eut dit que son Troisième Œil pourrait ne plus jamais s'ouvrir, elle s'est mise à pratiquer avec persistance. Cela lui a pris quelques années pour que son Troisième Œil s'ouvre à nouveau. Elle a d'ailleurs un Troisième Œil très avancé maintenant. Les qualités de son Troisième Œil sont profondes et impressionnantes.

Cette histoire est pour partager avec vous et l'humanité que, même si votre Troisième Œil s'ouvre, il peut très bien se fermer à nouveau. Vous devez continuer de pratiquer. Pratiquer est un travail quotidien. Faire son Xiu Lian est un effort de toute une vie. Les êtres spirituels les plus élevés n'ont pas pratiqué seulement dans cette vie. Ils ont pratiqué durant des centaines, des milliers et même plus de vies pour atteindre leur état actuel. Et ils continuent de pratiquer.

Pratiquez. Pratiquez. Pratiquez.

Persévérez. Persévérez. Persévérez.

Améliorez-vous. Améliorez-vous. Améliorez-vous.

Les habilités potentielles du Canal du Troisième Œil et des autres canaux spirituels sont illimitées.

Recevez la sagesse infinie des Cieux, du Divin et du Tao.

C'est vous qui décidez combien de pratiques vous ferez.

C'est vous qui développez le Canal du Troisième Œil et les autres canaux spirituels de plus en plus.

Ceci est votre chemin spirituel.

Je souhaite sincèrement que vous développiez votre Canal du Troisième Œil avancé et les autres canaux spirituels.

Je souhaite que vous éleviez le rang de votre âme dans les Cieux.

Je souhaite que vous accomplissiez votre chemin spirituel.

Le chemin spirituel est illimité.

Continuez de grandir. Continuez de grandir. Continuez de grandir.

OUVRIR VOTRE CANAL DE LA CONNAISSANCE DIRECTE

Qu'est-ce que le Canal de la Connaissance Directe ? Ouvrir ce canal apporte une connaissance directe en communicant instantanément avec l'Âme du Tao et toutes les âmes. Ainsi, si vous voulez apprendre quelque chose, vous l'apprendrez directement, sans demander. C'est le canal spirituel le plus élevé.

Lao Zi, l'auteur du *Dao De Jing* a dit :

坐在家中知天下事
Zuo zai jia zhong zhi tian xia shi

« Zuo » signifie *assis*. « Zai » signifie *dans*. « Jia zhong » signifie *maison*. « Zhi » signifie *connaître*. « Tian Xia » signifie *dans le monde*. « Shi » signifie *les choses*.

« Zuo zai jia zhong zhi tian xia shi » (se prononce *dzouo dzaille djia djong djeu tienne chia cheu*) signifie *assieds-toi à la maison et tu connaîtras ce qu'il se passe dans le monde*. Ceci explique les compétences de ceux qui ont la faculté de connaissance directe. Vous n'avez pas besoin de bouger d'un pouce pour connaître les secrets de l'univers.

Où se situe le Canal de la Connaissance Directe ?

Le Canal de la Connaissance Directe commence dans le cœur et finit dans le Zhong. J'ai expliqué le Zhong dans le chapitre 4. Le Zhong est l'espace le plus important dans le corps. Le Zhong est le Tao à l'intérieur du corps. Le Tao est la Source des Cieux, de la Terre-Mère et des innombrables planètes, étoiles, galaxies et univers. Le cœur abrite la conscience et l'âme. Si le cœur se connecte avec le Zhong, alors le cœur recevra les messages de tout le monde et de chaque chose dans les innombrables univers. Pour cette raison, le Canal de la Connaissance Directe va du cœur au Zhong.

Quel est le pouvoir et la signification du Canal de la Connaissance Directe ?

Avoir un Canal de la Connaissance Directe ouvert, c'est être connecté en tout temps avec le Tao. Ce que le Tao sait, vous le saurez. Il est vital de se rappeler qu'avoir un Canal de la Connaissance Directe ouvert ne signifie pas que vous pouvez partager tout ce que vous savez avec les autres. Le Monde des Âmes est régi par une loi spirituelle majeure. Beaucoup de secrets des Cieux ne peuvent pas être révélés.

Pensez-y. Pouvez-vous partager les grands secrets du gouvernement d'un pays avec les autres ? Vous ne le pouvez pas. Dans beaucoup d'entreprises, les employés doivent signer un contrat de confidentialité. Un avocat ne peut pas partager les informations d'un client. Un docteur ne peut pas partager les informations d'un patient. Cela s'applique aussi aux Cieux. Cependant, les conséquences, par suite de révélation inappropriée d'informations, sont bien plus sérieuses que sur Terre-Mère.

Souvenez-vous de cet enseignement, si vous développez à un niveau élevé votre Canal de la Connaissance Directe. Vous pouvez connaître beaucoup de choses, mais vous ne pouvez pas les partager. Ne révélez pas les secrets des Cieux.

Laissez-moi vous expliquer davantage quelles sont les compétences d'un Canal de la Connaissance Directe très développé.

Si vous avez un Canal de Connaissance Directe très développé :

- Vous pourriez savoir combien de temps une personne vivra. Vous ne pouvez pas partager cette information. La personne pourrait en être très bouleversée.
- Vous pourriez lire les vies antérieures et futures d'une personne. Il n'est pas approprié de partager cette information.
- Vous pourriez tout savoir à propos des relations d'une personne : son état civil, si elle a ou non des enfants, la condition de ses relations, et plus. Il n'est pas approprié de partager cette information.

- Vous pourriez connaître l'état de santé d'une personne. Il n'est peut-être pas approprié de partager cette information.
- Vous pourriez tout savoir à propos de la réussite ou de l'échec d'une entreprise. Il n'est peut-être pas approprié de partager cette information.
- Vous pourriez savoir les détails de la transition de la Terre-Mère pour les dix prochaines années. Il n'est peut-être pas approprié pour vous de partager cette information.

Il y a beaucoup d'autres choses que vous pourriez savoir après avoir développé votre Canal de la Connaissance Directe. Souvenez-vous qu'il n'est peut-être pas approprié de partager beaucoup de ces informations avec les autres. Le Tao vous guidera à propos de ce que vous pourrez ou ne pourrez pas partager.

Maintenant, je vais vous montrer comment pratiquer pour développer votre Canal de la Connaissance Directe.

Utilisez la Technique des Quatre Pouvoirs :

Pouvoir du Corps. Asseyez-vous droit. Fermez vos yeux. Placez le bout de votre langue délicatement contre votre palais. Placez une paume sur votre cœur. Placez l'autre paume dans le dos, en dessous du point d'acupuncture du Ming Men. Le point d'acupuncture du Ming Men se situe directement à l'opposé du nombril dans votre dos.

Pouvoir de l'Âme. Dites *Bonjour* :

> *Chers âme, conscience et corps de mon Cœur, de mon Zhong et de mon Canal de la Connaissance Directe,*
> *Je vous aime tous.*
> *Chers tous les trésors du Tao permanents qui m'ont été transmis dans ce livre.*

Pour mes étudiants avancés qui ont lu les autres livres de ma Collection Le Pouvoir de l'Âme et qui ont participé à plusieurs de mes ateliers, retraites et téléconférences, veuillez-vous rappeler d'inclure cette phrase :

> *Chers tous les trésors permanents du Tao de tous les autres livres de la Collection Le Pouvoir de l'Âme et tous les trésors du Divin et du Tao et du Da Tao[25] que j'ai reçus dans tous les ateliers, retraites et téléconférences,*

Tous les autres, continuez à partir d'ici :

> *Je vous aime, je vous honore et je vous apprécie tous.*
> *Veuillez, s'il vous plaît, vous activer ensemble pour développer mon cœur, mon Zhong et mon Canal de la Connaissance Directe.*
> *Veuillez, s'il vous plaît, me guérir et me bénir, « tel qu'approprié ».*
> *Je ne peux remercier suffisamment les trésors du Divin, du Tao et du Da Tao.*
> *Merci.*

Pouvoir du Mental. Visualisez une lumière dorée, arc-en-ciel, violette, cristal et au-delà du cristal, rayonnant dans votre Zhong.

Pouvoir du Son. Chantez ou récitez silencieusement ou à voix haute :

> *Tous les trésors du Divin, du Tao et du Da Tao développent mon Canal de la Connaissance Directe. Merci.*
> *Tous les trésors du Divin, du Tao et du Da Tao développent mon Canal de la Connaissance Directe. Merci.*
> *Tous les trésors du Divin, du Tao et du Da Tao développent mon Canal de la Connaissance Directe. Merci.*

---

[25] Le Divin est le Père et la Mère spirituels de l'humanité et de toutes les Âmes. Le Tao est la Source qui crée les Cieux, la Terre-Mère et les innombrables planètes, étoiles, galaxies et univers. Le Da Tao est la Source Ultime du Tao.

Tous les trésors du Divin, du Tao et du Da Tao développent mon Canal de la Connaissance Directe. Merci. …

Arrêtez de lire maintenant. Continuez de chanter ou de réciter *Tous les trésors du Divin, du Tao et du Da Tao développent mon Canal de la Connaissance Directe. Merci* pendant dix minutes.

Ensuite, parlez ou récitez le Langage de l'Âme pendant trente minutes. Si vous ne pouvez pas encore le parler ou le réciter pendant trente minutes, rappelez-vous de le parler ou réciter davantage, la prochaine fois que vous pratiquerez. Vous pouvez même le parler ou le réciter plus de trente minutes, voire même une heure ou deux à chaque fois. Plus vous le parlerez ou réciterez, plus les bienfaits que vous obtiendrez seront nombreux.

Développer le Canal de la Connaissance Directe se fait sur une longue période. Cela pourrait vous prendre dix ans, vingt ans ou plus. Soyez patient. Plus vous pratiquerez, plus vous pourrez développer rapidement votre Canal de la Connaissance Directe.

La sagesse la plus importante à connaître, c'est qu'une personne doit atteindre un haut niveau de pureté pour développer le Canal de la Connaissance Directe. Tous les êtres humains ne peuvent pas développer le Canal de la Connaissance Directe ou les autres canaux spirituels. La pureté est vitale pour ouvrir les canaux spirituels.

Comment vous purifier vous-même afin d'atteindre la pureté totale ? Je vais vous dire quelles sont les deux pratiques les plus importantes :

- Chantez ou récitez le Chant de l'Âme du Tao *Amour, Paix et Harmonie*
- Le Chant du Tao et le Langage de l'Âme du Tao.

Votre Chant de l'Âme n'est pas le Chant du Tao. Pour chanter le Chant du Tao, vous devez recevoir les trésors permanents du Tao dans votre âme, votre cœur, votre conscience et votre corps. Ces trésors transforment votre Chant de l'Âme en Chant du Tao. Votre Langage de l'Âme se transformera également en Langage de l'Âme du Tao.

Je vous suggère de lire le neuvième livre de ma Collection Le Pouvoir de l'Âme, *Tao Song and Tao Dance : Sacred Sound, Movement, and Power from the Source for Healing, Rejuvenation, Longevity, and Transformation of All Life*[26]. Vous pouvez recevoir du Tao ses précieux trésors permanents du Chant du Tao, en lisant les sections correspondantes dans le livre. Utilisez ces trésors et recevez d'énormes bienfaits pour le chemin de votre âme.

Si vous n'avez pas reçu les transmissions du Chant du Tao, continuez de parler ou de réciter votre Langage de l'Âme et de chanter votre Chant de l'Âme. Cela fonctionne aussi. Cependant, après avoir reçu les transmissions du Chant du Tao, la fréquence, la vibration et le pouvoir de votre Chant de l'Âme et de votre Langage de l'Âme augmenteront énormément.

Maintenant, arrêtez de lire. Laissez-moi vous guider pour une pratique de dix minutes.

Pouvoir du Corps. Asseyez-vous droit. Fermez vos yeux. Placez le bout de votre langue délicatement contre votre palais. Placez une paume sur votre cœur et l'autre paume sur le bas de votre dos, en dessous du point d'acupuncture du Ming Men.

Pouvoir de l'Âme. Dites *Bonjour* :

Chers âme, conscience et corps de mon Zhong,
Je vous aime.
Chers âme, conscience et corps de tous mes trésors du Divin, du Tao et
  du Da Tao,

---

[26] Toronto/New York: Heaven's Library/Atria books, 2011.

Je vous aime.
Veuillez, s'il vous plaît, vous activer pour développer mon Canal de la Connaissance Directe.
Je vous en suis extrêmement reconnaissant.
Merci.

Pouvoir du Mental. Visualisez une lumière dorée, arc-en-ciel, violette, cristal et au-delà du cristal, rayonnant dans la région de votre Zhong.

Pouvoir du Son. Chantez ou récitez silencieusement ou à voix haute :

Tous mes trésors du Divin, du Tao et du Da Tao purifient mon âme, mon cœur, ma conscience et mon corps pour atteindre la pureté totale, afin de développer mon Canal de la Connaissance Directe. Merci.
Tous mes trésors du Divin, du Tao et du Da Tao purifient mon âme, mon cœur, ma conscience et mon corps pour atteindre la pureté totale, afin de développer mon Canal de la Connaissance Directe. Merci.
Tous mes trésors du Divin, du Tao et du Da Tao purifient mon âme, mon cœur, ma conscience et mon corps pour atteindre la pureté totale, afin de développer mon Canal de la Connaissance Directe. Merci.
Tous mes trésors du Divin, du Tao et du Da Tao purifient mon âme, mon cœur, ma conscience et mon corps pour atteindre la pureté totale, afin de développer mon Canal de la Connaissance Directe. Merci. ...

Ensuite, parlez ou récitez votre Langage de l'Âme pendant dix minutes. La sagesse importante à savoir est de placer votre attention dans votre Zhong et de parler ou de réciter non-stop le Langage de l'Âme.

Arrêtez de lire et posez le livre. Exercez-vous maintenant pendant dix minutes.

Je le rappelle à nouveau à chacun d'entre vous : dotez-vous d'une grande patience et d'une grande pureté pour pouvoir développer ce canal spirituel qui est le plus élevé. Un saint passe des centaines, voire des milliers de vies à développer ces facultés. Par conséquent, ne vous attendez pas à gagner facilement ces capacités.

Totale pureté.

Total GOLD.

Total serviteur universel inconditionnel.

Chantez le Chant de l'Âme du Tao *Amour, Paix et Harmonie*.

Rejoignez le Mouvement Amour Paix Harmonie en créant l'amour, la paix et l'harmonie pour vous, votre famille, l'humanité, la Terre-Mère et tous les Univers.

Parlez ou récitez votre Langage de l'Âme ou chantez votre Chant de l'Âme aussi longtemps que vous le pouvez.

Dans une ancienne pratique spirituelle, il y a un enseignement sacré majeur qui dit :

咒不离口
Zhou bu li kou

« Zhou » signifie *le mantra*. « Bu li » signifie *ne pas quitter*. « Kou » signifie *la bouche*.

« Zhou bu li kou » (se prononce *djo bou li kou*) signifie *chanter sans arrêt le mantra*.

Le Langage de l'Âme et le Chant de l'Âme sont des mantras de l'âme.

Le Chant de l'Âme du Tao *Amour, Paix et Harmonie* est un mantra de l'âme du Tao.

Le Chant du Tao est un mantra du Tao.

Chantez sans arrêt.
Chanter, c'est servir.
Chanter, c'est guérir.
Chanter, c'est rajeunir.
Chanter, c'est purifier.
Chanter, c'est transformer toute vie.
Chanter, c'est ouvrir votre Canal de la Connaissance Directe.
Chanter, c'est être illuminé.
Chanter, c'est atteindre l'immortalité.
Chanter, c'est apporter l'amour, la paix et l'harmonie à l'humanité, à la Terre-Mère et à tous les univers.

UTILISER LES MAINS DU TAO POUR OUVRIR VOS QUATRE CANAUX SPIRITUELS

J'ai expliqué les quatre canaux spirituels. Ils sont :

- Le Canal du Langage de l'Âme
- Le Canal de la Communication Directe de l'Âme
- Le Canal du Troisième Œil
- Le Canal de la Connaissance Directe

Je vous rappelle la localisation des quatre canaux spirituels :

- **Le Canal du Langage de l'Âme** – Le Canal du Langage de l'Âme débute au point d'acupuncture Hui Yin. Il circule à travers les sept Maisons de l'Âme dans le centre du corps jusqu'au sommet de la tête, au point d'acupuncture du Bai Hui. De là, il s'écoule devant la colonne vertébrale et revient jusqu'au point d'acupuncture du Hui Yin.
- **Le Canal de la Communication Directe de l'Âme** – Le Canal de la Communication Directe de l'Âme commence dans le Zhong, ensuite il remonte dans le Centre des Messages et se termine au cerveau.

- **Le Canal du Troisième Œil** – Le Canal du Troisième Œil commence dans la kundalini. L'énergie de la kundalini circule dans la région du coccyx et, à travers deux trous invisibles, remonte le long de la colonne vertébrale jusqu'au cerveau, et se termine au Troisième Œil (la glande pinéale).
- **Le Canal de la Connaissance Directe** – Le Canal de la Connaissance Directe commence dans le cœur et se termine dans la zone du Zhong.

Maintenant, je vais vous révéler l'un des secrets les plus importants pour ouvrir les quatre canaux spirituels ensemble. Il existe un endroit secret dans le corps, permettant de développer les quatre canaux spirituels en même temps. Cet endroit secret est la région du Zhong. Le secret peut être résumé en une phrase :

Développer la région du Zhong permet de développer les quatre canaux spirituels parce que chaque canal spirituel est connecté au Zhong.

Souvenez-vous de la sagesse de la pompe à vélo que j'ai expliquée avant (voir page 125). Si vous développez encore plus votre Zhong, l'énergie et le pouvoir circuleront dans les quatre canaux spirituels et les développeront. Les quatre canaux spirituels sont connectés au Zhong. Le Zhong est le centre pour les développer tous.

Maintenant, je vais vous montrer comment utiliser les Mains du Tao et tous les trésors du Divin, du Tao et du Da Tao pour développer vos quatre canaux spirituels ensemble par l'intermédiaire de la région du Zhong.

Utilisez la Technique des Quatre Pouvoirs :

Pouvoir du Corps. Asseyez-vous droit. Fermez vos yeux. Placez le bout de votre langue délicatement contre votre palais. Placez une paume sur le nombril. Placez l'autre paume dans le bas du dos, en-dessous du point d'acupuncture du Ming Men.

Pouvoir de l'Âme. Dites *Bonjour* :

Chers âme, conscience et corps de ma région du Zhong.
Je vous aime, je vous honore et je vous apprécie.
Chers âme, conscience et corps de mes Canaux du Langage de l'Âme, de la Communication Directe de l'Âme, du Troisième Œil et de la Connaissance Directe,
Je vous aime, je vous honore et je vous apprécie.
Tous mes trésors du Divin, du Tao et du Da Tao,
Je vous aime, je vous honore et je vous apprécie.
Veuillez, s'il vous plaît, vous activer pour développer mon Zhong et mes quatre canaux spirituels.

Chères Mains du Tao transmises dans ce livre,
Je vous aime, je vous honore et je vous apprécie.
Veuillez, s'il vous plaît, vous activer pour développer mon Zhong et mes quatre canaux spirituels.
Je vous en suis très reconnaissant.
Merci.

Je suggère fortement qu'à chaque fois que vous utilisez les Mains du Tao de ce livre, vous pratiquiez au minimum une demi-heure avec, parce que le Tao m'a clairement indiqué que vous ne pourrez pas utiliser les trésors des Mains du Tao du livre plus de vingt fois. Donc, utilisez-les vingt fois et pratiquez aussi longtemps que vous le pouvez, si vous les utiliser pour développer votre Zhong, afin d'obtenir de grands bienfaits de l'ouverture de vos canaux spirituels. Après cela, vous devrez contacter un Praticien des Mains du Tao ou l'un de mes Représentants Mondiaux, pour recevoir des bénédictions des Mains du Tao ou faire votre demande afin de recevoir les Mains du Tao vous-même.

Pouvoir du Mental. Visualisez une lumière dorée, arc-en-ciel, violette, cristal et au-delà du cristal, rayonnant dans la région de votre Zhong.

Pouvoir du Son. Chantez ou récitez silencieusement ou à voix haute :

Zhong, Zhong, Zhong, Zhong, Zhong, Zhong, Zhong
Zhong, Zhong, Zhong, Zhong, Zhong, Zhong, Zhong
Zhong, Zhong, Zhong, Zhong, Zhong, Zhong, Zhong
Zhong, Zhong, Zhong, Zhong, Zhong, Zhong, Zhong ...

Maintenant, arrêtez de lire. Continuez à chanter ou réciter *Zhong* pendant trente minutes.

Chanter ou réciter *Zhong* est l'un des plus grands secrets pour vous aider à développer les quatre canaux spirituels. Il n'y a aucune limite de temps. Concentrez votre attention dans le Zhong. Rappelez-vous que lorsque vous vous concentrez, cela ne signifie pas que vous devez trop forcer votre attention. En général, se concentrer consiste à porter progressivement votre attention dans la région du Zhong.

La sagesse importante à vous rappeler est que lorsque vous chantez ou récitez silencieusement *Zhong*, vous pourriez vivre une ou plusieurs des expériences suivantes :

- Une augmentation de l'énergie, de l'endurance, de la vitalité et de l'immunité.
- La capacité à traduire immédiatement le Langage de l'Âme (l'ouverture du Canal du Langage de l'Âme).
- La capacité à entendre et à dialoguer instantanément avec le Tao et le Monde des Âmes (l'ouverture du Canal de Communication Directe de l'Âme).
- La capacité à voir instantanément des images spirituelles (l'ouverture du Canal du Troisième Œil).
- La capacité soudaine à recevoir des connaissances directes (l'ouverture du Canal de la Connaissance Directe).

La sagesse la plus importante que j'ai partagée avec vous – et sur laquelle j'aimerais insister – est que, quand vous chantez ou récitez

Zhong, vous pouvez subitement perdre la notion du temps et de l'espace. Vous pouvez vous retrouver dans un état de vide.

L'état de vide est le Tao.

Le Zhong est le Tao.

Le néant est le Tao.

Quand vous chantez ou récitez *Zhong*, vous êtes connecté avec le Tao. Chantez ou récitez *Zhong* pour aller dans le Zhong, qui possède les qualités du Tao. Vous ne savez pas où vous êtes, ni l'heure qu'il est. C'est la nature du Zhong, l'état de vide, l'état du néant et l'état du Tao.

C'est l'état le plus puissant. Restez dans cet état aussi longtemps que vous le pouvez. Quand vous devenez à nouveau conscient de l'espace et du temps, chantez ou récitez à nouveau *Zhong*. Vous pouvez replonger dans l'état de vide. Restez dans cet état. Quand vous devenez à nouveau conscient du lieu et du temps, chantez ou récitez *Zhong*. Continuez ce processus. Chaque fois que vous devenez conscient de votre environnement, retournez dans l'état du Tao en chantant ou en récitant *Zhong*.

La sagesse sacrée du Tao est que lorsque vous oubliez où vous êtes et l'heure qu'il est, vous êtes dans l'état du Tao. Quand vous réalisez où vous êtes et l'heure qu'il est, vous sortez de l'état du Tao.

Soyez dans la condition du Tao aussi longtemps que possible. C'est le secret majeur pour toutes les pratiques spirituelles, y compris les pratiques pour guérir, régénérer et ouvrir les quatre canaux spirituels, ainsi que pour transformer les relations, les finances, l'intelligence et chaque aspect de la vie.

Quand vous êtes dans l'état du Tao, vous pouvez voir des images spirituelles que vous n'aviez jamais vu auparavant. Vous pouvez avoir une compréhension soudaine des secrets, de la sagesse et de la connaissance que vous n'aviez jamais connu auparavant. *Dans l'état de vide, la sagesse et la connaissance sont vérité.*

Le Tao est la Source qui crée les Cieux, la Terre-Mère et les innombrables planètes, étoiles, galaxies et univers. Le Tao crée toute chose. Ce que vous réalisez et recevez quand vous êtes dans l'état de vide est la création du Tao.

Pour étudier davantage le Tao, voici les trois livres du Tao que j'ai écrit :

- *Tao I: The Way of All Life*
- *Tao II: The Way of Healing, Rejuvenation, Longevity, and Immortality*
- *Tao Song and Tao Dance: Sacred Sound, Movement, and Power from the Source for Healing, Rejuvenation, Longevity, and Transformation of All Life*

Dans ces trois livres, j'ai partagé de profonds secrets, des sagesses, des savoirs et un ensemble de pratiques du Tao pour transformer toute vie. Le Tao m'a guidé pour organiser, sur une série de dix ans, des Retraites du Tao (Retraites pour la Guérison, la Régénération, la Longévité et l'Immortalité du Tao – Années 1 à 10) sur une période de 10 ans. Je suis honoré de servir ceux qui sont sur le chemin du Tao.

⌘

A ce point de lecture du livre, vous pouvez ressentir au fond de vous l'appel du Tao qui vous a choisi pour recevoir les Mains du Tao. Si c'est le cas, vous pouvez faire votre demande pour devenir Praticien des Mains du Tao sur www.DrSha.com ou par l'intermédiaire de l'un de mes Représentants Mondiaux. Je vous invite à rejoindre les milliers de Praticiens des Mains du Tao pour offrir les services du Tao de guérison de l'âme à travers le monde.

L'étape suivante importante consiste à étudier le Tao pour la guérison, la régénération, la longévité et l'immortalité. Étudier le Tao, c'est vous amener à devenir un Praticien des Mains du Tao et un serviteur plus puissant. Vous pouvez alors mieux servir l'humanité et avoir la possibilité d'illuminer votre âme, votre cœur, votre conscience et votre corps afin d'avancer sur la voie du Tao afin d'atteindre la longévité et l'immortalité.

Zhong. Zhong. Zhong.
Vide. Vide. Vide.
Néant. Néant. Néant
Développez vos quatre canaux spirituels en même temps.
Tao. Tao. Tao
Création du Tao. Création du Tao. Création du Tao.
Manifestation du Tao. Manifestation du Tao. Manifestation du Tao.
Zhong. Zhong. Zhong. Zhong. Zhong. Zhong. Zhong.

(C'est la pratique top secret pour ouvrir tous vos canaux spirituels et pour transformer votre santé, vos relations, vos finances, votre intelligence et chaque aspect de votre vie pour toujours.)

Conclusion

DES MILLIONS DE personnes cherchent à guérir et transformer leur santé, leurs relations, leurs finances et plus encore. Des millions de personnes veulent connaître leur véritable but. Des millions de personnes veulent ouvrir leurs canaux spirituels et communiquer avec le Divin, le Tao et toutes les âmes. Des millions de personnes veulent accomplir leur chemin spirituel.

Vous avez été initié à la sagesse des Mains du Tao. Vous avez pratiqué en utilisant les Mains du Tao, transmises dans ce livre, et les trésors du Tao permanents que vous avez reçus, pour guérir, transformer et bénir tous les aspects de la vie, y compris votre énergie, vos corps spirituel, mental, émotionnel et physique, vos relations, vos finances et plus encore. Vous avez fait l'expérience du pouvoir des Mains du Tao. Vous avez lu beaucoup de témoignages touchants à propos des Mains du Tao.

Le but de la vie est de servir. C'est la première fois que le Tao partage ses Mains du Tao avec le public.

Que sont les Mains du Tao ?

Les Mains du Tao sont l'âme des mains du Tao qui sont transmises aux personnes choisies. Mes Représentants Mondiaux et moi-même avons reçu l'autorisation et l'honneur de transmettre les Mains du Tao aux personnes choisies.

Comment fonctionnent les Mains du Tao ?

- Les Mains du Tao enlèvent les blocages de l'âme, de la conscience et du corps. Les blocages de l'âme sont le karma négatif. Les blocages du mental sont les blocages dans la conscience, y compris les façons de penser négatives, les attitudes négatives, les croyances négatives, l'ego et les attachements. Les blocages du corps sont les blocages dans l'énergie et la matière.
- Les Mains du Tao ont le pouvoir d'augmenter l'énergie, l'endurance, la vitalité et l'immunité de toute vie. Toute vie comprend la santé, les relations, les finances, l'intelligence et chaque aspect de la vie.
- Les Mains du Tao portent la fréquence et la vibration du Tao qui peut transformer la fréquence et la vibration de toute vie.
- Les Mains du Tao portent l'amour du Tao qui dissout tous les blocages et transforme toute vie.
- Les Mains du Tao portent le pardon du Tao qui apporte la joie intérieure et la paix intérieure à toute vie.
- Les Mains du Tao portent la compassion du Tao qui augmente l'énergie, l'endurance, la vitalité et l'immunité de toute vie.
- Les Mains du Tao portent la lumière du Tao qui prévient la maladie, purifie et régénère l'âme, le cœur, la conscience et le corps et transforme les relations et les finances, ainsi que chaque aspect de toute vie.

Dans ce livre, vous avez expérimenté :

- Le pouvoir des Mains du Tao pour la guérison des corps spirituel, mental, émotionnel et physique ; des animaux ; et de la nature.

- Le pouvoir des Mains du Tao pour la régénération.
- Le pouvoir des Mains du Tao pour la transformation de la vie, incluant les relations et les finances.
- Le pouvoir des Mains du Tao pour la purification.
- Le pouvoir des Mains du Tao pour le développement de l'intelligence de la conscience, du cœur et de l'âme.
- Le pouvoir des Mains du Tao pour la longévité.
- Le pouvoir des Mains du Tao pour l'ouverture des canaux spirituels.

Vous avez également lu beaucoup d'histoires émouvantes et touchantes de miracles de guérison de l'âme créés par les Mains du Tao.

Pourquoi les Mains du Tao sont-elles données au public ?

La Terre-Mère est dans une période de transition sérieuse. Lors de ces neuf dernières années, l'humanité a vécu beaucoup de catastrophes naturelles et affronté de nombreux défis de toutes sortes. La transition de la Terre-Mère pourrait durer encore plus de onze ans et devenir très intense.

Recevoir les Mains du Tao, c'est répondre à l'appel du Tao pour aider l'humanité à traverser cette période historique.

Recevoir les Mains du Tao, c'est créer l'amour, la paix et l'harmonie entre les individus, les familles, les organisations, les villes, les pays, la Terre-Mère, les Cieux, les innombrables planètes, étoiles, galaxies et tous les univers.

Je ne peux vous encourager suffisamment à devenir un Praticien des Mains du Tao.

C'est mon souhait le plus sincère que :

Les Mains du Tao vous guérissent.
Les Mains du Tao guérissent vos êtres chers.
Les Mains du Tao guérissent l'humanité.

Les Mains du Tao guérissent toutes les âmes.
Les Mains du Tao guérissent la Terre-Mère.
Les Mains du Tao guérissent les innombrables planètes, étoiles, galaxies et univers.
Les Mains du Tao apportent l'amour, la paix et l'harmonie à toutes les âmes dans tous les univers.
Le Tao m'a donné l'honneur de transmettre les Mains du Tao à des personnes choisies. Maintenant, le Tao a accordé l'honneur à tous mes Représentants Mondiaux de transmettre les Mains du Tao aux personnes choisies.

Le Tao m'a donné l'honneur de transmettre les Mains du Tao à des personnes choisies. Maintenant, le Tao a accordé l'honneur à tous mes Représentants Mondiaux de transmettre les Mains du Tao aux personnes choisies.

Depuis 2003, nous avons formé 3 500 (trois mille cinq cents) Praticiens des Mains du Tao. Notre tâche est de former 200 000 (deux cent mille) Praticiens des Mains du Tao sur la Terre-Mère. Nous sommes honorés au-delà des mots. Nous ne pouvons servir suffisamment.

J'aime mon cœur et mon âme
J'aime toute l'humanité
Joignons nos cœurs et nos âmes ensemble
Amour, paix et harmonie
Amour, paix et harmonie

Remerciements

JE REMERCIE DU plus profond de mon cœur les trente-deux saints bien-aimés, les Comités du Divin, du Tao et du Da Tao qui ont transmis ce livre à travers moi. Tous mes livres sont leurs livres. Ils sont au-dessus de ma tête et je reçois en flot par eux le livre entier. Je suis honoré d'être le serviteur de chacun d'eux, de l'humanité et de toutes les âmes. Je serai éternellement reconnaissant.

Je remercie du plus profond de mon cœur mes pères et mères spirituels bien-aimés, y compris le Dr et Maître Zhi Chen Guo. Dr et Maître Zhi Chen Guo est le fondateur de la Médecine de l'Espace Corporel et la Médecine Zhi Neng. Il fut l'un des guides, enseignants et praticiens spirituels les plus puissants au monde. Il m'a enseigné la sagesse, les connaissances et l'ensemble des pratiques sacrées de l'âme, de la conscience et du corps. Je ne peux l'honorer et le remercier suffisamment.

Je remercie du plus profond de mon cœur le professeur Liu Dajun, représentant l'autorité suprême de *I Ching* et de feng shui en Chine, à l'Université de Shandong. Il m'a enseigné des secrets profonds du *I Ching* et du feng shui. Je ne peux le remercier suffisamment.

Je remercie du plus profond de mon cœur le Dr et professeur Liu Dehua, médecin et professeur universitaire en Chine. Le trois cent soixante-douzième détenteur de la lignée de « l'Étoile de la Longue

Vie » chinoise, Peng Zu, enseignant de Lao Tseu (l'auteur du *Dao De Jing*), m'a enseigné les grands secrets, la sagesse, les connaissances et l'ensemble des pratiques pour la longévité. Je ne peux le remercier suffisamment.

Je remercie du plus profond de mon cœur mes bien-aimés enseignants et maîtres sacrés qui souhaitent rester anonymes. Ils m'ont enseigné la sagesse sacrée de Xiu Lian. Ils sont extrêmement humbles et puissants. Ils m'ont enseigné d'inestimables secrets, sagesses, connaissances et ensemble de pratiques, mais ils ne veulent aucune reconnaissance. Je ne peux les remercier suffisamment.

Je remercie du plus profond de mon cœur mon père et ma mère biologiques et tous mes ancêtres. Je ne peux suffisamment honorer mon père et ma mère biologiques. Leur amour, leur attention, leur compassion, leur pureté, leur générosité, leur gentillesse, leur intégrité, leur confiance et tellement plus, ont influencé et touché mon cœur et mon âme pour toujours. Je ne peux les remercier suffisamment.

Je remercie du plus profond de mon cœur ma coéditrice, Judith Curr d'Atria Books. Elle m'a choisi pour être l'un des auteurs d'Atria en 2008. C'est mon dixième livre avec Atria. Son soutien et son attention incroyables ont touché profondément mon cœur. Je ne peux la remercier suffisamment.

Je remercie du plus profond de mon cœur mon éditrice de Atria Books, Johanna Castillo. Son grand soutien pour tous mes livres a profondément touché mon cœur. Je ne peux suffisamment la remercier.

Je remercie du plus profond de mon cœur Chris Lloreda, Amy Tannenbaum, Lisa Keim, Isolde Sauer, Tom Spain, Dan Vidra, Natalie Gutierrez, Kitt Reckord, Mike Noble, Desiree Vecchio, Lourdes Lopez, Laywan Kwan, et les autres personnes d'Atria et de Simon & Schuster, dont j'ai pu omettre ou ne pas connaître les noms, pour leur grand soutien. Je ne peux les remercier suffisamment.

Je remercie du plus profond de mon cœur Sylvia Chen, PDG de Universal Soul Service Corporation. Elle m'a offert un soutien inconditionnel depuis 1992. Elle a énormément contribué à la mission. Je ne peux la remercier suffisamment.

Je remercie du plus profond de mon cœur Johannes Ziebarth, le gestionnaire d'entreprise de Universal Soul Service Corporation. Il a apporté une contribution inestimable à la mission. Il est un serviteur universel inconditionnel. Je ne peux le remercier suffisamment.

Je remercie du plus profond de mon cœur D.R. Kaarthikeyan pour son soutien inconditionnel à la mission. Je suis honoré et privilégié de l'avoir comme Ambassadeur du Mouvement Mondial Amour Paix Harmonie. C'est un leader qui unit tout le monde. Je l'honore et l'apprécie du plus profond de mon cœur. Je ne peux le remercier suffisamment.

Je remercie du plus profond de mon cœur mon rédacteur en chef, Maître Allan Chuck, pour son excellente rédaction et excellente correction de ce livre et de tous mes autres livres. Il est l'un de mes Représentants Mondiaux. Il a grandement contribué à la mission et son service inconditionnel universel est l'un des plus grands exemples pour tous. Je ne peux le remercier suffisamment.

Je remercie du plus profond de mon cœur ma rédactrice, Maître Elaine Ward, pour son excellente rédaction et excellente correction de ce livre et de plusieurs de mes autres livres. Elle est aussi l'une de mes Représentants Mondiaux. Je la remercie profondément pour sa grande contribution dans la mission. Je ne peux la remercier suffisamment.

Je remercie du plus profond de mon cœur mon assistante, Maître Cynthia Marie Deveraux, l'une de mes Représentants Mondiaux. Elle a transcrit ce livre entièrement et plusieurs de mes autres livres. Elle a également partagé les images qu'elle a reçu lors de la transmission en flot de ce livre. Elle a apporté une grande contribution à la mission. Je ne peux la remercier suffisamment.

Je remercie du plus profond de mon cœur Maître Lynda Chaplin, l'une de mes Représentants Mondiaux. Elle a dessiné les illustrations de ce livre et de plusieurs de mes autres livres. Je suis extrêmement honoré. Je ne peux la remercier suffisamment.

Je remercie du plus profond de mon cœur mes étudiants dévoués, Min Lei et Shi Gao, de leur collaboration pour les caractères chinois et pinyin de ce livre et de plusieurs de mes autres livres. Je ne peux les remercier suffisamment.

Je remercie du plus profond de mon cœur mes étudiants dévoués, Henderson Ong et Lenore Cairncross, pour les photographies à l'intérieur et pour la couverture de ce livre. Je leur en suis très reconnaissant. Je ne peux les remercier suffisamment.

Je remercie du plus profond de mon cœur tous mes Représentants Mondiaux. Ils sont des serviteurs de l'humanité ainsi que des serviteurs, des véhicules et des canaux du Tao. Ils ont apporté des contributions incroyables à la mission. Je les remercie profondément. Je ne peux les remercier suffisamment.

Je remercie du plus profond de mon cœur tous les dirigeants et tous les membres de mon équipe de travail pour leur grande contribution et leur service inconditionnel pour la mission. Je leur suis profondément reconnaissant. Je ne peux les remercier suffisamment.

Je remercie du plus profond de mon cœur les trois mille cinq cents (3 500) Praticiens des Mains du Tao à travers le monde pour leur grand service envers l'humanité et toutes les âmes. Je suis profondément touché et ému. Ils ont reçu et répondu à l'appel du Tao pour servir. Je les remercie tous profondément.

Je remercie du plus profond de mon cœur les Praticiens et les Enseignants de la Guérison de l'Âme, les Maîtres Enseignants et les

Maîtres Praticiens de l'Opération de l'Âme, à travers le monde, pour leur grande contribution à la mission. Je suis profondément touché et ému. Je ne peux les remercier suffisamment.

Je remercie du plus profond de mon cœur tous mes étudiants et amis à travers le monde pour leur service inconditionnel envers l'humanité. Je ne peux les remercier suffisamment.

Je remercie du plus profond de mon cœur ma famille, comprenant ma femme, ses parents, nos enfants et nos frères et sœurs. Ils m'aiment et me soutiennent tous inconditionnellement. Je ne peux les remercier suffisamment.

Puisse ce livre servir l'humanité et la Terre-Mère pour les aider à traverser cette période difficile de l'histoire.

Puisse ce livre servir l'humanité pour guérir, régénérer, purifier et transformer toute vie.

Puisse ce livre apporter l'amour, la paix et l'harmonie à l'humanité, à la Terre-Mère et à toutes les âmes dans les innombrables planètes, étoiles, galaxies et univers.

Puisse ce livre servir votre évolution spirituelle et l'évolution spirituelle de l'humanité.

Je suis extrêmement honoré d'être votre serviteur, celui de l'humanité et de toutes les âmes.

J'aime mon cœur et mon âme
J'aime toute l'humanité
Joignons nos cœurs et nos âmes ensemble
Amour, paix et harmonie
Amour, paix et harmonie

Un Cadeau Spécial

LA PRATIQUE EST nécessaire pour guérir et transformer. Exercez-vous, en utilisant les Mains du Tao transmises dans ce livre vingt fois. Exercez-vous aussi longtemps que possible, en utilisant les trésors permanents du Tao que vous avez reçus lors de la lecture de ce livre. Expérimentez leur pouvoir et recevez-en les bienfaits. Exercez-vous avec dévouement et constance, afin de faire l'expérience de la guérison, de la bénédiction, de la régénération, de la purification et de la transformation de la vie.

Pour vous inspirer, regardez cette vidéo jointe à ce livre. Lisez les histoires émouvantes de guérison et de transformations. Ceci est un cadeau spécial pour vous, cher lecteur. Scannez le code au bas de la page suivante ou au dos de la couverture de ce livre, en utilisant votre smartphone ou tout autre appareil pour accéder à la vidéo. Ou bien allez sur : http://www.youtube.com/watch?v=NyFTMSrHnf8.

Le Tao m'a guidé pour former deux cent mille Praticiens des Mains du Tao sur la Terre-Mère. Il se peut que la transition de la Terre-Mère soit très sévère. Recevoir les Mains du Tao, c'est aider l'humanité à traverser cette période difficile de l'histoire. Recevoir, c'est servir.

Vous êtes extrêmement bénis. L'humanité est extrêmement bénie. Nous sommes tous extrêmement bénis que le Tao offre ses Mains aux personnes choisies.

Pratiquez, Pratiquez, Pratiquez,

Guérissez. Guérissez. Guérissez.

Régénérez. Régénérez. Régénérez.

Purifiez. Purifiez. Purifiez.

Servez. Servez. Servez.

Diffusez l'Amour, la Paix et l'Harmonie.

Diffusez l'Amour, la Paix et l'Harmonie.

Diffusez l'Amour, la Paix et l'Harmonie.

Diffusez les Mains du Tao.

Diffusez les Mains du Tao.

Diffusez les Mains du Tao.

Servez plus. Servez plus. Servez plus.

Merci. Merci. Merci.

Faîtes l'expérience du pouvoir de l'âme pour guérir votre âme, votre conscience et votre corps avec Dr et Maître Sha.

Autres Livres de la Collection Le Pouvoir de l'Âme

Soul Wisdom : Practical Soul Treasures to Transform Your Life (édition de poche révisée [à couverture souple]). Heaven's Library/Atria Books, 2008. Aussi offert en livre audio.

(*Le Pouvoir de l'âme : Des pratiques pour transformer votre vie physique et spirituelle.* Guy Trédaniel Editeur, 2013, pour la traduction française.)

Le premier livre de la Collection Le Pouvoir de l'Âme est la base de toutes les collections. Il enseigne cinq des plus importantes pratiques des trésors de l'âme : le Langage de l'Âme, le Chant de l'Âme, le Tapotement de l'Âme, le Mouvement de l'Âme et la Danse de l'Âme.

Le Langage de l'Âme vous permet de communiquer avec le Monde des Âmes, incluant votre propre âme, celles de tous les pères et mères spirituels, les âmes de la nature et plus encore, afin d'accéder à des conseils directs.

Le Chant de l'Âme vous permet de chanter votre propre Chant de l'Âme, le chant de votre Langage de l'Âme. Le Chant de l'Âme porte la fréquence et la vibration pour la guérison de l'âme, la régénération de l'âme, la longévité de l'âme et la transformation de l'âme de chaque aspect de la vie.

Le Tapotement de l'Âme vous permet de faire avancer la guérison de l'âme pour vous-même et les autres d'une façon plus efficiente et rapide.

Le Mouvement de l'Âme vous permet d'apprendre les anciennes sagesses et pratiques secrètes pour régénérer votre âme, votre conscience et votre corps, et prolonger la vie.

La Danse de l'Âme vous permet d'équilibrer votre âme, votre conscience et votre corps pour la guérison, la régénération et la longévité

Ce livre offre deux Transmissions d'Âme du Tao permanentes en cadeau à chaque lecteur. Il comprend en bonus un téléchargement MP3 du Chant de l'Âme pour la guérison et la régénération du cerveau et de la colonne vertébrale.

Soul Communication : Opening Your Spiritual Channels for Success and Fulfillment (édition de poche révisée [à couverture souple]) Heaven's Library/Atria Books, 2008. Également offert en livre audio.

Le deuxième livre de la Collection Le Pouvoir de l'Âme vous apprend comment ouvrir les quatre canaux spirituels majeurs : le Canal du Langage de l'Âme, le Canal de la Communication Directe de l'Âme, le Canal du Troisième Œil et le Canal de la Connaissance Directe.

Le Canal du Langage de 'Âme vous permet d'utiliser le Langage de l'Âme pour communiquer avec le Monde des Âmes, incluant votre propre âme, celles de toutes sortes de pères et mères spirituels, de la nature et du Tao. Il vous permet ainsi de recevoir du Monde des Âmes enseignements, guérison, régénération et longévité.

Le Canal de la Communication Directe de l'Âme vous permet de dialoguer directement avec le Tao et le Monde des Âmes dans sa globalité. Vous recevez, directement du Tao, des conseils pour chaque aspect de la vie.

Le Canal du Troisième Œil vous permet de recevoir des conseils et des enseignements par l'intermédiaire d'images spirituelles. Ce livre vous enseigne comment développer le Troisième Œil et vous donne les principes-clés pour interpréter les images du Troisième Œil.

Le Canal de la Connaissance Directe vous permet d'accéder aux facultés spirituelles les plus avancées. Si votre cœur se fond avec le cœur du Tao ou si votre âme se fond complètement avec l'âme du Tao, vous n'avez pas besoin de demander des conseils spirituels. Vous connaissez la vérité parce que votre cœur et votre âme sont complètement alignés avec le Tao.

Ce livre offre également deux Transmissions d'Âme du Tao permanentes en cadeau à chaque lecteur. Il comprend également en bonus un téléchargement MP3 du Chant de l'Âme pour la Perte de Poids.

The Power of Soul: The Way to Heal, Rejuvenate, Transform, and Enlighten All Life. Heaven's Library/Atria Books, 2009. Également offert en livre audio et en version de poche.

Le troisième livre de la Collection Le Pouvoir de l'Âme est le livre-phare de toute la collection. *The Power of Soul* vous permet de comprendre, développer et pratiquer le pouvoir de l'âme pour la guérison, la prévention des maladies, la régénération, la transformation de chaque aspect de la vie (y compris les relations et les finances) et l'illumination de l'âme. Il vous permet également de développer la sagesse de l'âme et l'intelligence de l'âme et d'utiliser les Ordres de l'Âme pour la guérison et la transformation de chaque aspect de la vie.

Ce livre enseigne ce que sont les Transmissions de l'Âme du Tao pour la première fois dans l'histoire. Une Transmission de l'Âme du Tao est l'aide du Tao pour guérir, régénérer et transformer chaque aspect de la vie d'un être humain et de la vie de tous les univers.

Ce livre offre onze Transmissions de l'Âme du Tao permanentes en cadeau à chaque lecteur. Il comprend en bonus le téléchargement MP3 du Chant de l'Âme pour la Régénération.

Divine Soul Songs : Sacred Practical Treasures to Heal, Rejuvenate, and Transform You, Humanity, Mother Earth, and All Universes. Heaven's Library/Atria Books, 2009. Également offert en livre audio et livre de poche.

Le quatrième livre de la Collection Le Pouvoir de l'Âme vous enseigne comment pratiquer les Chants de l'Âme du Tao pour la guérison, la régénération et la transformation de chaque aspect de la vie, y compris les relations et les finances.

Divines Soul Songs porte la fréquence et la vibration du Tao, dont l'amour, le pardon, la compassion et la lumière du Tao, qui peuvent transformer la fréquence et la vibration de tous les aspects de la vie.

Ce livre offre dix-neuf Transmissions d'Âmes du Tao en cadeau à chaque lecteur. Il comprend en bonus un CD des Chants de l'Âme, avec sept extraits des Chants de l'Âme du Tao qui sont les sujets principaux de ce livre.

Divine Soul Mind Body Healing and Transmission System: The Divine Way to Heal You, Humanity, Mother Earth, and All Universes. Heaven's Library/Atria Books, 2009. Également offert en livre audio.

Le cinquième livre de la Collection Le Pouvoir de l'Âme vous permet de recevoir les Transmissions de l'Âme, de la Conscience et du Corps du Tao et à pratiquer avec celles-ci, pour guérir et transformer l'âme, la conscience et le corps.

Les Transmissions de l'Âme, de la Conscience et du Corps du Tao comprennent l'amour, le pardon, la compassion et la lumière du Tao. l'amour du Tao dissout tous les blocages et transforme toute vie. Le pardon du Tao apporte la paix intérieure et la joie intérieure. La compassion du Tao stimule l'énergie, l'endurance, la vitalité et l'immunité. La lumière du Tao guérit, régénère et transforme chaque aspect de la vie, incluant les relations et les finances.

Ce livre offre quarante-six trésors permanents du Tao, dont les Transmissions de l'Âme du Tao, les Transmissions de la Conscience du Tao et les Transmissions du Corps du Tao comme cadeau à chaque lecteur. Il comprend en bonus un extrait de la Symphonie de l'Âme du Yin Yang (téléchargement MP3).

Tao I: The Way of All Life. Heaven's Library/Atria Books, 2010. Également offert en livre audio.

Le sixième livre de la Collection Le Pouvoir de l'Âme partage l'essence des anciens enseignements du Tao et nous révèle le Tao Jing, un nouveau « Classique du Tao » pour le du vingt et unième siècle. Ces nouveaux enseignements dévoilent comment le Tao est présent dans chaque aspect de la vie, en marchant, en dormant, en mangeant, et plus encore.

Ce livre partage des sagesses avancées de l'âme et des approches pratiques pour *tendre vers* le Tao. Le nouvel enseignement sacré, contenu dans ce livre, est extrêmement simple, pratique et profond.

Étudier et pratiquer le Tao apporte de grands bienfaits, incluant la possibilité de guérir vous-même et les autres, aussi bien que l'humanité, la Terre-Mère et tous les univers ; de revenir d'un état d'âge avancé à un état de santé et de pureté de bébé ; de prolonger la vie ; et plus encore.

Ce livre offre trente Transmissions permanentes de l'Âme, de la Conscience et du Corps du Tao en cadeau à chaque lecteur et un CD de quinze titres, avec Maître Sha chantant le Tao Jing en entier, ainsi que plusieurs autres mantras puissants pour pratiquer.

Divine Transformation : The Divine Way to Self-clear Karma to Transform Your Health, Relationships, Finances, and More. Heaven's Library/Atria Books, 2010. Également offert en livre audio.

Les enseignements et les pratiques de ce septième livre de la Collection Le Pouvoir de l'Âme portent sur le karma et le pardon. Le mauvais karma est la cause fondamentale de tout blocage ou défi majeur auquel vous, l'humanité et la Terre-Mère faites face. La véritable guérison consiste à nettoyer son mauvais karma, qui est de repayer vos dettes spirituelles ou d'être pardonné pour celles-ci par toutes les âmes, que vos ancêtres et vous, ont blessées ou fait souffrir dans toutes vos vies. Le pardon est la clé royale pour apporter la véritable guérison. Le nettoyage de votre mauvais karma se pratique avec le pardon du Tao pour guérir et transformer chaque aspect de votre vie.

Nettoyez votre karma pour transformer votre âme d'abord ; alors la transformation de chaque aspect de votre vie suivra.

Ce livre offre trente Transmissions arc-en-ciel de l'Âme, de la Conscience et du Corps du Tao en cadeau à chaque lecteur et comprend quatre titres audios des plus importants Chants de l'Âme du Tao, ainsi que des chants pour la pratique.

Tao II: The Way of Healing, Rejuvenation, Longevity, and Immortality. Heaven's Library/Atria Books, 2010. Également offert en livre audio.

Le huitième livre de la collection Le Pouvoir de l'Âme est la suite du *Tao I : The Way of All Life*. *Tao II* révèle les secrets les plus avancés et les pratiques les plus puissantes pour cheminer vers le Tao, ce qui inclut la vie physique et spirituelle d'une personne.

Tao II vous donne des clés sacrées pour pratiquer tout au long de votre vie et partage avec vous le Tao Immortel, expliqué en deux cent vingt phrases sacrées. Il comprend non seulement une profonde sagesse sacrée, mais aussi des pratiques simples et additionnelles. *Tao II* explique comment atteindre *fan lao huan tong*, qui signifie *transformer l'âge avancé en un état de santé et de pureté de bébé*, comment prolonger la vie et atteindre l'immortalité afin d'être un meilleur serviteur de l'humanité, de la Terre-Mère et de tous les univers.

Ce livre offre vingt et une Transmissions de l'Âme, de la Conscience et du Corps du Tao, comme cadeau à chaque lecteur, et comprend deux titres audios des chants les plus précieux du Tao pour la guérison, la régénération, la longévité et l'immortalité.

Tao Song and Tao Dance: Sacred Sound, Movement, and Power from the Source for Healing, Rejuvenation, Longevity, and Transformation of All Life. Heaven's Library/Atria Books, 2011. Également offert en livre audio.

Le neuvième livre de la collection Le Pouvoir de l'Âme et le troisième de la collection du Tao, *Tao Song and Tao Dance*, vous présente le Chant de l'Âme le plus avancé et le plus profond. Les mantras sacrés du Chant du Tao et de la Danse du Tao portent l'amour du tao qui aide à dissoudre tous les blocages, le pardon du tao qui apporte la joie intérieure et la paix intérieure, la compassion du tao qui aide à augmenter l'énergie, l'endurance, la vitalité et l'immunité, et la lumière du Tao, qui aide à prévenir les maladies, à purifier et à régénérer l'âme, le cœur, la conscience et le corps, à transformer la santé et les relations, les finances et chaque aspect de la vie. Il comprend un accès vidéo aux enregistrements des mantras du Tao de Maître Sha pour la guérison, la régénération, la longévité et la purification.

« Ce documentaire exaltant a retranscrit avec brio le travail essentiel et vital de la mission mondiale de Dr Guo et Maître Sha pour aider l'humanité à retrouver la santé »
— Dr Michael Bernard Beckwith — Fondateur du centre Agape International Spiritual Center

Le film révèle de profonds secrets de l'âme et partage la sagesse, la connaissance et les pratiques de la Médecine des Espaces Corporels de Dr Guo et de la Médecine de l'Âme, de la Conscience et du Corps de Maître Sha. Des millions de personnes en Chine ont étudié avec Dr Guo, qui est le père spirituel bien-aimé de Maître Sha. Dr Guo est « le maître qui peut soigner l'incurable ». Une fois son père soigné par Maitre Sha, la réalisatrice américaine Sande Zeig, décida d'accompagner Maitre Sha en Chine, lors de sa visite à son mentor. À la clinique du Dr Guo, elle saisit les premières images de pratiques de guérisons inédites, y compris celles utilisant des herbes particulières, des massages du feu uniques et des techniques d'auto-guérison impressionnantes. Ces deux Maîtres de l'Âme ont un lien particulier. Ils sont unis dans leur engagement à servir les autres. Lorsque vous les regardez pratiquer et enseigner, votre âme et votre cœur sont émus. Expérimentez le plaisir, l'inspiration, l'émerveillement et la gratitude que *Soul Masters* apporte.

En anglais et mandarin avec sous-titre anglais. Aussi avec sous-titre en français, allemand, japonais, mandarin et espagnol.
© 2008 926363 ONTARIO LIMITED ALL RIGHTS RESERVED 3396815

Vidéo en ligne à la carte et DVD sur
www.soulmastersmovie.com

DrSha.com
www.Heavens Library.com
HeavensLibrary@DrSha.com
1.888.3396815

www.ingramcontent.com/pod-product-compliance
Lightning Source LLC
Chambersburg PA
CBHW070735170426
43200CB00007B/529